권력과 언론의 전쟁터에서

일러두기

* 등장인물들의 직책은 2025년 8월 5일 네이버 인물 사전 기준이며, 그 후 변동이 있을 수 있습니다.
* 등장인물의 존칭이나 직위는 가급적 생략했습니다. 너그러운 해량 바랍니다.

KI신서 9566

권력과 언론의 전쟁터에서

1판 1쇄 인쇄 2025년 9월 15일
1판 1쇄 발행 2025년 9월 29일

지은이 송희영
펴낸이 김영곤
펴낸곳 (주)북이십일 21세기북스

인문기획팀 양으녕 이지연 서진교 김주현 이정미
영업팀 정지은 한충희 장철용 강경남 황성진 김도연 이민재
제작팀 이영민 권경민

출판등록 2000년 5월 6일 제406-2003-061호
주소 (10881) 경기도 파주시 회동길 201(문발동)
대표전화 031-955-2100 **팩스** 031-955-2151 **이메일** book21@book21.co.kr

ⓒ 송희영, 2025
ISBN 979-11-7117-510-9 (03300)

(주)북이십일 경계를 허무는 콘텐츠 리더

21세기북스 채널에서 도서 정보와 다양한 영상자료, 이벤트를 만나세요!
페이스북 facebook.com/jiinpill21 포스트 post.naver.com/21c_editors
인스타그램 instagram.com/jiinpill21 홈페이지 www.book21.com
유튜브 youtube.com/book21pub

권력과 언론의 전쟁터에서

현대판 마녀사냥의 표적이 된
조선일보 주필의 고백

송희영 지음

21세기북스

"만약 나더러 신문 없는 정부와 정부 없는 신문 중 어떤 것을 선택할지 결정하라고 한다면 나는 주저 없이 정부 없는 신문을 선택할 것이다."

미국의 건국 영웅 토머스 제퍼슨이 대통령이 되기 전 친구에게 보낸 편지에 남긴 명언이다. 이 매력적인 말을 스티커에 담아 책상 앞에 붙여둔 기자를 종종 보았다.

제퍼슨은 대통령에 취임한 뒤 정반대로 바뀌었다. 자신에게 비판적인 기자를 구속하겠다는 뜻을 여러 차례 밝히며 언론과 대립했다.

권력과 언론은 같은 언어가 통하는 대중의 지지를 놓고 다투는 사이다. 권력이 연설과 정책·이벤트를 통해 표를 끌어모은다면, 언론은 기사와 칼럼·영상·음성으로 설득한다. 권력이나 언론이나 더 많은 다수의 지지를 갈망한다. 이 때문에 민주주의 국가에서 권력과 언론은 충돌할 수밖에 없다.

만약 정치권력과 언론이 지지층을 공유하는 방식과 목표가 장기간 일치하면 독재국가, 권위주의 국가가 되고 만다. 중국, 북한, 러시아가 그렇지 않은가. 우리나라도 최초의 민간 대중매체인 〈독립신문〉 창간 이래 130여 년 동안 여러 번 이를 경험했다. 언론과 권력이 손을 잡으면 국민 다수는 진실을 알 수 없게 되거나 사실과 다르게 아는 피해자로 전락한다.

박정희 이후 38년 동안 기자로서 제퍼슨처럼 이중적인 한국의 최고 권력자들을 계속 겪었다. 그들은 대중 앞에서 언론 자유를 옹호하다가 무대 뒤에서 돈, 이권 또는 자리로 언론사와 기자를 회유했다. 권력 편에 서라는 유혹을 멈추지 않았다. 그러다가 거부하면 급소를 찌르는 게 권력의 실체였다. 민주화

운동 공적 덕분에 대통령 자리에 오른 인물을 포함 단 한 명의 예외도 없었다.

많은 이들은 박근혜 정권이 촛불 시위로 무너졌다고 믿고 있다. 하지만 수백만 종이컵 안의 초에 불을 붙인 시민운동의 주인공은 신문, 방송, 소셜 미디어였다. 박근혜는 언론에 여러 번 분노의 채찍을 휘둘렀고, 결국 언론의 총반격으로 붕괴했다. 박근혜 세력의 〈조선일보〉 공격은 보수 정당의 내부 갈등, 보수 세력의 분열을 거쳐 탄핵 심판으로 이어지는 출발점이 되었다. 1830년대 프랑스 부르봉 왕조의 붕괴, 1974년 닉슨 미국 대통령의 몰락처럼 오만한 지배 권력이 언론과 국민에 참패했다.

초등학교 때부터 글쟁이로 살겠다는 다짐을 평생 지켜왔으나 '나'를 주어로 쓴 책은 처음이다. 이 책은 박근혜 대통령 탄핵 직전 언론과 권력이 충돌했던 한 장면을 담은 기록이다.

누군가는 다 잊힌 얘기를 새삼 들먹일 필요가 있는가 의아해 할 수 있고, 다른 누군가는 뭐가 떳떳하다고 책을 내는지 거부감을 표출할 수 있다. 하지만 기자는 역사의 초고를 꼭 남겨둬야 한다. 잘못된 판결이 나왔을 때는 더욱 그렇다.

내가 겪어 아는 사실만큼은 또박또박 기록해 두어야겠다는 글쟁이 근성에서 썼다. 대부분 법정 증언, 수사 기록, 적법한 증거, 인터뷰를 근거로 삼았다. 숱한 비난을 받았던 입장에서 세상을 향해 내놓는 첫 반론이자 자기 성찰이라는 작은 의미도 담고 있다.

2025년 가을

차례

2025년 8월 21일.

오늘은 마지막 재판 날이다. 검찰 내사로 시작돼 10년 끌어온 수사, 재판을 내 손으로 마무리하기로 결심했다. 어떤 결과가 나오든 대법원에 다시 갈 생각은 없다. 법률가들에게 더 이상 끌려다니기 싫다.

대통령이 세 번 바뀌었다. 대법원까지 갔다가 파기 환송돼 고등법원에서 연장전까지 치르고 있다. 연장전의 결론은 유죄다. 대법원이 유죄 판결을 내리라고 돌려보냈기 때문이다.

"벌금형이나 집행유예 판결이 나올 거네." 변호사 친구들은 그렇게 예측했다. 나는 미리 재판 결과에 반박하는 입장문까지 준비했다. 기자들이 소감을 물으면 뿌리려는 보도자료다. 허나 그들의 모습은 보이지 않는다.

"징역 6월에 처한다. 다만 형 집행을 1년간 유예한다. 추징금은 3,946만 4,606원!" 재판장의 선고에 나는 놀라지 않았다. 양심상 명백한 오심이었으나 화가 나지 않았다.

도리어 개운한 기분을 느꼈다. 무죄와 유죄를 오락가락하며 느릿느릿 굴러온 송사가 끝나니 홀가분했다. 무죄를 갈망하던 마음은 언제부턴가 '제발 빨리만 끝내 달라'로 바뀌지 않았던가.

대법원은 재판을 '방석 밑에 깔고 앉아' 무려 4년을 끌었다. 어느 고등법원 재판장은 자신이 헌법재판소 재판관 후보로 거론되던 즈음 10개월 가까이 일정을 잡지 않더니, 이번 파기환송심도 여섯 달 만에야 첫 일정을 잡았다.

법원에는 피고인을 위한 달력이나 시계는 없다. 판사들이 자기 편의에 따라 제작한 전용 캘린더 아래서 시곗바늘이 삐뚤빼뚤 돌아갈 뿐이다. 그들은 재판정이라는 왕국의 소황제로 군림한다. 판사의 말은 병아리 기자 시절 듣고 보았던 것보다 부드럽고 친절해졌으나, 온몸이 뿜어내는 고집과 오만함의 악취는 훨씬 더 했다.

"나는 황제로소이다!"

대우조선해양(현재 한화오션)이 제공한 전세기·요트를 타고 이탈리아와 그리스 여행을 한껏 즐겼고, 그 대가로 대우조선에 우호적인 칼럼, 사설 몇 편을 써주었다. 그것이 나에게 씌워진 죄였다.

나는 대우조선 지원으로 출장을 가긴 했지만, 칼럼·사설과는 아무 상관 없이 이루어진 일정이었다고 반박했다. 1심·2심은 나의 설명에 수긍하고 무죄를 선고했다.

그러나 대법원에서 김선수*를 주심 대법관으로 만난 게 톱니바퀴가 거꾸

---

* 현재 사법연수원 교수. 전북 진안 출신. 우신고—서울대 법대 졸업. 사법연수원 17기. 이재명 정권에서 문형배 전 헌법재판소 소장대행과 다음 대법원장 자리를 다투고 있다는 소문이 나돌고 있음.

로 도는 전환점이었다. 김선수는 민주노총이나 노조 측 변호를 맡아 주로 노동 전문 변호사로 명성을 얻었다. 진보 좌파 성향의 변호사들이 만든 민주사회를 위한 변호사 모임(민변) 창립 멤버로 민변 사무총장, 회장까지 역임했다. 평생 민노총, 민변 같은 진보 좌파 진영에 파묻혀 살아온 터줏대감인 셈이다. 보수 신문의 강 건너 대척 지점에서 주먹을 불끈 쥐고 날 선 구호를 외치는 식의 일생을 보내온 인물이다. 〈조선일보〉는 민변과 민노총의 이념 편향, 정치 활동을 앞장서서 비판해왔고, 그가 〈조선일보〉에 대해 엄청난 반감을 갖고 있다는 얘기를 자주 들었다.

김선수는 노무현 대통령 시절 문재인 청와대 민정수석 아래서 사법개혁 담당 비서관을 맡았으나 이렇다 할 업적을 내지 못했다. 문재인이 대통령에 취임하고 대법원장이 진보 좌파 김명수로 바뀌자 김선수는 곧바로 대법관 지명을 받았다.

2심에서 전면 무죄 판결을 받은 내 사건이 김선수에게 배당된 후 변호사들은 한결같이 "정말 운이 없으시네요."라고 위로했다. 누구도 "자료를 꼼꼼히 보고 합당한 결론을 내릴 겁니다."라거나 "상식선에서 판결하지 않겠어요?"라고 말하지 않았다.

아니나 다를까, 김선수는 4년을 뭉그적거렸다. 법조인들은 "지연된 정의는 정의가 아니다."라는 말을 자주 하지만, 김선수는 '재판은 지연시키면 시킬수록 더 큰 정의가 실현된다.'고 믿는 축인 듯했다. 이념적 적군 진영의 대형 포로를 손바닥 위에 올려놓고 마음껏 즐기고 싶었던 것일까.

그는 끝내 유죄 취지 판결을 내렸다. 대법관 임기 만료를 넉 달여 앞둔 시점이었다. 보수 신문 주필에게 큰 주먹 한 방 갈겼다는 판례를 졸업 기념패로 삼고 싶었는지 모르겠다.

서울고등법원은 파기환송심에서 대법원의 심판을 그대로 받아들였다. 대우조선 남상태 사장이 칼럼·사설을 써달라고 청탁한 적이 없다고 증언한 뒤 다시 사실확인서까지 냈다. 청탁을 한다면 오래 교제해온 나의 상관 강천석 주필*에게 했을 것이라고 했다.

논설위원실 후배들은 "송희영은 해당 사설을 쓰지도 않았고, 심지어 논설실 회의에 참석하지도 않았다."는 취지로 증언하거나 사실확인서를 제출했다. 하지만 김선수에 이어 서울고등법원 백강진·김선희** 판사는 눈을 감고 귀를 꼭 막았다.

그들은 남상태가 '묵시적 청탁'을 했고 내가 '우호적 사설, 우호적 칼럼'으

---

*　현재 〈조선일보〉 고문. 광주제일고–서울대 사회학과 출신. 호남 출신으로 〈조선일보〉에서 최초로 편집국장·주필 역임.

**　백강진은 서울고–서울대 법대 출신. 사법연수원 23기. 부인은 신숙희 대법관. 김선희는 남성여고–한양대 법대 출신. 사법연수원 26기.

로 전세기 출장 혜택의 대가를 지불했다는 투의 판결문을 썼다. 뒷거래를 했다는 얘기다.

38년 동안 기자로 살면서 기사 거래를 한 적은 결단코 없다. 로비를 받고 글을 써주었다는 판결은 글쟁이에게 상상할 수 없는 모욕이다.

이는 진실의 문제고, 팩트의 문제다. 논리나 법리, 시각으로 판별할 사안이 아니다. 그렇게 볼 수도 있는 게 아니냐고 우물쭈물 넘어갈 수는 없다. 하지 않은 생각, 하지 않은 행동을 처벌한다니 황당했다. 도리어 판사들이 검사들로부터 '묵시적 청탁'을 받고 검찰에 '우호적인 판결'을 내린 게 아니냐고 되묻고 싶었다. 김선수·백강진·김선희의 판결은 영원히 오심으로 남을 것이라고 나는 생각했다.

물론 네 번의 재판에서 나를 둘러싼 대부분의 의혹은 해명이 끝났다. 명품 고급 시계, 해외 유명 브랜드 핸드백, 억대 현금 또는 상품권, 아파트를 수수했다는 보도는 모두 가짜뉴스, 허위 사실로 판명됐다. 조카 취직 청탁, 남상태·고재호 사장 연임 로비설도 그저 정치적 저의를 가진 검찰의 의도적 언론 플레이였던 것으로 드러났다.

그렇다고 해서 기자가 대기업이 비용을 부담한 해외 출장길에 나섰던 일을 잘했다고 할 수는 없다. 전세기·요트를 탔던 일정은 과했다.

정부기관이나 기업이 제공하는 해외 출장을 '팸 투어(Familiarization

Tour)’ 또는 ‘팸 트립(Fam Trip)’이라고 한다. 팸 투어는 언론인·공무원·시민단체·정치인·대학교수를 상대로 국내외 현장을 시찰시키며 서로 대화를 갖는 일종의 소통 이벤트다. 루이뷔통, 구글, GM 같은 글로벌 회사는 물론 삼성전자, 현대자동차도 팸 투어를 적극 활용해 사회 속으로 파고들고 있다. 심지어 검찰총장도 출입 기자단을 유럽에 보내 현지 사법기관을 둘러보는 팸 투어를 제공했다는 증언이 법정에서 나왔다.

기자는 초청을 받으면 해외 출장을 가고 싶어 한다. 언론사 쪽에서는 자신이 비용을 지불하지 않으니 좋다고 승인한다. 경제부와 산업부 소속 기자들과 여행 전담 기자들에게 팸 투어 기회가 자주 제공되는 편이었다. 청탁금지법이 시행되고 있는 요즘도 언론계 팸 투어는 광고비, 후원금, 협찬금 지원 등의 우회 방식으로 진행되고 있다고 들었다.

하지만 수십 년 묵은 관행이었다 해도 언젠가 사라져야 할 구습이었다. 기자를 회유하는 기회로 변질되었다는 사회적 비판이 제기되고 있었다.

내가 대우조선의 배려로 이탈리아와 그리스를 돌아본 것은 공인으로서 책임을 져야 할 잘못이었다.

현대 사회의 공인이라면 국민 세금을 쓰는 공무원과 공공기관 임직원만을 들먹일 수 없다. 불특정 다수를 상대로 어떤 영향력을 행사하는 기자나 유튜버, 교수는 물론 대중의 지지를 밥벌이 수단으로 삼고 있는 아이돌, 인플루언서, 스포츠 스타, 연예인까지 모두 공인이다.

이런 공인관에 따라 나는 호화 팸 투어가 이슈로 등장하자마자 회사를 그만두었다. 그 후 재판을 받는 기나긴 세월을 자신의 오판을 되새겨보는 자성의 시간으로 삼았다. 박근혜 정권의 경쟁 정치 세력은 정치에 입문하라고 제안했으나, 그동안 어떤 정치 캠프 부근도 얼씬거리지 않았다. 정치적 '피해자 코스프레'를 하며 지지 기반을 확보할 만큼 테크닉을 갖추지 못했고, 그러고 싶지도 않았다.

재판받는 동안 경영진이나 칼럼 필진으로 영입하겠다는 다른 언론사의 요청도 모두 사양했다. 언론인으로서의 글쟁이 생명을 스스로 거둬들이는 게 맞는 처신이라고 여겼다. 기자회견이나 인터뷰를 통해 해명하거나 반박하라는 조언을 적지 않게 들었다. 이마저 "얻어맞아야 할 때는 욕을 먹고 가는 게 낫다."고 응답했다.

한번 뭇매를 맞기 시작하면 어떤 진실된 해명을 내놓아도 받아들여지는 경우가 드물다는 것을 경험을 통해 알고 있었다. 대우조선 CEO가 임대한 전세기를 잠시 얻어 탔지만, 그로 인해 회사 측 부담이 더 늘어난 건 없다. 전세기 정원(10명) 이내라면 여섯 명이든, 여덟 명이든 임대 비용은 똑같다. 이런 설명을 해봤자 "둘러댄다"며 비난이 쏟아질 게 뻔했다. 반박·해명이 도리어 불쏘시개 역할을 더할 뿐이다.

거슬러 올라가면 2016년의 일이다. 박근혜 정권은 문화·예술인 블랙리스트 관리, 역사 교과서 국정화, 통진당 해산, 재벌과 유착, 강경한 대북 정책을 채택하며 극우화 노선으로 달려갔다. 온 나라를 오른쪽 극단으로 몰고 가더니 그해 4월 총선에서 참패했다. 세월호 참사 후유증, 메르스 전염병 창궐, 경기 침체, 외교 마찰, 북 핵실험 지속으로 정권의 실패와 무능이 누적됐다.

집권 세력은 민심의 배가 떠난 줄 모르고 배신자를 제거하는 숙청 작업에 몰두했다. 그 결과 친박 세력은 왜소해졌다. 오랜 세월 권력을 장악해온 보수 진영은 분열되면서 와해되고 있었다.

대통령이 아줌마 농간에 휘둘리고 있다는 뒷말이 식당과 술집에 가득했다. 재벌을 윽박질러 불법 자금을 모금했다는 비리가 드러나고 있었다. 권력 심층부에서 구린내가 진동했다.

극우 권력은 임기 말 레임덕을 절감했는지 다짜고짜 〈조선일보〉를 공격했다. 이 사람 저 사람 사냥감을 놓고 입맛을 다시다가 골라낸 첫 사냥감은 호남 출신 주필이었다.

고대 아즈텍 제국에서는 살아 있는 인간을 태양신에게 제물로 바쳤다. 인신 공양이었다. 그들은 제물의 심장을 꺼내 피를 나눠 마시는 축제 의식을 치렀다. 액운을 막거나 풍요를 기원하는 이벤트였으나 알고 보면 통치자가 파워를 과시하는 자리였다. 신으로부터 막강한 통치권을 위임받았다는 주술을 국민에게 세뇌하는 행사였다.

심장의 따뜻한 피를 메뉴로 삼은 이유는 뻔하다. 제물이 자극적일수록 권력의 위세는 높아진다고 믿었다.

박근혜 세력이 정권의 만수무강을 빌며 올린 제물도 살아 있는 인간이었다. 호남 출신 주필의 심장을 도려내면 속절없이 무너지던 권력의 심장이 다시 벌떡 뛰는 기적이 일어날 것이라고 믿었던 것일까. 뜨거운 피를 나눠 마시면 정권을 재창출할 수 있다는 점괘를 용한 무당으로부터 받아 들었던 것일까. 권력의 저승길에서 글쟁이 한 명의 목숨을 노잣돈으로 삼고 싶었던 것일까.

내가 9년 동안 겪은 일은 판사·검사들과의 싸움이 아니었다. 우병우라는 특정인과의 다툼도 아니었다.

그것은 권력과 언론의 일대 충돌이었다. 극우 성향의 보수 세력이 상대적으로 온건한 보수 언론을 공격한 전쟁이었다. 우리 사회의 보수 세력이 찢어지고 가라앉는 상황을 그대로 반영한 내전이었다. 진보 좌파 김선수는 어쩌면 보수 내전의 전쟁터에서 극우 권력 미사일 공격을 받고 쓰러진 피투성이 글쟁이에게 진보 좌파 진영을 대표해 확인 사살에 나선 카메오였는지 모른다.

권력의 말기 증상은 언제나 히스테릭하다. 이성과 합리성, 절제는 거의 사라진다. 그 자리에 야수적 공격성과 과욕, 분노와 복수의 감정이 들어선다. 극우 권력의 황혼은 더욱 그랬다.

'원조 보수'라고 큰소리치던 권력이었다. 그들의 파티는 대통령 탄핵과 집단 투옥으로 막을 내리는 듯했다. 하지만 몰락 직전 보여준 집단 망상과 광기는 거기서 끝나지 않았다. 한국 정치권과 죄 없는 시민들의 발목을 여전히 붙잡고 있다. 박근혜 시대 극우 보수 세력의 퇴행적 모습은 윤석열의 불법 계엄 선포와 뒤이은 탄핵, 구속을 초래한 출발점이었다. 보수 정당은 TK 지역 정당으로 위축되고 중도 보수 세력은 의지할 곳을 잃고 방황하고 있다. 극우 성향의 보수 집단은 윤석열 탄핵을 계기로 더욱 결집력을 과시했다. 그중 일부는 광화문·서초동·여의도에서 끈질긴 연장전을 펼치며 또 다른 제물을 찾고 있다. 그들의 가슴에 어떤 살인 무기를 숨기고 있는지 알아야 한다.

사건의 간략한 전개 과정

* 상보는 책 뒤쪽에 있음

2006년 3월	남상태, 대우조선해양(현재 한화오션) 사장에 취임(2012년까지 재임)
2011년 9월	**송희영 논설주간, 고재호 대우조선 부사장과 9일간 그리스–이탈리아 팸 투어**
2012년 3월	고재호, 대우조선해양 사장 취임(2015년 5월까지 재임)
2014년 1월	송희영, 〈조선일보〉 주필 취임
2015년 1월	박근혜, 청와대 민정수석에 우병우 발탁
2015년 5월	**정성립, 9년 만에 대우조선해양 사장에 복귀. 남상태–고재호 상대로 대대적 내부 감찰 후 검찰에 수사 자료 제공**
2015년 10월	청와대, 미르재단 설립
2016년 1월	대검, 부패범죄특별수사단 출범. **송희영 추적 담당 2팀장에 한동훈 지명**
2016년 1월	청와대, K스포츠재단 설립
2016년 4월	**박근혜 정권, 총선에서 참패해 소수 여당으로 전락. 직후 송희영 내사 시작**
2016년 7월	**TV조선은 최순실 국정농단 추적 기사 보도. 〈조선일보〉는 우병우 땅 거래 의혹 제기(8월 중순까지 후속 기사 집중 보도)**
2016년 8월 하순	**국회의원 김진태, 송희영의 '전세기 출장' 의혹 2차례 연속 폭로**
2016년 12월	박근혜 탄핵 소추, 국회에서 가결(2017년 3월 헌재가 탄핵 심판)
2017년 1월	검찰, 송희영 불구속 기소
2018년 2월	서울중앙지법, 송희영에 징역 1년, 집행유예 2년 선고(**팸 투어 관련 부분은 무죄**)
2020년 1월	**서울고법, 송희영에 팸 투어 관련 포함 전면 무죄 선고**
2024년 3월	**김선수 대법관, 송희영에 팸 투어 관련 부분만 유죄 취지 파기 환송. 박수환 무죄**
2025년 8월	서울고법, 송희영에 징역 6월, 집행유예 1년 선고

1장

"검사에게
'불러 뻥 고문'
42번 당했다"

시작부터
삐걱거린
박수환 법정 증언

2017년 12월 18일 월요일. 겨울비가 추적추적 내렸다. 재판은 8개월을 끌고 있었다. 마지막 증인으로 박수환 전 뉴스컴 사장이 나왔다. 얼굴이 창백했다.

서울중앙지방법원 형사 23부 법정에는 수사 검사들이 줄곧 출석했다. 그들은 재판을 공판 전담 검사에게 맡기지 않았다. 수사 검사들이 직접 법정에 출석하는 것은 유죄 판결을 꼭 받겠다는 의지로 해석된다. 나를 뇌물을 받고 기사를 써준 구악 기자로 만들겠다는 검사들의 집념은 끈질겼다.

박수환은 법정을 둘러보았다. 진심을 들어줄 누군가를 찾는 표정이다. '엄청난 게이트가 터졌다'고 호들갑스럽던 기자들은 보이지 않는다. 그들은 박근혜-최순실 재판이 열리는 이웃 법정에 몰려갔다. 그들은 〈조선일보〉 주필 외에 전직 총리, 전직 검찰총장, 고위 경제 관료, 언론인 여러 명이 망신당할

듯 떠들어 댔다. 하지만 흥행은 초라했다. 에르메스 핸드백, 명품 시계를 받은 공무원, 기자는 누구 한 명 나오지 않았다. 요란했던 게이트 수사는 송희영 한 사람으로 끝났다.

이제는 까맣게 잊힌 스캔들이다. 박수환 게이트는 바겐세일 마지막 날까지 팔리지 않은 떨이 상품 취급을 받고 있었다. 김태업 재판장*이 재판 개시를 선언하자 대검찰청 부패범죄특별수사단** 이승형 검사***가 진술 조서를 제시했다. 검사 방에서 작성한 원본 서류인지 확인하는 절차다. '네, 맞습니다'로 끝나는 통과의례다.

박수환은 조서를 손가락으로 줄을 그으며 훑었다. 검사들은 재촉하듯 박수환을 몇 번 노려보았다. 판사들도 '뭘 그렇게 시간을 끄느냐'는 표정으로 증인석을 힐끔거렸다. 지루한 인내가 짜증으로 바뀔 즈음 박수환은 다 읽었다는 신호를 보냈다. 검사는 벌써 짜증 난 듯 첫 질문을 서둘렀다.

"증인은 검찰에서 조사를 마친 뒤 직접 열람해 조서에 기재된 내용이 증인이 진술한 대로 기재돼 있음을 확인한 다음, 조서에 서명·무인(拇印, 손도장)·간인(間印, 함께 묶인 서류 사이에 걸쳐 찍는 걸침 도장)한 것이 맞는가요?"

박수환은 '네, 맞습니다' 하고 헐렁하게 넘어가지 않았다.

"제가 진술하고 서명한 것은 맞습니다. 그렇지만 그 진술한 과정이 사실에 의한 진술이냐, 아니면…."

그냥 넘기지 않겠다는 단호한 말투다. 그러자 검사는 말을 가로챘다.

---

* 현재 서울서부지방법원장. 전주 신흥고–서울대 법대 졸업. 사법연수원 25기. 광주지방법원 근무 중 친구에게 변호사를 알선한 혐의로 기소된 동료 판사에게 무죄를 선고, 언론의 비판을 받았다.

** 검찰총장 직속 수사단. 검찰의 무리한 수사로 노무현 전 대통령이 자살한 뒤 대검 중앙수사부가 폐지됐으나 2016년 박근혜 정부 들어 의욕적으로 신설한 조직이다. 언론은 중수부가 부활했다고 평가했다.

*** 현재 대구지방검찰청 차장검사. 사법연수원 34기. 대전 유성고–서울대 국제경제학과 졸업.

“그러니까 제가 묻는 것은 진술한 대로 작성되었음을 확인한 것은 맞는가…”

쐐기를 박으려는 다그침이었다. 검사는 신경질적이다.

“진술 자체가 수사관님하고 합의해 작성됐고요…”

대답이 끝나기 전에 검사가 더 다급한 기세로 끼어들었다.

“합의했든 어떻게 했든 진술한 대로…”

첫 질문부터 옥신각신이다. 나는 옆자리의 변호사를 쳐다보았다.

‘이게 무슨 상황이죠?’

예상치 못한 실랑이에 변호사는 고개를 갸웃거렸다. 검사가 험상궂게 다그치자 박수환은 진저리를 쳤다.

검사는 그따위 반응은 TV 예능 프로에서 3류 개그맨이 늘 보여주는 과장된 연기라는 듯 무시했다. 진술 조서를 검찰과 합의해 작성했다는 말은 진술 조작 가능성을 시사하고 있지 않은가.

그러자 검사는 검찰 조사 때 변호사가 입회했다는 사실을 들고나왔다. 변호사 입회 여부는 진술의 신빙성을 따지는 데 매우 중요하다. 피의자가 변호사 도움을 받지 못했다고 하면 진술 조서 효력은 크게 망가진다.

“조서 작성이 끝난 다음에 변호사님을 불러…”

‘다음에’에다 강한 액센트를 넣었다. 박수환은 조서가 만들어진 후 변호사가 검찰청에 나와 서명했다고 반박했다. 사후 서명으로 끝났다는 증언을 검사가 그대로 넘어갈 리 없다. 검사가 변호사 입회를 거부했다면 조서는 쓰레기가 된다.

검사는 변호사와 맺은 계약서를 들고나왔다. 계약 내용을 추궁하자 박수환은 다시 일그러진 표정을 지었다.

"검사님은 첫날 저를 만나 그러셨죠? 제 온몸에 메스를 가해 인생이 얼마나 비참해질 수 있는지 처절하게 고통을 느끼게 해주겠다고…."

변호사 입회 여부가 문제가 아니다. 신문을 받는 자체가 고통인 모양이다. 검사가 큰 소리로 물으면 박수환은 고통스럽게 얼굴을 찌푸렸다. 수사 검사와 법정 신문 검사는 같은 인물이다.

검사 이승형은 '온몸에 메스를 가한다'고 했던 폭언이 무슨 말이냐는 표정으로 반문했다.

"제가요?"

어이없는 표정을 지으려고 애쓴다.

"예, 검사님… 그런 말을 그렇게 웃으시면서 하시면 안 되죠."

검사의 웃음 짓는 연기가 더 역겹다는 반발이다.

"자, 자, 그렇게 감정적으로 하지 마시고요."

검사는 애써 자비로운 얼굴을 만들려고 했다. 증인이 과잉 흥분 상태라는 것을 재판부에 알리려는 제스처로 보였다.

'재판장님, 이렇게 징징대는 피고인을 많이 보셨죠? 중죄를 짓고 무죄 증거로 내놓는 게 고작 이런 거죠.'

검사는 험악하게 다그치다 다독이는 밀당에 능하다. 증인은 재판부의 짜증을 유발하는 악역을 맡았다.

"재판은 검사와 변호사 중 연기력이 뛰어난 쪽이 이긴다."

어느 전직 대법원장의 말이 떠올랐다.

"변호사는 입회하지 않고
나중에 서명만 했어요"

답답했는지 재판장이 끼어들었다.

"그 후로 증인이 조사받는 과정에 변호사가 입회했습니까?"

박수환은 머뭇거리지 않고 대답했다.

"그분들은 되게 (수임료가) 비싼 분들이시잖아요. (검사는) 저를 아침부터 불러 놓기만 하고 밤늦게까지 조사를 하지 않았습니다. 변호사님이 다른 일 안 하고 하루 종일 저랑 그 검찰청에서 대기하실 수는 없잖아요."

변호사를 무작정 기다리게 할 수 없어 조서 작성이 끝난 뒤 서명만 받았다는 말이다. 조서 작성 시간에는 변호사가 입회하지 않았다는 하소연이었다.

검찰 기록을 보면 박수환의 1회 참고인 진술 조서 작성에는 변호사가 34분 입회했다. 조서를 작성한 8시간 40분 내내 변호사는 없었다. '면담' '의견 청취'라는 검사의 조사 시간에도 변호사가 입회, 조언하지 못했다. 2회 참고인 조서 작성 때 변호사가 진술 조서를 열람한 시간은 고작 25분, 3회 참고인 조서 열람 시간은 13분에 불과했다. 나중에 서명만 했다는 증언은 맞는 말이다.

이는 검사들이 흔히 구사하는 변호사 따돌리기 수법이다. 변호사 따돌리기에 당한 그는 "변호사는 나중에 사인만 했다."라는 말을 반복했다.

변호사 입회가 입증되지 않으면 불리하다는 사실을 검사가 모를 턱이 없다. 검사는 고성을 지르기 시작했다.

"자, 증인! 제가 증인에게 변호사가 처음부터 입회해 조사를 받아야 한다고 했는데, 굳이 그럴 필요 없이 나중에 와도 된다고 증인이 먼저 얘기하지 않았어요?"

증인에게 책임을 떠넘겼다.

"짧게 답변 올리자면 변호사님은 마지막에 서명만 하셨습니다."

같은 질문, 같은 대답이 평행선을 긋고 있었다. 신문에는 들어가지 못했다. 검사 얼굴이 독한 표정으로 굳어졌다. 여기서 물러서면 검사가 변호사 입회를 거부한 불법 수사가 될 판이다.

검사는 갑자기 박수환이 구치소에서 변호사를 접견한 기록을 배포했다.

"증인이 수감돼 있을 때 총 111건의 변호인 접견 현황이 나와 있습니다. 한번 쭉 보세요."

증인을 굴복시킬 수 없겠다고 본 것일까. 공략 대상을 바꿔 판사를 설득하는 편이 낫겠다고 판단한 모양이다.

다투고 있는 것은 구치소의 변호사 접견이 아니다. 조서를 작성할 때 변호사가 입회했는가를 놓고 싸우고 있다. 하지만 검사는 구치소 면담 기록으로 역공을 폈다.

"그건 그냥 저를 불쌍하게 봐서… 제가 너무 고통을 받고 있으니까 일주일에 한 번씩 오셔서 따뜻하게 손 한번 잡아주신 것이고요."

변호사의 구치소 접견은 격려성 방문이었다는 말이다. 검사는 더 거칠어졌고 그럴수록 박수환은 분개심에 떨었다. 거친 신문과 반응이 정반대 곡선을 그렸다. 검사의 추궁은 합당한 임무 수행으로 포장되고 박수환은 감정 과잉으로 흘렀다. 변호사가 입회하지 않았다는 사실은 111회 구치소 접견 기록에 파묻혔다. "변호사는 나중에 서명만 했다."라는 증언은 증발해버렸다.

박수환의 진심은 통하지 않았다.

“죽을 수 있으면 지금 이 순간 죽는 게 훨씬 더 편해요.”

증언대에서 박수환은 필사적이었다. 그는 건강을 잃었다. 회사를 잃었다. 남은 것은 자신과 남편의 병든 몸, 그리고 반려견 둘뿐이다. ‘죽는 게 편하다’는 무심코 터져 나온 푸념이 아닌 듯했다.

“검사가 송희영을 구속시켜야 된다며 끝없이 ‘불어라, 내놓아라’고 했어요.”

그러면서 온몸을 떨었다.

“수사는 송희영으로 시작해 송희영으로 끝났어요… 마흔두 번을… 오로지 송희영, 오로지 송희영….”

고개를 몇 번이고 흔들었다. 증언은 듬성듬성 끊겼다.

“모든 과정이 고문이었어요.”

서울구치소가 법원에 제출
한 기록을 보면 42번 호출한
가운데 오전 10시 검찰에 불
려 나온 것은 10번이다. 32
번은 오후 2시에 소환됐다.
구치소로 돌아가는 시간은
언제나 한밤중이었다. 새벽 3
시에 돌아간 날도 있었다고
했다. 구치소 측은 귀소 시간
을 기록으로 남기지 않아 매
일 몇 시에 구치소로 돌아갔
는지는 알 수 없다. 인권 사
각 지대다.

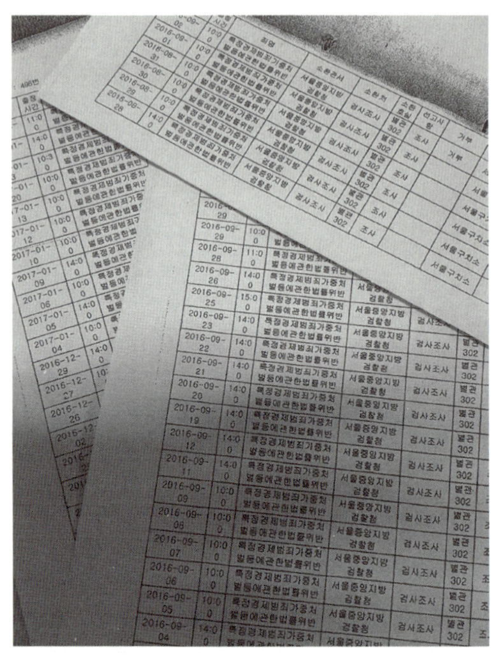

서울구치소가 법원에 제출한 박수환의 검찰 소환 기록. 박수환은 구속 직후 42회 반복 소환돼 일명 '까치방(별칭 비둘기집)'에 머물며 '불러 뻥' 고문을 당했다고 증언했다.

박수환은 구치소로 돌아가는 것을 '귀가'라고 했다. 검사에게 들볶이다 해방되면 집에 가듯 편안했던 모양이다. 그는 증언대에서 가둬 두었던 울분과 적개심을 토했다.

"날마다 불러… 저를 검찰에 데리고 다니던 호송 교도관이 몸살이 걸려 출근하지 못할 정도였어요."

그는 반복 소환에 시달리며 자신이 왜 구속됐는지, 최종 사냥감이 누구인지 확인했다. 송희영을 잡는 루어(Lure)낚시의 미끼가 되어야 한다는 현실과 마주했다. 수사 목표는 정해져 있었다. 검사가 그걸 확인해주었다.

수사 초기에는 〈조선일보〉 사장과 그 가족부터 간부, 기자 들의 비리를 뭐든 불라고 압박했다. 구속된 후 이틀 동안 검사는 〈조선일보〉 사주와 그 가족을 분명히 겨냥했다. 이어 김민배* TV조선 사장, 김영수 디지틀조선일보 사장, 몇몇 후배들의 비리를 추궁하는 시간이 다소 길었다고 한다.

"이틀이 지나니 다 빠지고… '〈조선일보〉가 송희영을 버리기로 했다, 내일 사표를 받을 것이다' 하면서 지금부터는 다른 사람은 말 안 해도 된다, 오로지 송희영 비리 아무거나 내놔라, 그럼 봐주겠다, 그러셨어요."

〈조선일보〉가 주필을 내친다는 말을 검사 입을 통해 들었다. 박수환은 그 순간의 기분을 이렇게 말했다.

"그 말이 너무 특이해 제가 죽는 날까지, 아마 치매가 걸려도 못 잊을 거예요."

그 무렵 당사자인 나는 사직을 결심했지만, 사표를 내겠다고 회사에 통보하지 않고 있었다. 누가 내 마음을 어찌 알고 검찰에 미리 통보했다는 것인가. '버리기로 했다'는 표현은 또 뭔가. 주필의 거취를 수사 검사가 먼저, 감옥에 갇힌 사람이 먼저 알았다. 당사자와 상의 없이 회사가 권력에 통보하지 않았다면 있을 수 없는 일이다. 듣기 싫은 증언이다.

검사는 퉁명스럽게 다시 신문을 시작했다.

"그러니까 검찰에서 임의로 진술했다, 그런 얘기죠?"

검찰에서 작성한 진술 조서가 맞다고 시인하라는 다그침이다.

"임의(任意)라는 게 무슨 말이죠?"

박수환이 반문했다. 임의라는 법률 용어는 일상 대화에서 별로 쓰지 않는다.

---

* 전남 진도 출신 김민배 사장은 최순실(나중에 최서원으로 개명) 비리를 추적하는 취재팀을 지휘했다는 누명으로 인해 박근혜 정권 말기까지 몇 달간 내사를 받았다. 2024년2월 암 투병 중 별세.

"협박을 받지 않고 자율적인 의사에서 스스로 진술했다는 얘기인가를 묻는 말…."

박수환은 협박이라는 단어에 발끈했다.

"협박이 아니라 고문이었죠. 저는 고문이라는 것이 오십 년 전 군사정권에서만 있는 줄 알았어요. 그런데 저를 데려다 놓고…."

'고문'이라는 단어가 튀어나오자 검사는 1초를 쉬지 않고 말을 끊는다. 화제를 느닷없이 골프로 돌렸다.

"결론은 지금… 골프를 친 사실에 대해서는 그건 팩트다, 이 말씀이죠?"

박수환은 손을 내저었다.

"세상에 그렇게 잠을 안 재우고 겁박… 그게 수사 기법이라고… 그 말할 수 없는 모욕, 예를 들어…."

진도가 나가지 않자 재판장이 다시 개입했다.

"계속되는 소환과 장시간에 걸친 조사가 반복되다 보니까 정신적으로 많이 힘든 가운데 진술한 거다, 그런 취지인가요…. 뭐, 정신적으로 지친 상태에서 진술했다는…."

재판장은 피고의 불평과 호소를 중단시키려 했다.

"지친 게 아니라 강요를 했다는 거죠. 오로지 송희영만 불어라, 목표가 송희영이라고 그랬어요… 그래서 마흔두 차례 조사가 다 송희영에 대한 것이었어요."

재판장은 70분 만에 휴정을 선언했다. 박수환에게는 마음을 가라앉히고 요점을 말해 달라고 당부했고, 검사에게는 감정적 질문을 피해 달라고 부탁했다. 검사와 박수환은 70분 내내 다퉜다. 검사의 혀에는 온통 가시가 박혀 있었다. 박수환 입에서는 울분이 폭발했다.

박수환은 진술서가 사실과 다르게 작성됐고 수사관과 진술을 협의했다고 했다. 42번을 반복 소환했지만, 변호사 도움을 제대로 받지 못했다고 호소했다.

휴정 선언이 박수환의 추가 하소연을 막았다. 교묘한 국면 전환용 휴정 선언 덕분에 검사는 진술 조서가 부정되는 참사를 막았다. 재판장이 그걸 돕는다는 인상을 주었다. 피고가 진술서를 전면 부정하면 증거의 가치는 폭락한다.

자수성가한
여성 기업인의
치열한 인생

박수환은 홍보대행사 사장이었다. 1997년 뉴스컴을 창업, 20년 연속 흑자 경영을 했다.

그는 〈조선일보〉 주필인 나에게 2007년 이후 2015년까지 8년 사이 12차례에 걸쳐 총 4,947만 원 상당의 재물 또는 재산상 이익을 제공했다는 혐의로 2017년 1월 기소됐다. 12건의 혐의 가운데 4건은 골프 접대다. 3건은 공소시효가 지나고 대우조선과 전혀 무관한 별건을 포괄일죄(包括一罪)*로 묶어 기소했다.

나머지 5건은 내가 〈조선일보〉에서 논설주간, 주필로 승진하거나 등기이

---

* 일정한 기간 동안 반복된 여러 건의 동일 범죄를 묶어 처벌하는 방식. 독일, 일본에서는 피의자 방어권 보장을 위해 포괄일죄 기소가 점차 사라지고 있으나 유독 한국 검찰은 뇌물 금액을 늘리려고 공소시효가 지난 것까지 기소하는 일이 빈번하다.

사직을 중임할 때, 한국신문방송편집인협회 회장에 취임할 때 축하의 뜻으로 현금이나 상품권을, 해외 출장을 갈 때 선물 구입비로 주었다고 검찰은 주장했다.

홍보대행업은 기업과 관청의 홍보 업무를 대신 맡아주는 한국표준직업분류표상 엄연한 표준 업종이다. 기업마다 사내 변호사를 두면서 전문적인 소송은 로펌에 맡기는 것과 같다. 홍보대행사는 기업의 보도자료를 작성해 언론에 배포하고 CEO 인터뷰를 주선한다. 신규 투자부터 신상품 발표, 노사 분규에 이르기까지 기업에서 발생하는 모든 사안에 간여한다.

뉴스컴은 외국 기업 홍보를 전문으로 하는 연간 매출액 100억 원이 넘는 중소기업이었다. 미국 최대 제조회사 GE를 포함 구글, 퀄컴, GM, 샤넬 같은 글로벌 블루칩 기업들이 오랜 거래처였다.

박수환은 법원에 제출한 심경서에서 중학 3년생 시절 어머니와 사별하고 아버지가 재혼한 뒤, 담임 선생님 알선으로 입주 가정교사로 생계를 이어갔던 일화부터 소개했다. 끼니를 해결하려고 취직이 잘되는 여상고에 진학했던 일, 외국 기업에 취직하기 위해 미국 대사관 알바로 일하며 악착같이 영어를 독학했던 일을 고백했다. 그는 사춘기부터 인생의 서바이벌 도구를 혼자 힘으로 갖추어야 했다. 굶주림에서 벗어나려는 몸부림이 사업가 열정을 폭발시킨 마그마였다고 짐작할 수 있다.

내가 박수환을 처음 만난 시기는 〈조선일보〉에서 경제과학부장을 맡고 있을 때였다. 그는 외국계 홍보대행사에서 근무하다 막 뉴스컴을 창업했다. 때마침 〈조선일보〉는 신문의 품질 향상을 위해 지면의 국제화를 추진하고 있었다. 국내 기업들이 너도나도 해외로 진출하던 시기였다. 외국 우량 기업 경영 정보 수요가 폭발하고 있었다. 나는 국내 기업 취재에 빠져 있던 지면

제작 관행에서 탈출, 글로벌 시야에서 기사를 쓰라고 후배들을 다그쳤다. 세계 최우량 기업을 소개하는 기사를 크게 늘렸다.

박수환은 초일류 기업의 경영 정보를 제공하고 현장 취재와 CEO 인터뷰를 주선했다. 〈조선일보〉는 뉴스컴 고객 기업과 접촉하며 한국 기업들이 배울 만한 경영 비법을 지면에 반영했다. 나와 경제부 후배들은 취재원 관리를 위해 뉴스컴과 원만한 관계를 유지하려고 애썼다. 그는 〈조선일보〉의 국제 컨퍼런스에 미국, 유럽의 최고위급 CEO들을 상당수 유치해주었다.

그는 갖은 역풍을 감수하며 우량 기업을 키웠다. 뉴스컴 사원들 평균 연봉이 톱 언론사 기자들보다 훨씬 높다는 소문이 나돌았다. 검찰이 법원에 제출한 뉴스컴의 경영 실적을 보니 영업이익률은 한국 최고 수준이었다. 탈세나 횡령은 한 푼 없었다.

성공한 여성 기업인도 검찰이 사냥감으로 지목하면 빠져나갈 수 없다. 검찰은 세계에서 유례가 없는 막강한 권한을 갖고 있지 않은가. 전직 검찰총장이 자랑한 말이 있다.

"피의자의 단골 술집 마담이나 숨겨놓은 애인은 수사 착수 후 하루이틀이면 찾아낸다. 일주일쯤 되면 피의자가 단 한 번 성매매한 룸살롱 종업원을 데려올 수 있다. 한 달이 지나면 초코파이 때문에 다투고 헤어진 피의자의 유치원 짝꿍을 소환할 수 있다."

수단, 방법을 가리지 않는 수사 능력을 과시하는 농담이었다.

박수환은 검찰이 나를 기소하기 5개월 전 구속됐다. 대우조선과 21억 원의 홍보대행 계약을 체결한 것이 남상태 사장의 연임 로비 대가라는 혐의(알선수뢰)가 적용됐다. 그 재판은 1심에서 무죄가 선고됐으나 2심에서 민유성 전 KDB(산업은행) 행장이 돌변해 증언을 뒤집는 바람에 법정 구속돼 2년 6

개월 형을 선고받았다.

그 판결은 수긍하기 어려웠다. 대우조선 같은 거대 공기업 사장 자리라면 로비 상대가 최고 통치자나 권력 핵심이어야 적합하다. 임시 차출된 KDB 행장일 수는 없다. 그것도 홍보대행사 사장의 로비로 공기업 사장 인사가 결판이 나버린 듯 판결을 내린 것은 비현실적이다.

어쨌든 박수환이 구속된 후 검찰이 뉴스컴 거래처 임직원을 줄줄이 소환하자 2개월이 되지 않아 거래처는 모두 떨어져 나갔다. 뉴스컴 직원들은 새 회사를 설립해 독립했다. 20년 흑자 회사는 그렇게 사라졌다. 화제가 되었던 고졸 여성 기업인(나중에 서강대 대학원까지 마쳤음)의 성공 스토리도 산산조각 났다.

경제부 기자를 하면서 많은 기업인을 만나보았다. 그들이 갖고 있는 회사에 대한 자부심과 긍지 그리고 애정을 잘 알고 있다. 창업 기업인에게 회사란 꿈을 간직한 인생의 안식처다. 인생의 갈림길에서 자식, 부인을 버리고 회사를 선택하는 기업인을 여럿 보았다. 박수환은 그런 꿈의 안식처를 잃고 말았다. 박수환 증언에서 보금자리를 무자비하게 짓밟은 터미네이터를 향한 분노를 나는 읽었다.

검사의
기발한 취조 테크닉 담은
'구치소 일기'

박수환은 증언대에 서기 며칠 전 구치소에서 쓴 일기 메모를 재판부에 제출했다. 같은 방 수감자가 매일 몇 자씩 적어 두라고 권유해 썼다고 했다. 일기라기에는 짧고, 메모라기에는 긴 문장을 담고 있었다.

"매일 새벽 한두 시에 구치소에 돌아와 수면제를 먹고 서너 시간 자고, 또 끌려 나가고 했기 때문에 일기 형식이 아니라 잠깐 메모했습니다. 굉장히 드라이하게 팩트만 썼습니다. 너무 잔인한 말은 뺐고요."

모두 17페이지였다. 노트 뒤에는 달력을 만들어 날짜마다 면회를 다녀간 사람과 면담 변호사 이름을 기록했다. 일기는 2016년 9월 1일부터 검사와 어떤 줄다리기가 있었는지 요약하고 있다. 이날은 구속 5일째였다.

검찰 조사 중 '저는 모든 것을 다 잃었다'고 했고, 이승형 검사는 '인생이 얼마나 더 비참할 수 있는지, 박 대표를 철저히 끝까지 고통스럽게 해주겠다, 아직 이건 시작도 아니다'라고 말했다. 계속 〈조선일보〉 송희영에 대해… 불라고 했다.(9월 1일)

검사는 10월 6일까지 토요일, 일요일, 추석 연휴만 빼고 박수환을 매일 소환했다. 밤 10시 30분쯤 구치소로 돌아간 날은 기뻤던 모양이다. 구속 한 달 만에 '제일 일찍 온 날'이라고 썼다.

일기 메모는 어떤 기발한 취조 테크닉을 구사했는지 생생하게 담고 있다. 구치소 일기는 검찰의 현대판 수사 기법을 담은 교과서이자 백과사전이다. 구타 같은 육체적 고문이 금지된 후 검사들이 피의자를 어떻게 다루는지 알 수 있다.

일기 메모에 나오는 검사의 취조 기법은 3단계로 나누어 볼 수 있다.

제1단계는 고성, 조롱, 비아냥으로 자백을 유도하는 시기다. 일기에는 '검사가 언성을 높였다' '고함을 쳤다' '닦달했다' '윽박질렀다'라

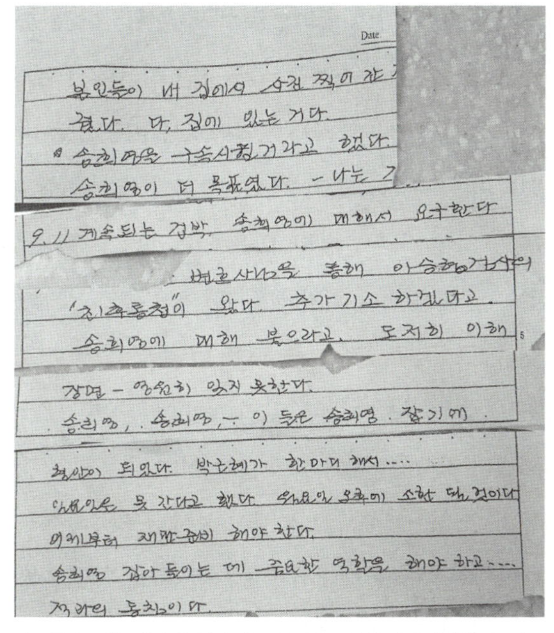

박수환이 구치소에서 쓴 일기 메모. 송희영 구속을 위해 자백을 강요받고 있으며, 구속시키는 데 중요한 역할을 해야 하는 자신의 처지를 기록했다.(각각 다른 쪽의 주요 대목을 잘라내 찍은 사진)

는 표현이 계속 등장
한다. 흙수저 신분과
고졸 학력까지 거론하
며 상처를 후벼 파는
가 하면, 심지어 "송(희
영)이 나를 여자로 좋
아하냐고 물었다."라

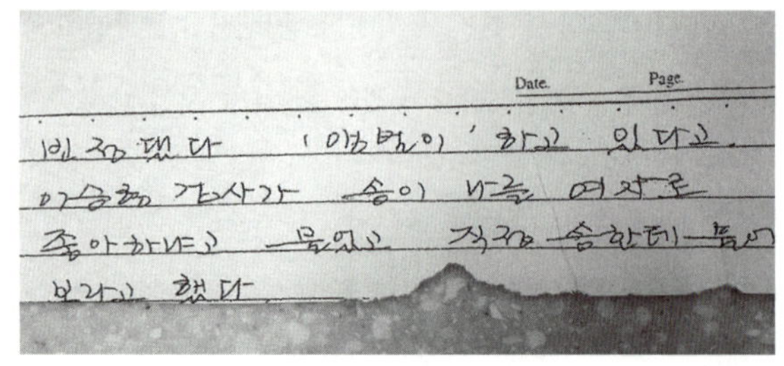

성희롱으로 볼 수 있는 이승형 검사의 신문을 기록한 박수환의 일기 메모.

고 썼다. 성희롱이 있었음을 시사한다. 실제 그런 부분을 찾으려고 통화와
문자 내역, 승용차 카메라 녹화 기록, 사무실 CCTV를 샅샅이 뒤졌다. 인격
모독, 고성, 폭언, 비아냥, 화내기, 조롱은 적어도 17일간 이어졌다.

2단계는 압박이 협박으로 바뀌면서 강도가 높아졌다. "15년 구형해 징역
을 10년 살게 해주겠다." "3~4년 감옥에서 썩을 것이다." "추가 기소하겠
다." "그동안 벌어들인 돈을 변호사 비용으로 다 탕진하게 만들겠다." 이런
협박이 반복됐다. 추가 기소는 박수환에게 현실적 위협이 되는 단계다.

3단계는 '최후통첩'에 이은 뒷거래다. 자백을 받아 내려고 구치감에 장시
간 감금해 놓거나 의자에 3시간 동안 꼼짝 못 하게 앉혀두는 테크닉을 활용
했다. 그러면서 "뇌물 준 것을 더 불면 추가 기소에서 몇 개 빼주겠다."거나
"구형량을 낮춰주겠다."라며 흥정을 벌였다. 결국, 뒷거래는 은밀하게 이루
어졌다. 일기는 뒷거래 조건이 어떤 내용인지 밝히지 않았다. 다만 '적과의
동침'이라는 표현으로 흥정이 성사됐음을 확실히 기록했다.

박수환은 증언대에서 "그 모든 단계가 고문이었다."라면서 "저는 버러지
보다 못한 취급을 받았다."라고 덧붙였다.

청와대와 검찰은 호남 주필을 하루빨리 포토라인에 세워야 했다. 권력은

목욕탕의 알몸, 화장실의 어색한 행동, 이불 속의 나를 모두 촬영해 놓은 것처럼 언론 플레이를 해놓고 있었다. 그러나 계좌를 꼼꼼히 추적해봤지만 수상한 돈거래가 나오지 않았다. 고가의 핸드백도 시계도 없었다. 휴대폰 정밀 해부에서 야릇한 문자나 이모티콘 하나 나오지 않았다. 초조하고 답답한 시간이 흐르고 있었다. 그럴수록 검사의 압박은 겁박, 협박을 거쳐 급기야 '고문'이라고 할 만큼 취조 강도를 높였다. 고통을 견디다 못한 박수환은 일기에 "차라리 뇌물이라도 줬더라면 얼마나 좋을까 하는 말도 안 되는 후회를 한다."라고 썼다.

피의자 앞에서
발뒤꿈치
각질 떼는 검사

특별수사단(단장 김기동*)은 뇌물 증거가 나오지 않자 모욕, 모멸감을 안기는 기법을 동원했다. 박수환 증언을 더 들어보자.

"제가 다문화 가정을 상당히 오랫동안 도왔습니다. 그것을 저더러 테러리스트를 지원한다고 그래요. 거기에 있는 아이들이 이슬람교도가 많다고요."

프랑스에서 테러가 자주 발생하는 이유는 이슬람교도가 프랑스 인구의 8~10퍼센트에 달하기 때문이라는 논리다. 그러면서 검사는 다문화 가정을 후원하는 박수환의 자선 활동을 테러리스트 양성에 뒷돈을 대는 행위라고 비웃었다.

---

* 법무법인 로백스 대표변호사.. 경남 진주 출신. 부산 혜광고−서울대 법대 졸업. 사법연수원 21기. 더불어민주당 의원들에 의해 우병우 사단 멤버로 지목된 대표적 검사. 박근혜 탄핵 후 한때 사법연수원 부원장으로 좌천됐다가 문재인 정권에서 부산지검장까지 지냈다. 민정수석 조국의 고교 및 대학 1년 후배라는 얘기가 나돌았다.

걸핏하면 여상고를 졸업한 학력과 사회적 신분을 파고들었다.

"저더러 상고 나온 주제에, 대한민국에서 흙수저로 태어난 주제에 영원히 흙수저로 살 것이지, 어떻게 감히 흙수저가 신분이 변화될 수 있다고 생각하느냐, 근본적으로 돼먹지 못했다… 어디 건방지게 돈 벌었다고 외제 차 타고 다니면서, 흙수저 본분도 모르느냐. 그러면서 검사님이 소리를 질렀어요."

박수환은 크라이슬러가 고객일 때는 크라이슬러 자동차를 굴렸고 GM과 거래하면 캐딜락을 몰았다. 외제 차는 고객 관리용이었다. 검사는 그걸 '흙수저 주제에'라고 빈정댔고, 대학에 가지 못한 상처에 소금을 뿌렸다. 박수환은 모욕을 주는 검사의 "그 눈빛을 잊을 수 없다."라고 했다. 모멸감을 안기는 취조 테크닉은 일기에 더 등장한다.

> 이주형 부장은 나를 겁박하면서 양말을 벗고 발의 각질을 떼고 있었다. 무좀
> 약도 바르고… 한참 동안… 그는 나를 하나의 인격체로 대하지 않았다.(9월 20일)

각질 제거, 무좀약 바르기는 무심코 하는 행동이 아니다. 일부러 혐오감을 안기는 행동은 고의적 멸시로 자백을 압박하는 전통적 수사 기법이다. '박수환=각질과 같은 하찮은 존재'라는 인간 비하다.

변호사는 증언 도중 각질 제거와 무좀약 바

이주형 부부장 검사가 박수환을 앞에 앉혀 두고 각질을 제거하고 무좀약을 발랐다고 기록한 위쪽 일기 메모에는 10년을 감옥에서 썩으라는 저주를 퍼부었다는 대목도 보인다.

르기가 정말 실행됐는지 물었다. 박수환은 그때의 심정을 이렇게 말했다.

"지금도 가끔 토해요. 세상에… 어떻게 그런 일이….."

두 손으로 얼굴을 감쌌다. 재판장이 믿을 수 없다는 표정으로 물었다.

"누가 그랬다는 거예요?"

몇 초 망설이다 온몸을 떨며 대답했다.

"이주형 부부장님*께서 그러셨어요. 정인 계장님(수사관)도 계셨어요. 양말을 벗고, 더럽게, 각질을, 세상에… 결혼 생활을 오래 했지만 남편도 제 앞에서는 각질을 제거하지 않습니다."

각질 제거 공세와 함께 박수환은 무너졌다. 허위 자백을 시작했다. 한쪽은 무적 도끼를 휘두르는 슈퍼 파워인 반면, 다른 한쪽은 각질 같은 존재로 신분이 한없이 격하되었다. 이길 수 없는 미친 코뿔소와 싸우고 있다는 낭패감을 절감했을 것이다.

---

* 수사 당시 한동훈 2팀장 바로 아래 부부장 검사. 대구 능인고-고려대 법대 졸업. 사법연수원 30기. 우병우 전 민정수석이 대검 중수부에서 노무현 대통령을 조사할 때 배석 검사로 참여했고, 권양숙 여사 수사를 담당했다고 알려졌다. 박수환의 증언이 끝나고 몇 달 후 검사를 그만두고 변호사로 개업했다. 라임·옵티머스 금융사기 의혹 사건의 피의자 김봉현 전 스타 모빌리티 사장이 2019년 7월 청담동 룸살롱에서 현직 검사 3명에게 536만여 원어치의 향응 접대를 할 때 그 자리를 주선했던 변호사. 나와 박수환 수사를 맡았던 한동훈 팀 검사 중 이주형과 나의엽 부부장 검사는 청탁금지법 위반 혐의로 기소돼 유죄가 인정됐고, 1,000만 원씩의 벌금형을 받았다. 그 뒤 나의엽은 검사직을 그만두었고, 함께 룸살롱 접대를 받은 유효제 춘천지방검찰청 형사부장과 임홍석은 견책 징계를 받아 징계부가금 66만 4,767원을 납부해야 했다.

각질 제거에 이어 등장한 취조 테크닉은 까치방 감금과 '불러 뽕 고문'이었다. 까치방이란 대개 검찰청사 지하실에 있는 감방, 즉 구치감(일명 비둘기방)을 말한다. 구속 피의자를 대기시키는 공간이다. 박수환의 경우 지하 까치방은 아니었다고 한다.

'불러 뽕'이라는 검찰 은어는 피의자를 불러내 '뽕을 빼버릴' 정도로 강압 수사를 한다는 뜻을 담고 있다. 피의자가 버틸 기력을 탕진하고 정신이 혼미해질 때까지 다그친다는 말이다. 겁을 주고 허풍을 떨며 '뻥친다'는 뜻에서 '불러 뻥(영어 bluffing의 검찰식 표현)'이라고 말하는 검사도 있다. 구치소 일기 메모는 '불러 뽕 고문' 실태를 이렇게 묘사했다.

오후 출정해서 5시 정도까지 까치방에 있다가 검사가 불러서(9월 30일)

3시부터 검사가 불러서 생각하라고 종용하다가 다시 7시 20분에 불러서 세 시간 동안 의자에 가만히 앉혀 두었다. 세 시간 동안 의자에 꼼짝 않고 있는 것은 고문이다.(10월 3일)

(오후) 2시에 불러서 까치방 중에서 독방에 (밤) 9시까지(정확히 말하면 8시50분까지) 혼자 가두어 두었다가(10월 4일)

(오후) 2시에 불러서 (밤) 8시까지 갇혀 있었다.(10월 5일)

아침부터 출정 갔다. 그런데 오전에는 부르지 않았다. 오후 2시 넘어서 불러서 (밤) 11시 가까이 끝났고(10월 12일)

박수환은 증언대에서 불러 뽕 고문 실태를 설명했다.

"제가 나이가 많고 결혼 생활을 오래 했어도 수치심을 많이 느낍니다. … 까치방 화장실에는 허리 위 상체를 가려주는 벽이 없어요. 변기에 앉으면 무릎이 벽에 부딪혀요. 손도 못 씻어요. 그런 곳에 아침에 불러내 조사를 안 합니다. 그러면 제가 얼마나 불안하고 공포에 질려 있겠어요. 그것을 마흔두 차례나…."

까치방의 위생 상태나 프라이버시 보호 환경은 형편없다. 여러 명이 좁은 방 안에 붙어 앉아 있어야 한다. 피곤하다고 누울 수도 없고 맨손체조도 할 수 없다. 화장실은 좁아 몸을 비틀어야 앉을 수 있다. 검사에게 몇 시간을 시달린 후 땀범벅, 먼지범벅이 돼버린 손을 씻을 세면대마저 없다.

까치방은 검사가 피의자를 벼랑 끝까지 밀어붙일 수 있는 최적의 장소다. 고립과 침묵을 강요하는 공간이다. 검찰은 무관심이라는 무기로 고립, 침묵의 시간을 설정한 뒤 자백을 받아 내는 고문실로 활용하고 있다. 말하자면 저항할 기력을 상실하게 진을 빼버리는 '침묵의 아우슈비츠'다. 나치의 아우

슈비츠가 독가스와 약물을 썼다면 까치방은 고의적 침묵, 무관심으로 피의자를 공황 상태에 빠뜨린다.

검사가 까치방을 불러 뽕 고문실로 활용하는 방식은 이렇다. 오전 일찍 피의자를 구치소에서 불러내 까치방에 수감해 둔다. 아무 말 없이 밤늦게까지 대기시킨다. 검사나 수사관이 구치감에 들러 아는 척하거나 '조금만 더 대기해 달라'는 통보조차 하지 않는다. 뭘 조사하겠다는 설명도 없다. 무작정 대기 상태로 몇 시간을 내버려둔다.

그곳은 종일 햇볕이나 바람이 들지 않는다. 격리와 침묵, 무관심, 무대응의 시간이 길어질수록 숨통을 죄는 강도는 높아간다. 피의자의 심리는 처음엔 궁금증으로 출발한다. '뭘 물어보려고 불러냈을까' 하고 자문해보지만 기다려도 응답이 없다. 시간이 흐를수록 궁금증은 불안감으로 바뀐다.

'나오라고 해서 나왔더니 왜 종일 이곳에 처박아 둘까? 뭐가 잘못되는 게 아닌가.'

불안이 누적되면 공포심을 낳는다. 공포심은 자포자기나 체념으로 이어진다. 혼돈과 공포, 체념, 자포자기가 교차하는 늦은 밤, 검사는 피의자를 까치방에서 끄집어낸다. 선량해 보이는 미소를 던지며 커피나 김밥, 또는 설렁탕을 권유한다. 박수환도 두어 번 이런 환대를 받았다.

"얼마나 지루하셨어요."

검사가 달콤한 위로를 건네며 때론 수사관을 탓한다.

"구치감에 계신 것을 보고받지 못해 이제야 알았습니다."

고립과 침묵, 무대응을 강요한 계략을 수사관의 보고 누락으로 감춘 뒤 자신은 따뜻한 종교인 행세를 한다. 피의자의 얼굴이 커피, 김밥 덕분에 누그러지는 것을 확인하면 용건을 꺼낸다.

"잘 생각해보셨습니까. 어려운 길 가지 마시고 쉽게 쉽게 갑시다. 오늘은 시원하게 털어놓고 돌아가시죠."

검사는 감금해 두었다 달래는 숙성 과정을 반복한다. 포도 농장주가 낮에는 따사로운 햇빛, 밤에는 호된 추위를 겪게 하며 포도의 단맛을 높여가듯 까치방에서 침묵의 고문, 검사 방에서 회유를 반복하며 달달한 자백 분위기를 잡는다. 간혹 고함, 닦달, 조롱, 비아냥을 섞어 재촉한다. 불러 뻥 고문을 며칠 받고 나면 강단 있는 사람도 속절없이 거짓을 털어놓기 일쑤다.

까치방이 침묵을 무기로 피의자를 정신적 공황 상태로 몰고 간 사례가 적지 않다. 2004년 안상영 전 부산시장은 부산지검에서 구속됐으나 돌연 부산구치소에서 서울구치소로 이감됐다. 우병우 당시 서울지검 특수부 부부장이 다른 혐의를 수사하겠다고 호출했던 것이다. 우병우는 안상영을 까치방에 대기시켰다가 조사하지 않고 그대로 돌려보냈다. 며칠 후 부산구치소로 돌아간 안상영은 곧바로 구치소에서 자살했다.

다른 혐의를 조사하려고 했다면 부산지검에 넘기거나 아니면 부산에 출장을 나가 조사하면 그만이었다. 우병우는 그러지 않고 굳이 서울로 불러들였다. 그리고 까치방에서 그저 대기시켰다가 돌려보냈다. 왜 까치방에 가둬놓았는지, 조사를 하지 않고 돌려보낸 이유가 무엇인지 피의자는 알지 못한다. 침묵과 무관심 전략은 공황 증상을 심화시키면서 공포감은 극대화시킬 수 있다.

2015년에는 다른 피의자가 까치방에서 목을 매는 사고가 발생했다. 공포에 질려 자살 소동을 벌였다. 그 피의자가 까치방에서 대기한 횟수는 네 번이었고, 대기 시간은 4~9시간에 불과했다.

박수환의 경우 까치방 대기가 매번 반복됐다. 호송 교도관이 답답했던지

검사 방에 전화를 걸었던 적이 있었다.

> (오후) 2시부터 검찰청에 있었는데 (밤) 8시 15분이 지나도 부르지 않았다. 남자를 포함해서 딱 2명… 나 때문에 남자 수용자도 못 돌아간다. 교도관들이 금요일 밤에 퇴근을 못 해서 참다못해 검사한테 전화해서 불려 갔고, 1시간도 안 돼 검사가 화를 내며 끝냈다.(10월 14일 자 일기)

교도관의 전화는 다분히 항의 성격이 담겨 있었을 것이다. 그 덕분에 그날은 "모처럼 10시 30분에 들어왔다."라고 일기에 썼다.

막판에는 달콤한 회유책으로 박수환의 자백을 유도했다.

"저희 부부가 강아지를 키웁니다. 남편이 면회 왔을 때 너무 강아지가 보고 싶었어요. '여보, 유비랑 깐돌이(반려견 이름인 듯) 잘 있어?'라고 물었습니다. 다음 날 검찰에 불려 갔더니 (이주형) 부부장님께서 소리를 질렀습니다. '아직 정신 못 차렸다, 지금 개 새끼를 걱정할 때냐, 15년 구형해 10년 감옥에서 살게 하겠다, 검찰이 얼마나 무서운지 보라'고 했어요. 저는 제발 살려 달라고 애원을 했습니다…. 그런데 검사님이 사실 여러 번 남편을 만나게 해주겠다, 유비와 깐돌이 만나게 해주겠다고 말씀하셨어요. 뭐 먹고 싶냐고 여러 번 그러셨어요."

일기 메모를 보면 검사는 적어도 두 번 검사실에서 남편과 특별 면회 기회를 제공했다. 한 번은 20분, 또 한 번은 1시간 20분 동안. 회초리 다음에 나온 케이크의 당도는 어떠했을까.

일기에는 "송한테 뇌물 주었다고 불면 추가 기소 안 하겠단다."(10월 20일) 라고 쓰여 있다. 다음 날 일기는 "송희영 잡아들이는 데 중요한 역할을 해야 하고… 적과의 동침이다."라고 썼다. 이어 "협조하면 구형에 대해 잘해주겠 다고 했다."(2016년 11월 1일) "송희영에 대해 큰 건을 주면 구형량을 감안해 주겠다고 한다."(11월 9일)라고 기록했다.

검사는 '난 포르쉐 고급 자동차를 원하는데, 고작 삼천리자전거를 내놓느 냐'는 식으로 비아냥거리더니 거래 조건으로 구형을 낮추어주고 추가 혐의 를 기소하지 않겠다는 약속을 내놓았다. 거래가 성사되고 있었다. 일기 메모 는 '적과의 동침' 내용을 다음과 같이 최종 정리했다.

> 배임수증재로 추가 기소하겠단다. 그건 구형에는 추가하지 않는단다. (웃긴다.)
> 그리고 다른 건 추가 없단다. (12월 29일)

나와 관련된 사건에서는 구형을 하지 않고, 다른 혐의도 추가 기소를 하지 않겠다고 검사가 언질을 준 것으로 보인다. 박수환을 구속한 지 4개월 만이 었다.

드디어 기나긴 고통의 터널은 끝났다. 고함, 조롱, 모욕, 까치방 감금, 불러 뽕 고문에서 해방됐다. 이번 수사의 보이지 않는 총지휘자격인 우병우는 청 와대를 떠났고, 박근혜는 국회에서 탄핵 소추가 결정돼 헌법재판소 심판대 에 섰다. 정권의 몰락이 급진전하는 것을 보고서야 검찰이 물러선 것이다.

변호사가 법정에서 물었다.

"일기를 보면 '적과의 동침이다'라고 쓰셨는데 조서의 어느 부분을 그렇게 쓴 것입니까?"

'적과의 동침'이란 공소 내용 중 어느 부분에서 이루어진 것이냐는 질문이었다. 박수환은 단숨에 대답했다.

"전부입니다."

진술서 전부가 허위 자백이라는 말로 해석되었다.

> 이제 태풍을 지나서 거의 막바지에 이르렀다. 긴 터널은 지났다. 환한 밖이 보인다…. 결국 송희영은 기소가 되고 많은 사람들의 원대로, 특히 비판을 용납 못하는 박근혜의 원대로 제거된다.(2017년 1월 9일)

이것이 마지막 문장이었다. 일기 메모에서 박수환은 "사는 것보다 죽는 게 낫고, 죽는 것보다 태어나지 않은 것이 복 되도다."라며 성경 잠언을 인용하여 고해성사를 했다. 그러나 깊은 신앙심은 자신을 지키는 방패가 되지 못했다. 유일한 탈출구는 검사가 쓰려는 각본대로 진술하는 길뿐이었다.

중세 유럽에서 무고한 시민을 마녀로 몰아가는 인간 사냥 때도 조사관은 자기 원하는 대로 자백하라고 강압했다. '마녀 모임에 참석하려고 빗자루를 타고 하늘을 날아다녔다'거나 '마녀의 엉덩이에 키스했다'는 자백을 원했다. 그것이 재판에서 유력한 마녀 증거로 쓰였기 때문이다.

조사관은 때로는 신부 복장을 하고 순순히 자백하면 목을 매달아 숨통을 끊은 뒤 화형에 처하고, 그렇지 않으면 살아 있는 채로 장작불 위에 올리겠다고 협박했다. 교수형과 화형을 세트로 받아야 천국에 도달할 수 있다고 회유하기도 했다. 그러고선 교수형에 쓰인 밧줄 값은 따로 청구했다.

"검사님이 원하시는 대로 말하지 않으면 벗어날 수가 없어요. 그렇게 하지 않으면 조사가 끝나질 않습니다."

박수환은 불러 뽕 고문을 당한 끝에 내가 논설주간으로 승진했을 때 상품권 300만 원, 이사직을 중임했을 때 현금 200만 원, 한국신문방송편집인협회 회장에 취임했을 때 상품권 300만 원, 주필로 승진했을 때 현금 200만 원, 일본 출장을 떠날 때 1,000달러를 주었다고 진술했다. 그러나 법정에서는 이를 전면 부정했다.

재판장이 물었다.

"날짜나 액수나 그런 것도 명확하지 않은데 계속되는 질문에 긴가민가하는 내용을 진술하다 보니까 그렇게 특정되었다는 말씀인가요?"

"긴가민가가 아니고요. 수사관님이 날짜를 특정해야 한다고 그래서 제가 원하는 대로 해드릴 테니까 날짜를 어떻게 특정하면 되냐고 여쭤봤어요. 그 랬더니 수사관님이 진급하거나 그렇게 하는 날짜로 하라고 해서… 날짜는 네이버(인물 검색)에 나오는 (승진) 날짜가 있잖아요. 수사관님께서 날짜를 제시해주며 맞추라고 해서 날짜를 맞췄습니다."

검찰 요구에 따라 포털의 이력서를 보고 주필 승진, 편집인협회 회장 취임, 외국 출장 시기에 맞춰 금품을 제공한 시기를 꿰맞추었다는 얘기였다. 뇌물 제공 날짜는 박수환의 신용카드 사용 기록을 보며 2인분 식사 비용이 지출된 날을 골랐다.

박수환 증언에 앞서 나는 알리바이 자료를 법원에 제출했다. 상품권, 현금을 주었다는 시간에 종로구청 앞 김치찌개 집에서 후배들과 식사하고 사용한 신용카드 기록 등이었다. 박수환이 진술을 번복하지 않더라도 입증할 만한 알리바이가 있었다. 검찰과 '동침' 끝에 만들어진 것이라는 증언은 검찰의 조작을 확인해주었을 뿐이다.

박수환이 허위 자백을 할 무렵 김경수 변호사*가 등장한다. 2016년 10월 11일 자 일기는 "갑자기 오후 5시에 김경수 변호사가 나타나셨다."라고 쓰여 있다. 거기에 "한동훈 부장**이 최후통첩이란다."라고 덧붙인 문장까지 나온다.

한동훈은 특별수사단 2팀장으로 나와 박수환 수사를 책임지던 부장검사였다. 수사팀장의 호출로 박수환 측 변호사가 검찰청에 불려 나왔다고 추정할 수 있는 장면이다.

한동훈은 검찰 선배 김경수 아래서 함께 일했던 경력이 있다고 한다. 두 사람 사이에 무슨 흥정이 오갔는지는 알 수 없으나 박수환은 그 후 체념한 채 허위 자백을 한다.

어둠이 짙어지면서 박수환의 증언은 막바지에 도달했다. 강압 수사 폭로가 이어지자 검사가 온화한 표정을 지으며 물었다.

"증인은 남들보다 추위를 많이 타서 검사실에 오면 에어컨 전원을 꺼주었지요? 겨울에는 히터도 붙여주고 그랬지요?"

인간적인 대우를 해주었다는 자랑이다. 법정 분위기를 전환시키고 강압 수사와 고문 실태를 누그러뜨리려는 미소 전술이었다.

"그 부분은 감사하게 생각합니다."

긍정 반응을 보이자 검사의 생색내기는 이어졌다.

* 법무법인 율촌 변호사. 진주고−연세대 법대 출신. 사법연수원 17기. 마지막 대검 중수부장 이후 대전−부산−대구 고검장 역임.

** 국민의힘 비상대책위원장과 당 대표를 지내고 2025년 대선에서 당내 경선에 출마한 정치인. 현대고−서울대 법대 출신. 사법연수원 27기. 박근혜 정권의 국정농단 수사를 맡은 특검에 파견되었다가 박근혜 전 대통령과 이재용 삼성그룹 부회장 구속에 공을 세웠고, 이명박 전 대통령을 구속한 데 이어 사법농단 수사를 맡아 양승태 대법원장 구속을 이끌었으나 양 전 대법원장은 1심에서 전면 무죄 선고를 받았다. 윤석열 정권에서 법무부 장관 역임.

"증인은 임홍석 검사*를 단 한 번 만났는데, 증인에게 도움이 되는 말을 많이 해줘서 고맙다고 임 검사에게 표현했던 사실이 있지요?"

이 대목에서 박수환은 발끈한다.

"임홍석 검사님은요, 저의 남편이 임 검사님을 15분 만나고 험악한 말에 질겁해 이명(耳鳴, 귀에서 소음이 들리는 증상)이 와서 15개월 동안 치료받았어요. 심장병에 걸렸고요…."

증언은 5시간 30여 분 계속됐다. 박수환은 검찰 수사의 유일한 목표는 한 사람이었다는 점, 검찰 진술 조서는 검찰과 '동침' 끝에 작성되었다는 점, 일부 진술은 허위 사실을 조작했다는 점을 실토했다. 허위 진술은 '불러 뽕'으로 통하는 42번의 반복 소환과 모진 정신적 고문의 결과였다고 털어놓았다. 그후 진술이 허위였다는 지적을 두 번 수사관에게 했지만 "이제 와서 이러시면 안된다"는 반발에 이은 정신적 황폐감에서 체념했다고 했다. 증언을 듣다 보니 하늘나라에서 천사라도 끌어다 족치고 자백을 만들어 낼 검사들이라는 공포증마저 밀려왔다.

이 모든 일은 한동훈 부장검사 치하에서 이루어졌다. 한동훈은 한때 검찰 최고의 검객 중 한 명으로 꼽혔다. 그가 노린 상대방은 누구든 단칼에 처리했다는 평가가 쌓인 것이리라. 전직 대통령들, 삼성그룹 회장, 〈조선일보〉 주필 같은 인물을 구속하는 승부수야말로 검객의 주가를 올리는 최상의 핫템이 아닐 수 없다. 그는 2025년 대선을 앞두고 《국민이 먼저입니다》라는 책을 냈다. 만약 부하들과 함께 검찰 최고 검객이 되는 비법을 책으로 낸다면

---

* 현재 서울중앙지검 부부장 검사. 강원 원주 출신. 원주고–서울대 경제학부 졸업. 사법연수원 40기. 라임 자산운용 사기사건의 주범 김봉현으로부터 룸살롱에서 호화 접대를 받은 비리로 징계를 받고, '고발사주 의혹' 사건으로 국회에서 한때 탄핵 대상으로 거론됐다.

《고문이 먼저입니다》라는 타이틀로 내놓을까.

그가 부하 검사들에게 이런 수사 수법을 써서라도 성과를 내라고 압박했느지, 또는 강압수사 과정에서 어느 선까지 개입했는지는 알지 못한다. 그는 법무부 장관에 취임하면서 "일하는 기준이 '정의와 상식'이라서" 검사 직업이 "참 좋았다"고 썼다. 부하 검사들의 불러 뽕 고문은 뱀의 혓바닥, 악어 어금니, 매의 발톱, 딱따구리의 주둥이 같은 재료를 마녀가 제작한 가마솥에 넣고 여러 날 우려낸 국물을 먹고서나 가능한 작품이 아닐까. 이런 식의 수사가 한동훈의 정의와 상식에 꼭 맞았던 것이었을까.

다음 날 이를 보도한 언론은 어디도 없었다. 검사들은 법무부의 인권보호수사준칙*을 정면 위반했지만 어떤 감찰도 진행되지 않았다.

박수환은 20일 뒤 심경을 담은 문서를 재판부에 제출했다.

"검찰 조사 과정에서 제가 겪었던 육체적 고통, 정신적 학대와 모멸감은 제가 아는 어떤 영화나 드라마보다 더 잔인했습니다."

그는 20년 동안 수많은 기자들과 접촉했다. 기자 사회의 뒷골목을 누구보다 잘 안다. 하지만 입을 꼭 다물었다. 유독 〈조선일보〉 기자들 비리를 끈질기게 캐는 검사의 추궁에도 철저히 함구했다. 다른 기자의 비리를 털어놓으면 거친 강압 수사에서 잠시 벗어날 수 있었겠지만 그러지도 않았다.

전형적인 흙수저 출신 여성 기업인은 왜 그토록 잔인한 수사를 받아야 했을까.

---

* 법무부 훈령 985호(2015년 4월 2일 시행) 인권보호수사준칙은 반복 소환, 폭언, 모욕, 사회적 신분 차별, 구치감 장시간 대기를 모두 금지하고 있다.

2장

권력의 가장
예민한 부위를 찌른
TV조선

신문과 방송의
다른 길

TV조선은 〈조선일보〉 계열회사다. 주주와 서비스 인프라가 긴밀하게 연결돼 있다. TV조선 보도본부(5층)는 〈조선일보〉 편집국(3~4층), 〈조선일보〉 논설위원실(6층)과 같은 건물에 자리 잡고 있다. TV 보도본부에는 한때 본부장 이하 〈조선일보〉 편집국 간부들이 파견돼 근무했다. 기자와 간부들은 단골 식당과 카페가 겹쳐 자주 마주칠 수밖에 없다.

TV조선 보도본부와 〈조선일보〉 편집국은 한때 공통 이슈를 함께 취재하고 공동 기획 기사를 내보냈다. 취재 정보를 공유하기도 했다. 인적 네트워크가 두 매체를 연결하는 줄이다.

해가 여러 번 바뀌면서 TV조선과 〈조선일보〉는 영상 매체와 인쇄 매체의 격차가 크다는 것을 깨달았다. 신문사 입장에서는 영상 매체가 더 감각적으로 뉴스를 다룬다는 인상을 버리지 못했다. TV조선 동료들이 영상 확보에 목매는 것을 잘 이해하지 못했다. 신문기자는 곰탕 사골 국물을 우려내듯 취재한다면 방송기자는 샤부샤부 요리하듯 뉴스를 해치우는 것으로 보였다.

TV조선에서는 신문사 선후배들이 취재 정보를 알려주지 않을뿐더러 취재원을 소개해주지 않는다고 의심했다. 병아리 기자가 많은 방송사에서는 신문사 고참들이 취재 기법을 전수하지 않는다는 불만을 가졌다.

이런 인식 차이가 상호 불신이나 마찰로 가지는 않았다. TV와 신문은 뉴스를 선택하는 기준, 다루는 방식이 다르다는 것을 깨닫게 됐다. 그래서 취재 방식부터 뉴스 선택, 보도, 편집 과정이 따로 갈 수밖에 없는 현실을 받아들였다. 문장에 집착하는 신문기자에게 영상 뉴스를 함께 처리하도록 하겠다는 발상이 잘못됐다는 것을 알았다. TV, 신문, 인터넷을 총괄하는 통합 뉴스룸을 운영하려던 구상은 슬그머니 사라졌다. 어느덧 인쇄 매체 기자가 카메라까지 잡아야 한다는 말을 누구도 들먹이지 않았다. 두 매체는 각자 방식에 충실하며 다투거나 헤어지지 않은 채 독립된 철도 레일을 달리기 시작했다.

두 매체가 독립 노선을 달렸던 극명한 사례가 2016년 7~8월에 나타났다. TV조선이 최순실 추적에 매달리고 있을 때 〈조선일보〉는 우병우 청와대 민정수석의 땅 거래 의혹에 몰두했다. 두 매체 사이에 협업이나 공동 취재는 없었다.

두 미디어는 전혀 다른 접근 방식을 채택했다. 〈조선일보〉는 정권의 최고위 신흥 실세를 정면에서 공략했다. 반면 TV조선은 대통령과 대통령의 막후 실세를 최후의 공격 대상으로 설정하고 서서히 포위망을 좁혀 가는 전술이었다. 〈조선일보〉는 우병우에게 KO 펀치를 날리지 못했다. TV조선도 박근혜-최순실의 국정농단을 폭로하기 직전 막판에 멈칫거렸다.

하지만 두 언론사는 한국이 민주주의 헌법을 도입한 지 70년 만에 첫 번째 대통령 탄핵을 재촉한 결정적 단초를 제공했다. 박근혜는 합법 절차를 거쳐 대통령이 임기 중 물러나 감옥에 갇힌 첫 사례가 됐다. 탄핵 후 보수 진영의 분열은 가속화됐고, 진보 인사들이 정치권 주류 세력으로 등장했다. 진보 진영의 집권은 김대중-노무현 대통령 이래 9년 만이었다. 역사의 흐름을 바꾸는 출발 총성을 보수 언론사가 발사한 셈이다.

박근혜 정권의 가장 민감한 부위를 먼저 건드린 매체는 TV조선이었다. TV조선은 박근혜 비리의 핵심을 공격하기 위해 막후 실세 최순실과 최순실의 하수인들을 우회 추적하는 방식으로 접근했다.

TV조선이 박근혜-최순실 국정농단 사태의 첫 보도를 시작한 날은 2016년 7월 6일이었다. 김종 문화체육부 차관이 올림픽 금메달리스트 수영선수 박태환에게 리우 올림픽 출전을 하지 말라고 압력을 넣었다는 뉴스였다. 이름이 알려지지 않은 차관의 전횡을 고발하는 내용이었다. 장관보다 권력이 막강한 차관이 체육계의 황태자 행세를 하며 올림픽 출전 선수 결정에 부당하게 개입했다는 취지였다.

그는 나중에 최순실 지시에 따라 불법적인 일을 여럿 저지른 하수인으로 드러났지만, 이날 TV조선 보도는 최순실과의 관계를 언급하지 않았다. 무게를 느낄 수 없는 작은 뉴스였다.

다음 날 TV조선은 김종덕 문체부 장관을 도마 위에 올렸다. 박근혜 정권이 생뚱맞게 추진한 국가 브랜드 사업이 엉망이라는 속보가 이어졌다. 이어 '문화계의 황태자'로 통하던 차은택 비리를 터뜨렸다. 늘품체조 행사에 박근혜 대통령이 이례적으로 참가했다는 기사와 스포츠 토토의 채용 비리 폭로 기사가 나왔다.

TV조선의 연속 보도는 문화체육부의 과속, 일탈, 세금 낭비 의혹을 보도하는 듯했다. 장·차관의 이상한 행동 뒤에서 누군가의 힘이 작용하고 있다는 인상을 주었으나, 파워를 행사하는 장본인이 대통령의 안방 아줌마라는 것을 알 수 없었다.

〈조선일보〉는 TV 방송의 특종에 관심을 두지 않았다. 논설위원실 회의에서 문화체육부 장관, 차관, 차은택을 언급한 논설위원은 없었다. TV조선은 최순실의 비선 실세 역할을 염두에 두고 뒤를 쫓기 시작했지만, 〈조선일보〉는 취재 배경이나 전후 사정을 조금도 알지 못했다.

분위기가 바뀐 결정적인 날은 7월 16일이었다. 문화체육부 관련 의혹 보도를 어느 정도 끝내고, 미르재단 불법 모금 비리를 폭로하기 열흘 전이었다.

이날 밤 자정 무렵 TV조선이 최순실의 아파트 주차장에서 귀가하는 최순실 얼굴에 카메라를 들이댔다. 토요일 밤의 돌발 취재였다. 취재팀으로서는 최순실 영상과 코멘트 확보를 위해 주거지를 정면 공략했던 것이다.*

TV조선은 그날 찍은 영상을 보도하지 않았다. 그런 일이 있었다는 것을 〈조선일보〉에 알려주지도 않았다. 최순실을 전면에 등장시킬 때를 대비해 미리 영상을 확보하는 작업이었다. 이날 찍은 영상은 100여 일 뒤 탄핵 국면으로 진입하던 시기에 공개돼 엄청난 반응을 촉발했다. 최순실이 카메라 출현에 놀라 반발하는 영상은 화면에서 뚜렷이 확인됐다.

그때까지 최순실은 언론의 취재 대상으로 떠오른 적이 없었다. 청와대 비서들이나 친박 정치인들은 최순실을 "대통령에게 액세서리, 속옷을 챙겨준다."라며 '잔심부름 아줌마' 또는 '주방 아줌마' '안방 아줌마'라고 설명했다.

---

* TV조선의 특종 보도와 관련된 뒷얘기는 취재팀장 이진동의 저서 《이렇게 시작되었다(박근혜−최순실, 스캔들에서 게이트까지)》(개마고원)에 상세하게 정리되어 있다.

언론의 관심을 따돌리려는 거짓 홍보였다.

그러나 박근혜나 청와대 측근들에게는 TV조선의 16일 밤 취재가 엄청난 충격이었을 것이다. 최순실 손아귀에서 움직이던 문화체육부의 비리가 연달아 보도되면서 일부 행사 영상에 대통령 얼굴이 나오고 있었다. 연속 보도는 문화체육부 의혹을 대통령과 연결하려는 냄새를 풍기고 있었다. 그런 와중에 최순실에게 카메라가 들이닥친 것이다.

'최순실이 노출되면 어떡하나.'

막후 실세가 조명이 쏟아지는 무대에 오르기 직전이었다. 비리가 터지면 곧바로 최순실이 누구이며 어떤 역할을 하는지, 대통령과 어떤 관계인가에 훨씬 밝은 조명이 쏠릴 판이었다. 박근혜와 권력 핵심들은 고민에 빠질 수밖에 없었다.

'TV조선이 느닷없이 왜 이러는 거야.'

박근혜는 그보다 18개월 전 정윤회 문건 파동으로 한바탕 대소동을 겪었다. 민정수석실 문건은 축출된 측근 한 명이 막후에서 자기 인맥(소위 '정윤회 십상시 파동')을 동원해 권력을 좌지우지하고 있다는 내용이었다. 이 때문에 정권이 큰 타격을 입었다. 검찰은 문건의 유출 경위만 집중 수사하고 덮어버렸다. 수사를 건성으로 마무리한 덕분에 최순실 노출을 가까스로 막았고 '문고리 3인방'*의 전횡은 감춰졌다.

그렇지만 권력 심층부가 뭔가 비상식적인 궤도를 돌고 있다는 의문은 가라앉지 않고 있었다. 세월호 수습 실패로 정권이 몰락하고 있었다. 무능한

---

* 박근혜의 최측근 심복 이재만, 안봉근, 정호성을 말함. 총리, 비서실장, 국정원장 등 공식 조직의 실세들에게 대통령 뜻을 전달하며 권력 실세로 행세했으나 박근혜 탄핵을 계기로 국정농단 사건 수사 끝에 비리가 적발돼 모두 옥고를 치렀다.

대통령을 좌지우지하는 막후 실세가 암약하고 있다는 의심이 널리 퍼지고 있었다.

최순실의 아버지 최태민 목사나 그 가족 문제는 박근혜가 어떤 일보다 날카롭게 반응하는 이슈였다. 최태민과의 관계를 보도했다가 박근혜 진영으로부터 곤욕을 치른 언론사와 기자가 한둘이 아니었다. 소송부터 정정 기사, 해명 기사를 써야 하는 일이 자주 발생했다. 박근혜에게 최태민과 그 가족 이슈는 최고 기밀이자 가장 깊숙이 감춰진 사생활이었다. 터치하는 순간 박근혜가 노발대발 폭발하는 지뢰나 마찬가지였다.

정윤회 비선 의혹이 다 지워지기 전에 청와대 안방을 뻔질나게 들락거리는 최순실이 노출되면 어찌 되겠는가. 사심, 사욕을 버렸다는 증거로 친형제들조차 청와대로 부르지 않았던 대통령이었다. 막후 실력자가 기자들의 덫에 걸리는 순간 정권은 날벼락을 맞을 판이었다. 정윤회 파동과는 비교할 수 없는 폭발력을 가진 핵폭탄이었다. 누구보다 대통령 본인이 올가미에 갇힐 게 틀림없었다. 청와대로서는 어떤 광풍이 불어닥칠지 걱정하지 않을 수 없었을 것이다.

청와대 인왕산 산자락에 불을 지핀 주인공은 TV조선 이진동 부장이었다. 〈한국일보〉에서 이적해온 이진동은 내가 아는 저널리스트 가운데 가장 뛰어난 탐사보도 기자였다. 그는 〈조선일보〉 근무 시절인 2005년 '삼성 X파일 스캔들'*을 폭로하며 국가 정보기관의 불법 도청 실태를 파헤쳤다. 허위 학

---

* 삼성 X파일 사건(안기부 X파일 사건이라고도 함)은 삼성그룹 2인자 이학수(당시 부회장)와 중앙일보 회장 홍석현(당시 주미 한국 대사) 사이의 밀담을 도청한 안기부(김대중 시대 국가정보원으로 개명)의 녹음 테이프 내용이 언론에 보도된 사건. 대선 때 삼성이 대선 후보에게 불법 선거자금을 바치고, 검찰 간부들에게 뇌물을 제공하는 내용을 담고 있었음. 검찰 수사 결과 삼성 임원들과 홍석현은 무혐의 처리된 반면, 안기부 도청 담당 요원과 안기부장 2명이 구속되고 대화 내용을 보도한 기자와 뇌물을 받은 검사 이름을 공개한 국회의원은 형사 처벌을 받았음. 이진동은 현재 인터넷 언론 뉴스버스 대표.

력으로 미술 전문가 행세를 하던 신정아 스캔들도 그의 취재력 덕분에 전모가 드러났었다. 이진동은 TV조선에서 2년째 홀로 최순실을 뒤쫓고 있었다.

〈조선일보〉는 TV조선의 취재 계획부터, 취재 내용, 취재 목표를 알지 못했다. 최순실 얼굴 촬영까지 TV조선은 13건 연속 특종 보도를 했지만, 〈조선일보〉는 특종의 가치, 뉴스의 폭발력을 알지 못했다. TV조선의 도발로 청와대 실세들이 얼마나 초긴장 상태에 돌입했는지 알 턱이 없었다.

TV조선
최순실 촬영 직후
〈조선일보〉가 우병우 폭로

TV조선이 최순실 촬영에 성공한 직후 이번엔 〈조선일보〉가 7월 18일 자 지면에 우병우 청와대 민정수석의 처갓집 강남 땅 거래 의혹을 대대적으로 실었다. 최순실 집에 카메라를 들이댄 것은 토요일 밤이었고, 월요일 아침이 열리자 조간신문에 우병우 의혹이 실렸다. 청와대가 짧은 시간 내 미사일 연발 공격을 당한 꼴이었다.

막후 실세에 이어 최측근 우병우가 도마 위에 올랐다. 청와대 입장에서는 신문, 방송이 역할을 분담해 시간차 공격을 감행한 것처럼 보였을 것이다. 화들짝 놀랄 수밖에 없었으리라.

우병우 기사는 〈조선일보〉 법조팀장 이명진(현재 〈아시아경제신문〉 사회부장)의 작품이었다. 이명진 역시 많은 특종 기사를 터뜨린 민완 기자다.

〈조선일보〉 편집국은 중요한 단독 기사의 경우 경영진이나 논설위원실에 사전에 알려주지 않는다. 우병우 의혹처럼 원고를 일요일 밤에 출고하면 경영진과 논설위원들은 기사 내용을 알 길이 없다. 편집국이 요청하지 않는 한 논설위원실과 사전 협의를 하지 않는다.

게다가 사회적 파문이 클 특종 기사는 다른 부서가 볼 수 없는 블라인드 통로로 출고된다. 편집국장은 자기 책임 아래 보도 여부부터 지면 배치, 기사 크기까지 판단을 내린다. 경영진과 주필은 독자와 같은 시각에 특종 기사를 읽는 일이 허다하다. 이런 오랜 관행은 〈조선일보〉가 기자들의 편집권 독립을 보장하는 하나의 수단이다.

우병우 의혹 보도 역시 마찬가지였다. 나는 월요일에 출근해서야 보도 경위를 들었다. 게임회사 넥슨의 주식을 받은 혐의로 구속된 진경준 검사장 비리 사건*을 취재하는 과정에서 얻은 정보로 취재한 기사라고 했다.

진경준이 지검장으로 승진한 배경에는 우병우의 고민을 해결해준 공로가 작용한 것으로 보인다는 설명까지 덧붙였다. 편집국에서는 특종이라는 확신이 강하다고 느꼈다.

우병우 땅 거래 의혹은 몇 달 후 검찰 수사 끝에 근거 없는 보도라는 발표가 나왔다. 법원은 기사를 정정하고 사과하라는 판결을 내렸고, 〈조선일보〉는 정정 기사와 사과문을 1면에 크게 보도해야 했다. 물론 우병우 의혹 취재팀은 검찰과 법원의 판단을 여전히 수긍하지 않는다. 취재의 한계로 증거 확보에 실패했을 뿐, 거래 과정에 납득이 좀체 되지 않는 의혹이 있다는 입장이다. 검찰이 우병우 민정수석 비리를 제대로 수사했는지도 의심하고 있다.

---

* 진경준 검사장은 게임회사 넥슨의 김정주 대표로부터 넥슨 주식을 받아 120억 원대의 차익을 얻은 혐의로 구속됐으나 대법원에서 무죄 판결을 받았다. 진경준 부탁으로 대한항공에서 처남이 특혜를 받은 부분은 유죄가 인정돼 4년형이 확정됐다.

다만 언론이 권력 실세를 건드릴 때는 면도날 만지듯 조심해야 한다. 사생활 정보까지 수집하는 기관과 수사기관, 징세 기관을 장악하고 있는 민정수석의 의혹을 보도하려면 몇 겹의 확인 작업을 거쳐야 한다. 파장이 크고 오래갈 만한 기사는 보도 후 밀려올 파도를 고려, 경영진과 긴밀하게 사전에 협의할 필요가 있다.

〈워싱턴포스트〉가 국방성 비밀문서를 폭로하고 워터게이트 스캔들을 보도하기 전 편집국장은 최고 경영진과 협의를 거쳤다. 편집국장이 사주 집에 찾아가 파장을 협의하며 보도할지 여부를 물었다. 신문의 존립을 위협할지 모른다고 걱정했기 때문이다.

권력이 언론과 싸울 경우 정보기관이 수집한 정보를 활용하고 검찰, 경찰, 국세청, 공정거래위원회 권한까지 총동원해 언론사를 골병들게 만들 수 있다. 언론 기업이 권력과 싸우는 국면에 진입하면 이익을 추구하는 상업 조직이 안고 있는 약점이 그대로 드러난다. 대주주 지분 변동부터 광고, 판매, 회계 처리 등 많은 분야에서 일탈, 위법, 추문이 불쑥불쑥 터진다.

권력과 언론이 충돌하는 전쟁터에서 권력의 파워는 언론사에게 금방 고통으로 실현된다. 사주나 기자가 다른 약점이 잡혀 구속되고, 회사에는 세금 청구서가 날아든다. 언론이 권력과 전쟁에서 동원할 수 있는 무기란 '언론 자유'라는 고상한 명분과 독자층의 막연한 지지밖에 없다. 언론이 방패로 삼는 언론 자유는 파란 가을 하늘에 떠 있는 깃털 구름처럼 아름답지만 손에 잡히지 않는다. '언론 자유 투쟁' 구호가 글쟁이들 밥줄을 끊는 비명 소리로 바뀌기까지는 길어야 몇 달을 넘기지 못한다.

한국에서 언론사가 권력과의 싸움에서 이긴다는 것은 기적 이상의 일이다. 〈뉴욕타임스〉나 〈워싱턴포스트〉는 건국 시절부터 언론 자유를 중시하는 미국에서 권력과 싸웠던 덕분에 명성을 높였다. 〈경향신문〉 〈동아일보〉 등 대부분의 국내 언론사는 한때 권력과 용감하게 싸운 뒤 어정쩡하게 권력과 타협하며 사세가 추락했다는 평가를 언론계 선배들로부터 자주 들었다.

언론과 권력의 충돌 역사를 알았다면 편집국은 우병우 의혹을 보도하기 전에 증거와 증언을 더 확보했어야 한다. 첫 보도에 이은 후속 비리 의혹을 2차, 3차 터뜨릴 준비를 갖추었어야 했다. 경영층과도 사전 협의를 거치는 것이 바람직했다.

그렇다고 〈조선일보〉의 우병우 의혹 보도가 가짜 정보를 성급하게 실었다는 비판에 동의하는 건 아니다. 고위 공직자 비리 의혹은 설혹 그것이 나중에 거짓으로 밝혀지더라도 언론은 합리적 의심을 토대로 문제 제기를 할 수 있다. 선진국 일류 신문도 공직자, 정치인을 둘러싼 오보를 한때 특종 기사라고 떠들썩하게 보도한 역사를 갖고 있다. 재판에서 패배했으나 세월이 흐른 뒤 특종으로 밝혀진 기사도 적지 않다. 고의성이 없고 오보로 밝혀지면 흔쾌히 정정하고 사과한다는 자세를 갖고 있다면 언론은 공직자 의혹을 얼마든지 제기할 수 있다. 의혹 공론화로 근거 없는 마타도어의 확산을 막아주는 게 언론의 순기능 가운데 하나가 아닌가.

우병우 의혹은 〈조선일보〉 보도 이후 정치 이슈가 됐다. 의심을 제기할 만하다는 인식을 다수 언론이 갖고 있었다. 청와대 '왕수석' 우병우의 위상을 감안하면 의혹 제기는 마땅한 판단이었다.

우병우는 검찰, 국정원, 경찰, 국세청을 장악한 권력의 실세였다. 그가 민정비서관에서 민정수석으로 발탁된 배경은 정윤회 파동을 무난하게 덮은 공로였다는 시각이 언론계에서 강했다. 우병우 인맥이 권력기관의 핵심 자리를 독차지했다는 보도가 잇달았다.

어느 친박 의원은 당시 우병우의 권세를 박정희 시대의 차지철 경호실장에 비유했다.

"박근혜 대통령이 우병우를 믿고 있는 것은 사실입니다. 그러나 우병우와 차지철은 두 가지가 결정적으로 달라요. 우병우의 머리가 차지철보다 훨씬 좋다는 점, 그리고 우병우는 부자라서 돈을 안 먹는다는 점입니다. 영리한 사람이라 차지철처럼 탱크로 밀어붙이는 식의 우격다짐은 하지 않을 겁니다."

'영리하고 깨끗한 차지철'이 대통령을 호위하고 있다는 변호였다. 이런 설명은 우병우 예찬이자 실세 중 실세라는 확인으로 들렸다.

어쨌든 〈조선일보〉가 우병우 의혹을 제기하자 청와대가 펄쩍 뛰었다. 보도를 부인하며 민형사상 책임을 묻겠다고 나왔다.

흥미롭게도 청와대는 의혹 해명보다 보도 배경을 파악하는 일에 더 열중했다.

'저의가 뭐냐.'

〈조선일보〉가 청와대를 공격하는 것이라는 전제 아래 의도가 무엇인지 알아내려고 했다. '취재 과정에서 알게 된 정보를 보도한 것'이라는 〈조선일보〉의 설명은 들으려 하지 않았다. 누가 무슨 의도로 보도를 주도했는지 캐내려고 했다. 청와대 비서관·행정관, 국정원 요원들이 여러 루트로 연락해 왔다.

"웬 호들갑이냐. 요란 떠는 걸 보니 우병우가 왕 실세구먼!"

회사 내에선 이런 말이 오갔다. 이틀 전 TV조선이 최순실에게 카메라를 들이댄 일은 신문사에서 아무도 알지 못했고, 그저 우병우 의혹만 생각하고 있었다.

하루가 더 지나자 청와대가 두 갈래로 해석한다는 말이 들렸다. 우병우 기사의 출처를 검찰이 아니라 정치권이라고 의심했다. 다른 하나는 다음 대선을 앞두고 〈조선일보〉가 박근혜의 청와대와 거리를 두기 시작하는 신호라는 해석이었다.

제보자를 정치권으로 의심한 근거는 당시 민주당 소속 조응천 의원이었다. 조응천이 민정비서관으로 근무할 때 확보한 우병우 인사 검증 정보를 〈조선일보〉에 제보했다는 것이다. 신문사 동료들은 청와대의 상상력이 너무 뛴다고 웃었다.

〈조선일보〉가 박근혜와 거리 두기에 들어갔다는 해석도 엉뚱하게 들렸다. '박근혜가 언제 우리와 가깝게 지낸 적이 있다고?'

박근혜의 청와대가 〈조선일보〉를 대하는 분위기는 정권 초기부터 냉랭했다. 청와대 비서관에 내정된 〈조선일보〉 정치부장 출신을 정권 출범 첫날 냉혹하게 축출하는 해프닝이 벌어졌다. 2007년 한나라당 대선 후보 경선에서 〈조선일보〉가 이명박을 지지해 자기가 패배했다는 섭섭함을 표시했다. 정권 출범 이후 〈조선일보〉에 거리를 멀리 설정한 쪽은 박근혜였다. 역대 보수 진영 출신의 대통령 가운데 〈조선일보〉 경영진, 고위 편집 간부들과 전화 통화나 비공식 식사를 통한 접촉 횟수가 압도적으로 적은 정치인이었다. 〈조선일보〉 사주를 구속했던 김대중마저도 박근혜보다 더 자주, 그리고 더 여러 통로의 대화 채널을 가동했다. 그런 그가 이제 와서 〈조선일보〉가 거리 두기에 나섰다고 서운해한다는 말은 앞뒤가 맞지 않았다.

두 해석의 공통점은 정치권의 판도 변화 속에서 〈조선일보〉의 보도를 보았다는 것이다. 박근혜의 청와대는 우병우 의혹 기사를 진보 세력과 연결시키고 대선 구도의 틀 안에서 따져보고 있었다. 총선 패배로 인한 낭패감과 다음 해 대선을 걱정하는 불안감이 뒤엉켜 있다는 느낌을 주었다. 기자의 취재 의욕이 출발점이라는 보도의 순수성은 인정하지 않았다. 기사를 정치적으로 해석하고 있었다.

과도한 정치적 계산으로 언론 보도를 분석하면 많은 기사가 편향적 목적을 가진 것으로 보이기 쉽다. 언론 보도를 놓고 정치적 저의가 내포됐다는 해석을 반복하다 보면 음모론적 결론에 도달하기 일쑤다. 음모론에 빠지면 상황을 오판하기 십상이다. 큰 흐름과 객관적 사실을 무시하고 자기 귀에 잘 들리는 가짜뉴스나 자질구레한 단편 정보로 판단을 내리기 때문이다.

재승인 앞둔 TV조선,
미르재단 폭로로
최순실 본격 압박

우병우 의혹 보도로 청와대는 정치적으로 곤혹스러운 처지에 빠졌다. 야당은 물론 친박에서도 우병우 퇴진을 요구하고 나왔다. 정치권 전체에 우병우 혐오증이 번지고 있었다.

우병우 지키기에 청와대의 우병우 사단이 본격 가동됐다. 민정수석실과 홍보수석실부터 분주해졌다. 민정수석실 행정관, 청와대의 전직 기자, 국정원 요원 들이 언론사를 상대로 우병우를 두둔하며 루머 시장에 〈조선일보〉를 헐뜯는 가짜 정보를 퍼뜨린다는 제보가 들어왔다.

처음에 등장한 〈조선일보〉 관련 루머는 두 가지였다. TV조선의 재승인이 어려울 것이라는 내용, 방상훈 〈조선일보〉 사장(현재는 회장)이 친구 두 명을 사면해 달라고 청탁했다가 거절당하자 분풀이로 우병우 의혹을 터뜨렸다는 내용이었다.

지라시나 루머는 언론사 주변을 늘 맴도는 쉬파리 같은 존재다. 언론사 사장과 칼럼니스트, 편집국 간부를 욕보이는 루머는 지하 정보 시장의 단골 메뉴다. 언론사 사람들은 지라시에 하도 자주 등장하다 보니 "그래? 또 떴어?"라며 건성으로 넘긴다.

그러나 2016년 7월~8월경 루머 시장에는 평소와 다른 특징이 나타났다.

"청와대와 국정원 쪽에서 루머를 흘린답니다."

나는 루머 시장의 취재원으로부터 〈조선일보〉를 헐뜯는 루머의 생산지를 쉽게 파악했다. 정권이 루머를 일부러 흘리며 〈조선일보〉를 압박한다는 느낌을 받았다. 무엇보다 방송통신위원회의 TV조선 재승인이 힘들게 됐다는 얘기가 강조되고 있었다. 때마침 친박 쪽 인사가 TV조선에 벌점을 매기는 데 앞장서고 있어 골칫거리였다. TV조선은 '설마 그럴리가' 하면서도 재승인을 낙관하지 못해 심각한 위기감을 갖고 있었다.

루머는 이어 〈조선일보〉와 계열사 세무조사 가능성을 거론했다. 사장의 가족들을 내사한다는 루머가 추가로 유포됐다. 루머 유포를 통한 압박이었다. 어느 정권에서나 늘 겪는 일이었다. 불리한 기사에 반발하는 양상은 다른 정권과 다르지 않았다.

TV조선 경영진과 보도 책임자가 미르재단, K스포츠재단의 취재 내용을 들고 〈조선일보〉에 나타난 시기는 그 무렵이었다. 〈조선일보〉 사주를 헐뜯는 루머가 확산되고 있던 초기 국면이었다.

TV조선은 미르재단 불법 모금 의혹을 보도할지 말지 본사 의견을 듣고 싶어 했다. 중간 간부는 참석하지 않았다. TV조선 수뇌부가 기사 보도 여부를 놓고 〈조선일보〉에 의견을 묻는 일은 처음이었고, 그건 정말 이례적 사례였다.

TV조선은 취재 내용을 설명했다. 안종범 경제수석이 전경련을 통해 재벌 그룹에 할당, 기금을 강제 모금했다는 것이었다. 어떤 식으로 보도를 하든 대통령을 물고 들어갈 수밖에 없는 기사였다.

TV조선 입장에서는 조심스러웠을 것이다. TV조선 재승인을 앞두고 벌점이 너무 쌓여 고민이 많았던 시기가 아닌가. 〈조선일보〉가 우병우 의혹을 터뜨린 후 청와대가 맹반발하는 분위기여서 더욱 그랬을 것이다. 형편없는 뉴스 프로 시청률을 올리려고 특종 기사를 펑펑 터뜨리고 싶지만, 재승인 현안이 목에 걸린 가시 같았을 것이다. 신문 편집국과 방송 보도국 사이엔 대화가 거의 없었지만, 고위 경영층 간의 예외적인 대화를 통해 대주주와 본사 의견을 들어보려는 협의였다.

연락을 받고 뒤늦게 회의에 참석했더니 주필 의견도 듣고 싶다고 했다. 청와대가 재벌 돈으로 정체불명의 재단을 만든다는 얘기를 어렴풋이 들었으나 정확한 사정은 모르고 있었다. TV조선의 설명을 듣고 금방 감을 잡았다. 1988년 전두환 대통령이 재벌 돈으로 일해재단을 만든 과정을 특종 보도했던 경험이 있었기 때문이다. 최고 권력자가 임기 말에 재단을 만든 이유는 임기 만료 후 정치 거점을 상정한 것이 틀림없었다. 취재 내용이 구체적이어서 신뢰가 갔다.

"일해재단과 판박이네요. 기사가 되고말고요…."

취재 경험을 토대로 그렇게 말하고 되물었다.

"혹시 대통령이 모금을 지시했다거나 최순실 같은 인사가 재단 모금이나 운영에 관여했다는 증언은 땄는가요?"

박근혜나 최순실이 모금에 간여했다는 증거도 없고 코멘트도 따지 못했다고 했다. 최순실 집 주차장에서 얼굴을 찍었다는 말도 없었다. 안종범과 최상목 같은 청와대 경제비서관들이 모금에 앞장섰다는 사실은 확실했다. 더 물을 필요가 없었다.

최고 권력자 대통령의 부패가 아닌가. 권력 견제와 비판을 담당하는 언론은 이 문제만큼은 단 0.1밀리미터도 양보할 수 없다. 최고 권력의 부패와 일탈, 폭주, 전횡을 추적하는 일은 언론의 기본 임무를 넘어 최고 의무다.

"경제수석이 모금에 앞장섰다는 것만으로도 기사 가치는 충분합니다. 만약 박근혜, 최순실이 관련됐다는 증언이나 자료가 나오면 〈조선일보〉와 TV조선이 함께 대대적으로 보도해야 할 것 같습니다."

사설 마감에 쫓기는 시간이었다. 보도 찬성 의견을 내놓고 논설위원실로 돌아와 곧 정치 담당 논설위원들을 불렀다.

"TV조선이 일해재단 같은 대통령 재단 모금 비리를 곧 터뜨릴 모양이다. 박근혜가 전두환과 똑같은 재단을 만들었다고 한다. 본지(〈조선일보〉)가 지면에 보도하면 곧 사설을 내보낼 수 있게 준비하라."

TV조선이 보도 여부를 〈조선일보〉 사장과 주필에게 물은 것은 처음이었다. 주필로서 보도되지 않은 뉴스로 사설을 준비하라고 지시한 것도 최초였다. 이날 이후 나는 청와대가 우병우보다는 미르재단 의혹에 더 민감할 수 있겠다고 막연히 생각했다.

며칠이 지난 7월 26일 밤, TV조선은 정기 뉴스를 통해 미르재단 500억 원 모금에 안종범이 앞장섰다고 폭로했다. 기사에서 최순실이나 대통령 관련 여부는 언급하지 않았으나, "수상한 미르재단 뒤에는 누가 있을까요"라고 시청자들 관심을 자극했다. 일주일 뒤에는 K스포츠재단의 380억 원 모금 의혹을 터뜨렸다. 다시 이틀 뒤에는 미르재단과 K스포츠재단 행사에 대통령이 자주 나간 사실을 보도했다. 재승인 심사를 앞두고 실로 과감한 도발이었다. 사운을 건 모험으로 볼 수 있었다.

8월 11일, 12일에는 미르재단이 대통령 해외 순방 태스크포스에 참여했다는 보도로 비선 조직의 존재 가능성을 짙게 시사했다. 40건에 달하는 연속 보도로 TV조선은 최순실과 박근혜를 향해 추적의 고삐를 조여가고 있었다.

8월 중순쯤에는 미르재단, K스포츠재단 모금에 대통령이 간여됐을 것이라는 의심이 짙게 피어오르고 있었다. 박근혜와 최순실이 불법 모금에 간여했다는 의혹이 솥뚜껑 열리기 직전까지 끓어오르고 있었다.

첫 보도 이후 40여 일이 흘렀다. TV조선의 끈질긴 보도로 분위기는 무르익었다. TV조선은 최순실, 박근혜의 불법 모금 개입을 직접 거론하지 않았으나 미르재단 행사에 대통령이 적극 얼굴을 내밀었다는 식의 보도를 이어갔다. 막후에서 적지 않은 방해 공작과 회유·로비가 있었다고 들었지만, 취재팀은 많은 장벽을 뛰어넘었다. 몇 가지 폭로 문건과 영상을 간직한 채 박근혜 정권에 최후의 펀치를 휘두르기 위해 벼르고 있었다.

그런데 청와대 대응은 참 이상했다. 청와대는 우병우 의혹에는 공개 대응했던 반면 미르재단, K스포츠재단 의혹에는 아무런 해명을 하지 않았다. 전경련이 자발적으로 추진한 일이라고 발뺌했다. 재단 비리 질문에는 "전경련에 물어보라."며 남의 일로 팽개쳤다. 이 때문에 다른 언론은 미르재단 비리를 일절 보도하지 않았다.

청와대는 우병우 의혹 뒤에 미르재단 비리를 감추었다. 덕분에 최순실은 언론사 레이더에 잡히지 않았고 독일로 유유히 도피할 수 있었다. 최순실이 해외 도피를 준비하는 기간 동안 안종범이 전경련에 어떤 압력을 넣었는지, TV조선과 어떤 거래를 하려고 했는지는 특검 수사와 국회 청문회를 통해 일부 드러났다.

최순실은 우병우 논란이 들끓어 오를수록 시간을 벌었고, 딸을 위해 최고급 승마용 말까지 챙겨 떠났다. 청와대가 최순실의 수금 활동을 도운 격이었다.

미르재단,
K스포츠재단 비리에 침묵한
〈조선일보〉

"청와대 전화 말투가 꽤 신경질적입니다."

기자들은 전화 상대방의 어투에 민감하다. TV조선이 미르재단 문제를 첫 보도한 7월 26일 직후였다. 청와대가 급박하게 돌아간다는 분위기를 후배 기자가 전해주었다. 안종범 경제수석과 김성우 홍보수석*, 천영식 홍보비서관** 같은 인물들이 〈조선일보〉를 성토한다는 보고가 들어왔다. 때마침 청와대 취재원 한 명이 발신자 번호가 표시되지 않는 전화를 걸어왔다.

---

* 경북 예천 출신. 대일고–서울대 불어교육과 졸업. SBS 보도국장–기획본부장 역임. 2015년 정윤회 문건 파동 직후 청와대 특보를 거쳐 홍보수석에 취임. 아프리카TV 감사를 거쳐 현재 스트리밍 회사 SOOP 기타비상무이사.

** 경북 청송 출신. 대구 영신고–서울대 서양사학과 졸업. 〈문화일보〉 워싱턴 특파원, 정치부장 역임. 2014년 7월 세월호 참사 후 청와대 홍보기획비서관. 2005년 한나라당 대선 후보 경선을 앞두고 《나는 독신을 꿈꾸지 않았다–박근혜 53년 인생 이야기》를 출간. 2013년 박근혜 대통령 취임을 앞두고 《고독의 리더십–인간 박근혜의 60년》 출간. 현재 인터넷 언론 펜앤마이크 대표이사 발행인 편집인.

"청와대 분위기가 퍽 굳어졌습니다. 다들 긴장해 〈조선일보〉 얘기를 하며 웅성거립니다."

"우병우 보도 때문이겠지, 뭐."

청와대의 날 선 분위기가 TV조선의 미르재단 폭로 때문이라는 생각은 심각하게 하지 못했다. 우병우 의혹 보도 후 퇴진을 요구하는 사설에 화가 났다고 보았다.

"민정수석실뿐 아니라 경제수석실까지 방방 뜨는데요. 우병우 문제만은 아닌 것 같아요. 잘 살펴보세요."

며칠 더 지나니 경고의 강도가 높아졌다.

"청와대가 〈조선일보〉와 전면전을 벼르는 분위기입니다. 〈조선일보〉를 혼낸다고 합니다."

청와대 반발은 정권마다 겪었던 일이다. 엄포를 놓고 소동을 피우다가 어물쩍 넘어갈 것이라고 낙관했다.

〈조선일보〉는 우병우 의혹을 보도한 뒤 의미 있는 속보를 내지 못했다. 그렇다고 TV조선이 특종한 미르재단, K스포츠재단 의혹 보도에 〈조선일보〉가 거들고 나서지도 않았다.

나는 여러 루트로 미르재단, K스포츠재단 의혹을 〈조선일보〉가 보도해야 한다고 편집국에 말했다. 대통령 재단은 그것 자체로 화제가 된다는 의견을 피력했다. 두 재단의 창립 이사회 의사록이 복사한 듯 똑같다고 TV조선이 보도했을 때도 마찬가지였다.

"두 재단 회의록이 거의 같다는 것만 해도 화제가 되는 게 아닌가. 쌍둥이 재단 아닌가."

논설위원실 책임자인 주필이 편집국장에게 기사를 쓰라 마라 지시할 수는 없다. 기사에 관한 한 취재나 보도 여부의 판단은 어디까지나 편집국이 내린다. 주필은 선배로서 의견을 말하고 권고하는 선에 머문다. 국가적 대형 이슈가 아니면 권고나 의견 개진도 아예 하지 않는다. 취재 지시나 보도 여부 판단은 편집국장, 부장이 권한을 행사한다.

"편집국이 재단 비리 팩트를 보도하면 논설위원실은 사설을 쓰려고 준비하고 있다."

이렇게까지 말하며 권유해도 편집국은 꿈쩍하지 않았다. TV조선이 취재한 자료를 몽땅 〈조선일보〉에 제공했다는 말을 들었지만, 〈조선일보〉 지면에서는 며칠이 지나도 불법 모금 기사를 찾을 수 없었다. 신중을 기하느라 그랬는지, 기삿거리가 안 된다고 판단했는지, 다른 외부 요인이 작용했는지는 알 수 없다. 불법 미르재단 보도 포기는 언론으로서 무기력 내지 무능한 인상을 주기에 충분했다.

8월 중순쯤 TV조선 주용중 보도본부장(현재 TV조선 사장)이 "본지가 한 줄도 안 쓰니 좀 섭섭합니다."라는 문자를 보내왔다. 큰 특종이 내부에서 무시당하는 기분이었던 모양이다. 〈조선일보〉가 참전해 거들어 달라는 요청이기도 했다.

미르재단 보도로 TV조선은 청와대로부터 무척 시달리고 있었다. 본가에서 거들어주면 기세를 올릴 수 있다고 보았을 것이다. 맞는 판단이었다. 안종범 수석은 TV조선 보도본부 어느 부장과 내통하며 추가 보도를 막으려고 물불 가리지 않고 뛰고 있었다. 청와대 비서진들이 〈조선일보〉와 TV조선 고위층을 상대로 로비를 펼치고 있다는 얘기도 들렸다.

어쨌든 〈조선일보〉 편집국은 그해 10월 24일 JTBC가 최순실의 국정 개입 흔적이 남아 있던 문제의 태블릿 PC를 공개하는 날까지 3개월가량 미르재단 모금 의혹을 한 건도 보도하지 않았다. 나는 편집국 부장들과 커피를 마시는 자리에서 두 차례 더 청와대 주도의 불법 모금 문제를 거론했으나 끝내 거부당했다. TV조선 기사를 〈조선일보〉가 한 줄도 써주지 않으니 다른 언론들도 무시하는 것처럼 보였다. 본가가 인정하지 않는 특종을 어느 언론사가 믿고 따르겠는가.

〈조선일보〉는 그해 10월 하순 JTBC의 보도 이후에야 TV조선이 7월 초부터 보도한 기사 내용을 그대로 지면에 반영했다. 특종을 인정하고 3개월 늦게 뒤따라간 셈이다. 아예 기삿거리가 되지 않는다고 보지는 않았다는 증거다.

취재팀장 이진동은 "그때 본지가 TV조선 보도를 함께 보도했더라면 박근혜-최순실 비리는 더 빨리 폭발했을 것"이라며 아쉬움을 표시했다. 〈조선일보〉와 TV조선의 공동 전선이 다른 언론을 끌어들이는 촉발제가 되고, 그것이 언론의 국정농단 실태의 폭로를 앞당겼을 것이라는 견해였다. 일리 있는 분석이었다. 만약 그랬다면 나와 관련된 사건의 경로도 크게 달라졌을 것이다.

〈조선일보〉 편집국이 불법 모금 비리를 보도하지 않은 이유를 뒤늦게 따지고 싶은 마음은 없다. 어쩌면 최순실에 관해 취재한 내용이 워낙 부족해 치고 나가기엔 자신이 없었는지 모른다. 우병우 의혹 보도로 청와대와 마찰이 고조되는 판에 갈등 재료를 추가하고 싶지 않았을 수 있다. 나 몰래 TV조선 재승인과 관련된 암묵의 뒷거래가 있었는지도 알 수 없다.

〈조선일보〉가 최순실을 건드리면 그건 곧 대통령의 목을 찌르는 도발이었다. TV조선에 이어 〈조선일보〉까지 가세하면 청와대와 〈조선일보〉의 피투성이 전면전이 불가피했다. TV조선의 재승인까지 실패하면 박근혜 정권과의 핵전쟁은 피하기 힘들었다. 보수 언론과 보수 정권의 극단적 전면전은 피하고 싶었는지 모르겠다. 경영층과 편집국 간부진의 고뇌가 읽히는 국면이었다.

이유가 어찌 됐든 〈조선일보〉는 미르재단 의혹에 입을 꼭 다물었고, TV조선은 최순실 이름을 들먹이지 않는 선에서 멈췄다. 권력을 쓰러뜨릴 수 있는 치명적 급소에 접근했으나 마지막 일격을 포기한 채 엉거주춤한 꼴이었다. 두 매체의 보도가 주춤하자 청와대는 〈조선일보〉에 역공을 펼치기 시작했다. 역전의 기회를 잡았다고 판단했는지 나를 악덕 기자로 지목, 집중 공세를 퍼붓기 시작했다.

그러는 사이 최순실-박근혜 비리 추적은 〈경향신문〉과 〈한겨레신문〉, JTBC 몫으로 넘어갔다.

3장

청와대의
정보 실패,
그리고 오판

디테일에
지나치게 집착하는
박근혜

부모님께 기자는 위험한 직업이었다. 정치부 기자만은 절대 하지 않겠다고 약속을 하고 간신히 입사 시험을 보았다. 1998년 김대중 대통령이 취임한 후 회사는 정권 핵심에서 〈조선일보〉를 주시하는 심상치 않은 분위기를 파악했는지 편집국장을 고교(광주제일고) 선배 강천석으로 교체하더니 경제과학부장이던 나에게 느닷없이 정치부장을 맡으라고 했다. 진보 정권의 등장에 따라 호남 출신들을 권력과 예민하게 접촉하는 전선에 배치하는 전례 없는 인사안이었다. 보수 신문의 호남 출신 정치부장은 권력과 회사 주변의 반DJ 세력 사이에서 처신하기 힘들 수밖에 없었다. 나는 정치판 근처에는 가지 않겠다는 부모님과의 언약을 이유로 거절했다.

정치부 근무 경험이 없었던 나는 박근혜를 담당해 취재한 적이 없다. 지금껏 남아 있는 인상은 몇 번 안 되는 비공식 식사 자리에서 형성된 이미지다.

비공식 식사는 〈조선일보〉 임원, 논설위원, 정치부 간부 들과 함께하는 자리였다. 기자에게 비공식 식사는 공식 이벤트에서 보지 못한 정치인의 다른 모습과 내면을 발견하는 기회다.

비공식 접촉에서 얻은 대통령 인상을 말하자면 이명박은 의외로 야한 농담으로 좌중을 웃기는 재주를 보였다. 건설회사 사장으로 접대가 잦았던 탓인지 상대방 기분을 맞춰주는 순발력이 돋보였다. 김대중은 오랜 핍박을 받았기 때문인지 민얼굴을 숨기는 재주가 뛰어났다. 온화한 표정 뒤에서 의외로 치밀한 성격이 묻어났다. 김영삼은 촌철살인의 한마디에 뛰어난 정치인이었으나, 무대 뒤에서는 주장을 조리 있게 설명하지 못했다. 결론만 한두 마디 내뱉고 말았다. 그가 그 많은 유권자를 어떻게 설득했는지 신기할 지경이었다.

박근혜는 디테일에 지나치게 집착한다는 잔상이 뚜렷이 남아 있다. 언젠가 그는 특정 기자 이름을 대며 "〈조선일보〉가 그럴 수가 있느냐."라고 따졌다. 그 후배 기자가 대선 가도에서 경쟁 후보를 지원하고 있다며 섭섭함을 감추지 않았다.

김대중, 김영삼, 김종필 같은 정치 9단들은 못마땅한 칼럼, 사설을 거론할 때는 농담조로 의중을 전달했다. 박근혜가 중간 간부 한 명을 콕 집어내는 것을 들으며 아찔한 기분이었다. 정치 기사가 그를 '섬세하다'라고 표현한 말이 저것이라는 말인가.

큰 정치인은 신문사 간부를 만나면 언론 동향부터 정치권 향방까지 비유법과 우스개를 섞어가며 입장을 설명한다. 대북관, 경제관, 지역 갈등 같은 대형 소재를 거론한다. 그러나 박근혜의 화제는 자꾸 작은 문제로 모아졌다. 편집국장인 내가 읽지 못한 1단짜리 정치 기사가 잘못됐다고 지적한 일도 있었다. 오로지 정치부장만 그의 불평을 알아듣고 뭐라고 답변했다.

한번은 박근혜가 대전 유세 도중 커터 칼 테러를 당했던 사건에서 〈조선일보〉가 어떻게 취재했는지 화제가 됐다. 말단 기자가 범인의 실체를 파악하려고 신용카드 결제 내역서까지 구했다. 경찰은 개인정보 입수 과정을 문제 삼아 해당 기자를 조사했다.

회식 자리에서 누군가가 농담을 건넸다. 박근혜가 대선 후보로 확정되기 직전이었다.

"테러범을 추적하느라 병아리 기자가 감방에 갈 뻔했어요. 하마터면 후보님께서 위문품 들고 면회를 가야 하는 사태로 갈 수 있었답니다."

면회를 가야 한다거나 위로해 달라는 요청이 아니었다. 화제를 부드럽게 넘기려는 기자 특유의 농담이었다.

'저 때문에 그분이 감방에 갔다면 만사 제치고 매일 면회를 가야죠.'

초보 정치인이라도 그렇게 답변했을 것이다. 만약 '그 기자를 사면해주려면 제가 꼭 당선되어야 할 모양이네요'라고 했으면 모두 유쾌하게 웃었을 것이다. 농담은 농담으로 넘겨야 대화가 탄력이 넘친다.

'그 기자가 너무 고생하셨네요.'

형식적 인사치레만 했어도 화제를 돌리기 수월했다. 하지만 박근혜는 아무런 대답이 없었다. 정적이 이어졌다. 10초 안팎의 침묵이 1시간의 정전 사고처럼 무겁게 흘러갔다. 박근혜의 무응답은 영원한 수수께끼로 남았다.

나는 박근혜와 충돌할 일이 없었다. 기자와 정치인 사이에 형성되는 유대의식도 없었지만, 고교-대학 시절 그토록 혐오하고 반대했던 독재자의 딸이어도 프로 직업인으로서는 거리감을 두지 않으려고 노력했다. 더구나 정치 칼럼을 쓰는 선후배들처럼 대통령 비판으로 개인 칼럼에 무게를 싣고 싶은 생각은 아예 없었다. 유력 정치인들 가운데 한 명으로 관찰하려고 애썼다.

다만 경제부 기자로서 재벌 2~3세들의 실패 사례를 여러 번 가까이서 관찰했다. 재벌 후계자의 성패가 수많은 월급쟁이와 그 가족들 인생을 결판 짓는다는 것을 절절히 깨달았다. 하물며 국가 지도자의 성패는 온 국민의 삶을 걸어야 하는 사안이 아닌가. 이 때문에 박정희 2세가 국가 지도자 자격을 갖추었는지는 따져봐야 한다고 생각했다.

2004년 9월 24일 자에 실린 '박근혜 버블'이라는 칼럼은 그런 작업 중 하나였다. 국가 지도자로서 적격성을 갖춘 것인지 논쟁을 해보고 싶었다. 박정희의 딸이 보수의 신데렐라로 떠오르던 시기였다.

> (…) 박근혜 특수는 알고 보면 박정희 향수병을 앓는 집단 심리가 조장한 버블(거품) 현상일 수 있다. (…) 어쩌면 박정희 환생을 꿈꾸는 나이 든 고객층의 충동구매 욕구를 잠시 충족시켜주는, 그런 '추억의 브랜드'인지도 모른다. 게다가 인기가 바닥으로 추락한 노 대통령 세력과는 정반대쪽 대칭점에 서 있는 덕분에 박 대표의 저울추는 저절로 올라갔을 뿐이다. (…) 인도 독립의 영웅 간디의 딸은 제2의 간디가 결코 될 수 없었고, 독일 침략으로부터 영국을 구해낸 처칠의 아들도 처칠의 복제판이 되지 못했다. 우리는 박 대표의 뼈와 피 속에 최소한 나라 경제라도 일으켜 세운 '박정희 DNA'가 그대로 전이됐으리라고 착각해서는 안 된다.(《조선일보》 2004년 9월 24일 자 송희영 칼럼)

이것이 내가 박근혜를 지목해 비판한 유일한 칼럼이었다. 친박 인사로부터 박근혜가 이 칼럼을 잊지 않고 있다는 얘기를 전해 들은 적이 있었으나 박근혜 비판이나 혐오는 다른 정치 칼럼니스트보다 유별나지 않았다. 박근혜를 향해 지독한 칼럼을 쓴 동료는 언론계에 얼마든지 있었다.

그가 나를 지목해 공격할 이유는 없다고 보았다. 하지만 그건 별똥별을 UFO라고 단정하는 착각이었다. 2016년 여름, 청와대가 난사한 독화살은 오로지 나에게 날아왔다.

우병우 의혹이 터진 후 사흘 만인 7월 21일 박근혜는 국가안전보장회의(NSC)에서 의미심장한 발언을 했다. 몽골 순방에서 귀국한 직후였다. 우병우 퇴진 여론이 치솟고 있었다.

"요즘 저도 무수한 비난과 저항을 받고 있는데, 지금 이 상황에서 대통령이 흔들리면 나라가 불안해진다."

"여기 계신 여러분도 소명(召命)의 시간까지 의로운 일에는 비난을 피해 가지 마시고 고난을 벗 삼아 당당히 소신을 지켜 가시기 바란다."

언론은 이 발언을 우병우 유임 통보로 해석했다. 야당은 이를 '대통령의 우병우 파이팅!'이라고 비꼬았다. 언론은 '고난을 벗 삼아'라는 표현에서 우병우 감싸기라는 해석의 실마리를 찾았다.

알고 보면 우병우 유임 통보라는 언론 해석이 정확했던 것은 아니다. 박근혜는 그 무렵 최순실이 며칠 전 TV조선 카메라에 잡혔다는 사실을 파악했을 것이다. 미르재단, K스포츠재단 모금 과정을 취재하고 있다는 보고를 받았을 가능성이 높다. 추적의 말발굽 소리가 자신을 향해 다가온다는 걱정이 들었을 즈음이었다.

박근혜는 "요즘 저도 무수한 비난과 저항을 받고 있다."라며 "대통령이 흔들리면 나라가 불안해진다."라고 했다. 이어 "의로운 일에는 비난을 피해 가지 마시고"라고 했다. 아무리 판단력이 흐리다고 해도 우병우 땅 거래 의혹을 '의로운 일'이라고 보지는 않았을 것이다. 그보다는 재단 설립을 위한 모금 활동을 더 의식했을 가능성이 높다.

"대통령이 흔들리면 나라가 불안해진다."라는 대목도 되씹어봐야 한다. 측근 한 명의 의혹으로 대통령이 흔들린다고 걱정했을 리 없다. 비서란 교체해버리는 순간 부담이 해소되는 존재 아닌가. 측근 의혹 보도를 '나라가 불안해진다'는 논리로 비약시킬 수도 없다.

박근혜는 NSC 발언 무렵 최순실과 미르재단 때문에 고민에 빠졌을 가능성이 높다. 미르재단 모금 비리가 터지고 최순실의 막후 활동이 공개되면 대통령이 흔들리고 나라가 불안해질 수밖에 없지 않은가.

NSC 발언은 실무진이 써준 원고를 대통령이 대폭 수정했다고 언론은 보도했다. 개인 고민을 담아 원고에 무게를 실었다는 뜻이다. 발언에는 의미 있는 암호가 담겨 있었다. '소명의 시간까지… 고난을 벗 삼아'라는 표현은 종교적 어투다. NSC 멤버들에게 공직자로서 임무를 강조하지 않고 신앙 색채가 짙은 헌신을 기대했다. 종교적 헌신은 무조건적 복종을 압박한다. 우병우에게 조건 없이 도와달라는 절대 충성을 요구한 셈이었다.

최경환, 이정현 같은 친박 핵심들은 우병우 교체로 짐을 덜고 가자고 나왔다. 친정권 인터넷 매체도 우병우를 향해 "대통령을 위하는 길이 무엇인지 심사숙고해야 한다. 안타깝지만 그 길밖에 없다."(〈미디어펜〉)라며 자진 사퇴를 촉구했다.

'박근혜는 왜 우병우 한 명에 정권의 명운을 거는가.'

'우병우 한 명 쳐내면 끝날 일을 청와대가 저렇게 고집 피우나.'

야당부터 친박 주변 사람들까지 그런 의문을 제기했다. 우병우 퇴진론을 부추겼던 촉매제는 몇 가지를 꼽을 수 있다. 공직자로서 등록한 우병우 재산은 무려 393억 원에 달했다. 처가 보유 땅과 건물, 가족회사 관련된 재산 축적 과정에 의혹 제기가 이어졌다. 아들 병역 문제부터 처제의 국적 매매 의혹, 변호사 시절의 고액 수임 사례까지 메뉴가 다양했다. 대중의 시선이 결코 따뜻할 수 없었다.

게다가 그는 검사 시절부터 오만하다는 평판을 털어내지 못했다. 선배, 동료 들이 술좌석에서 우병우에게 당했다고 불평하기 시작하면 세 시간은 금방 지나간다는 말까지 나돌았다.

우병우 퇴진론을 촉발시킨 또 하나의 계기는 이석수 특별감찰관*의 감찰이었다. 이석수는 특별감찰관법 규정에 따라 언론의 의혹 제기 후 우병우를 감찰했다. 특별감찰관으로서 〈조선일보〉가 제기한 비리 의혹을 감찰하지 않을 수 없었다.

이석수가 아무 혐의가 없다는 감찰 결과를 발표하면 셀프 면죄부를 발급받았다는 구설수에 시달릴 판이었다. 억울하더라도 민정수석 자리에서 물

---

* 상문고-서울대 법대 졸업. 사법시험 28회. 검찰 출신. 문재인 정권에서 국정원 기획조정실장으로 발탁됐다가 물러났다.

러나 감찰을 받는 게 낫다는 논리가 설득력을 가졌다.

무엇보다 중요한 요인은 정치권의 세력 판도 변화였다. 20대 국회에서 더불어민주당, 국민의당, 정의당 등 진보 진영의 의석이 300석 중 160석을 넘었다. 새누리당은 과반에 미치지 못하는 122석에 불과했다. 박근혜 정권을 지지하는 정치 세력은 4·13 총선에서 참패했다.

야당은 다수 세력으로서 파괴력을 과시할 기회를 노리고 있었다. 노무현 친위대의 재등장은 우병우를 벼랑 끝으로 몰아가고 있었다. 우병우는 이명박 정권에서 노무현 수사를 담당한 대검 중앙수사부 부장검사였다. 친노, 친문의 표적이 될 수밖에 없었다. 그들은 자신들의 우상을 자살로 몰고 간 원한을 갚겠다는 결기를 감추지 않았다.

언론의 박근혜 정권에 대한 불만은 폭발 직전이었다. 기자들은 청와대가 출입 기자를 대통령 기자회견의 들러리로 삼는다고 불평했다. 우병우 본인마저 언론과 거의 접촉하지 않아 거만한 이미지를 남기고 있었다. 기자들은 그를 '밉상'으로 꼽고 있었다. 우병우는 적군에 포위돼 고립된 처지였다.

우병우가 현명했다면 〈조선일보〉 의혹 보도를 침몰하는 배에서 탈출해버릴 기회로 활용했을 것이다.

'대통령을 지근거리에서 모시는 사람이 현직에 있으면서 결백을 증명할 수 없다. 계급장을 떼고 의혹을 해소하겠다.'

이렇게 결연한 의지를 공개하고 출근하지 않았으면 몰매를 덜 맞았을 것이다. 하지만 그는 현명하지도, 약삭빠르지도 못했다. 정치 감각은 제로였다. 언론 및 야당과 정면 대결을 선택했다. 〈조선일보〉와 충돌하더니 다른 언론의 의혹 보도에 하나하나 반박했다. 많은 의혹이 제기되자 "더 이상 브리핑하지 않겠다."라며 입을 닫았다. 정면 반격에 이은 브리핑 일방 중단은 오만

하다는 이미지를 더 강하게 만들었다. 유리하면 해명하고 불리하면 입을 다
문다는 식이었다. 그는 권력의 맛을 최고로 즐기는 인상을 주고 있었다.

우병우 측 논리는 간단했다. '조그만 의혹이 제기될 때마다 장·차관, 수석
이 물러나야 한다면 어쩌라는 말인가?', '가짜 의혹에 물러나라면 누가 공직
을 맡겠는가.'라는 것이었다.

그럴듯한 반박이었다. 무턱대고 물러나라는 압박이 억울했을 것이다. 해
명하지 못하고 공직을 그만두면 평생 불명예로 기록될 것이라고 걱정했을
수 있다.

하지만 그가 처한 환경은 위험하기 그지없었다. 우군이 없는 전쟁터에서
전방위로 전면전을 선언한 꼴이었다. 결국 그는 표적이 되었고 국민 다수의
지탄을 받게 됐다.

박근혜가 우병우를 풀어준 것은 독일로 도피했던 최순실이 귀국한 10월
30일이었다. 탄핵의 칼이 대통령의 목을 향해 떠나버린 시기였다. 우병우는
〈조선일보〉의 의혹 보도 100일 만에 안종범, 문고리 3인방과 함께 청와대를
떠났다. 검찰이 최순실 구속을 눈앞에 두고 있었다.

그사이 우병우는 검찰 수사로 자신의 의혹을 털어냈다. 최순실을 추적하
는 TV조선 카메라도 막았다. 대통령의 호위무사로서 임무를 다했다. 그럼
에도 불구하고 그는 검찰에 소환돼 끈질긴 조사를 받았고 끝내는 구속됐다.
검찰에 소환되던 날 기자들을 깔보는 듯이 내리꽂은 레이저 시선과 검사 방
에서 조사를 받으며 오만하게 웃는 〈조선일보〉 특종 사진이 공개됐다. '언론
밉상'이 '국민 밉상'으로 격상됐다.

우병우는 검찰과 국정원 권력을 총동원해 〈조선일보〉와 TV조선의 후속
보도를 막는 데 성공했으나 그것은 일시적 틀어막기에 불과했다. 국정농단

실태는 끝내 활화산 폭발하듯 터지고 말았다.

영화, 드라마에는 신 스틸러(Scene Stealer)가 등장한다. 주연 못지않게 역할을 뽐내는 조연을 지칭한다. 신 스틸러는 주연이 아니지만 시청자에게 주연급의 인상적 장면을 선물한다.

우병우야말로 대통령 탄핵 국면에서 멋진 신 스틸러였다. 그는 박근혜와 최순실 대신 야당과 언론의 공세에 총알받이가 되었다. 주연 배우들이 신문 1면에 등장할 때까지 우병우는 동네북이 되어준 조연이었다.

박근혜는 NSC 발언으로 그를 1차 신임하더니 다음 달 개각 때 2차 신임 절차를 밟았다. 미르재단 비리와 최순실의 국정농단을 감추려는 계산이었을 것이다. 우병우가 검찰과 국정원의 파워를 가동해 완벽한 방어벽을 설치할 것이라고 믿었는지 모른다. 정윤회 문건 파동 때도 우병우가 뛰어난 방어 능력을 보여주지 않았던가.

20대 총선에서 패배한 박근혜는 군소 야당, 또는 제3세력과 손을 잡고 정치 안정을 꾀했어야 했다. 장관직을 대거 내주며 권력을 공유하겠다는 정신으로 연립 내각을 꾸릴 수도 있었을 것이다. 큰 물줄기부터 잡아야 했다. 정권 안정을 위해서라면 누구든 버릴 수 있다며 측근을 재배치했어야 했다.

그러나 큰 흐름을 보지 못하고 우병우를 재신임하며 정면 승부하겠다는 공격성을 보였다. 국정원의 정보력, 검찰 수사력으로 권력을 지탱하려는 정치 포석이었다. 최순실을 구하려고 우병우를 신임했고, 우병우를 살리려고 최강의 보수 언론에 선전포고를 감행했다. 측근 한 명에게 정권의 운명을 걸고 있었다. 대범하지 못하고 작은 것에 집착하는 성격이 빚어낸 오판이었다. 지나친 세심함이 자신을 탄핵의 단두대로 끌고 갔다. 아버지가 경호실장 한 사람에 집착하다가 자초했던 역사에 남는 비극적 종말을 딸이 그대로 되풀

이하고 있었다.

박근혜는 2024년2월 발간한 회고록 《어둠을 지나 미래로》에서 "돌이켜 보면 우 수석을 지키기 위해 정권이 큰 출혈을 겪었다고 생각한다."며 "억울하겠지만 민정수석이 워낙 민감한 자리이니 일단 그 자리에서 물러난 뒤 민간인 신분에서 결백을 입증했으면 어땠을까. 물론 당시엔 나도 그런 생각을 하지 못했다."고 썼다. 그러면서 "우 수석 문제로 오히려 언론과의 거리가 더욱 멀어지게 됐다."고 했다.

책임을 〈조선일보〉와 우병우에게 미룬 채 실패를 반성하는 문장은 별로 없었다. 탄핵, 감옥을 맛보고서도 자신의 전성기 시절 얼굴만 등장하는 거울에 풍덩 빠져 있다는 인상을 지울 수 없다.

청와대 표적의
급전환

청와대는 우병우 재신임을 계기로 〈조선일보〉와 전쟁에 돌입했다. 반격은 우병우 비리 의혹 하나에 맞추었다. 미르재단이나 안종범, 차은택, 김종, 김종덕은 거론조차 하지 않았다. 최순실은 아예 아무 문제가 없는 척 무시했다.

반격 전쟁의 1차 상대는 〈조선일보〉 대주주와 신문사 전체로 시작했다. 이는 지라시를 통한 악성 루머 형태로 전달되기 시작했다. 초기에 나돌던 루머는 대충 세 종류였다.

첫째, 방상훈 〈조선일보〉 사장 친구 두 명에 대한 사면 청탁과 관련된 내용과 방 사장의 사돈, 사위를 둘러싼 소문까지 대거 나돌았다. 방 사장이 김무성 새누리당 의원과 인척 관계이고, 〈조선일보〉가 대선에서 김무성을 밀 것이라는 루머가 떠돌았다.

둘째, 편집국 간부들에 관한 루머였다. 박두식 사회부장(현재 전무)이 이석수 특별감찰관과 짜고 우병우 비리를 폭로했다는 내용이었다. 두 사람은 서울 상문고 선후배 사이였다. 우병우 아들의 병역 의혹이 제기되자 김창균 편집국장(현재 논설주간)의 아들 병역 의혹이 지라시에 흘러나왔다. 김창균, 박두식은 우병우 의혹 기사를 보도하기로 결정한 간부들이었다.

세 번째 루머는 주용중 TV조선 보도본부장(현재 TV조선 사장)을 중심으로 〈조선일보〉와 더불어민주당을 연결시킨 내용이었다. 지라시는 박근혜 청와대에서 쫓겨난 조응천 민주당 의원, 주용중 본부장, 이석수 특별감찰관이 서울대 법대 입학 동기라고 했다. 세 사람은 서울대 법대 입학 동기다. 게다가 주용중은 조응천과 친해 얼마든지 나올 수 있는 루머였다.

세 가지 루머가 앞서거니 뒤서거니 흘러나왔다. 청와대가 감시 카메라를 〈조선일보〉와 주요 간부의 사생활에 24시간 가동하고 있는 분위기를 느낄 수 있었다.

이 무렵 편집국 후배가 중요한 정보를 알려주었다.

"〈미디어펜〉 사이트를 한번 잘 살펴보세요. 청와대 입장이나 분위기가 거기를 통해 외부에 전달됩니다."

〈미디어펜〉은 처음 듣는 인터넷 매체였다. 1만 개가 넘는 인터넷 사이트가 난립한 곳이 바로 한국 미디어 시장 아닌가.

〈미디어펜〉 사이트에서 기사 제목을 훑어보았다. 재벌 기업을 옹호하는 기사가 많았다. 대기업 광고로 수익을 지탱하는 보수 인터넷 매체 중 하나라는 인상을 주었다.

보수 인터넷 신문은 이명박 정권 이후 여럿 탄생했다. 노골적이고 극단적 논조로 정권 변호, 재벌 옹호에 앞장서며 광고 물량을 챙기는 사례가 적지 않았다.

〈미디어펜〉에서 우병우 관련 기사를 열람했다. '친노 우병우 죽이기 노무현 한풀이하나'라는 기사가 맨 처음 떠올랐다. 언론과 야당의 의혹 제기는 근거 없는 것이라고 두둔하며 우병우 퇴진 압박의 주범을 친노 세력이라고 지목했다.

특이한 시각이 세 가지 발견됐다. 우병우 낙마 공세를 '언론과 친노의 음습한 합작품'이라고 했다. 우병우 의혹 보도를 진보 좌파 진영과 연결시키고 있었다. 이어 우병우 흔들기는 곧 박근혜 정권 흔들기라고 했다. 대통령의 NSC 발언과 일치하는 사고의 틀이었다.

세 번째 특이점은 〈조선일보〉를 거론한 것이다. 〈미디어펜〉은 "매출액 3,000억 원대의 〈조선일보〉라도 비리 의혹이 없다고 단정할 수 없다."라면서 "방상훈 사주 일가의 재산이나 계열사 경영에서 한 점 의혹이 없다고 자신할 수 있을지 의문이다. 〈조선일보〉와 TV조선 간에 편법적 직원 파견 등은 없는지도 두고 볼 일이다."라고 했다.

지라시 루머가 〈미디어펜〉에 그대로 요약돼 있었다. 절묘한 일치였다.

청와대는 애당초 〈조선일보〉와 사주, 그리고 〈조선일보〉 편집국장과 사회부장, TV조선 보도본부장을 노리고 있었다. 주필이나 논설위원실은 공격 대상이 아닌 듯했다.

하지만 시간이 흐르면서 루머 내용이 점점 바뀌었다. 〈조선일보〉 사주와 그 가족, 편집국 간부 주변을 맴돌던 루머가 돌연 나와 논설위원실을 향해 다가왔다. 사장, 편집국장, 사회부장과 관련된 루머가 사라지고 느닷없이 논설위원실을 헐뜯는 내용이 등장했다. 지역감정을 악용한 공격 표적의 전환이었다. 열흘 안팎 사이에 표적 변화가 이루어진 것이다.

나는 평상시에는 증시 루머를 보지 않는다. 다만 민감한 시기에는 지라시 루머를 몇 군데에서 받아 보았다. 이 때문에 루머의 변화를 금방 파악할 수 있었다.

8월 초순 등장한 새로운 루머 메뉴는 13명의 논설위원 중 7명이 호남 출신이어서 삐딱한 사설을 많이 쓴다는 식이었다. 지라시는 호남 출신 논설위원 명단을 나열했다. 그중에는 영남 출신을 호남으로 둔갑시킨 사례도 있었다. 호남 출신 논설위원은 실제 5명이었다.

출신지를 들먹이는 인신공격은 38년 기자 생활 동안 걸핏하면 듣던 공세였다. 지역 간 대결이 첨예한 선거 시즌에는 지역색을 가미한 악성 바이러스가 회사 안팎에 휘몰아쳤다. 숱한 인신공격을 견뎌냈기에 지역 색깔을 앞세운 공격에는 나름 내성이 길러졌다고 판단했다. 그러나 이번에는 날아오는 화살 숫자가 지나치게 많고 종류도 다양했다.

그중에서 눈길을 끈 것은 호남 출신 주필이 10년 이상 〈조선일보〉 논조를 좌지우지한다는 내용이었다. 강천석(현재 논설고문) 이래 〈조선일보〉에서 광주일고 출신의 주필 시대가 14년째 지속되고 있다고 했다. 극우 성향의 인터넷 신문과 극우 논객들은 그동안 이를 여러 차례 거론했었다. 보수 언론 본거지에 호남 출신 주필이 말이 되느냐는 지적이었다. 청와대 주변 극우 집단에서 광주일고 출신 〈조선일보〉 주필이 본격적으로 이슈가 되고 있었다.

또 하나의 루머도 부담스러웠다. 우병우 의혹을 제기한 이명진 〈조선일보〉 차장과 미르재단 비리를 보도한 이진동 TV조선 부장과 나의 관계였다.

이명진은 전북 군산 출신이다. 논설위원실에서 나와 함께 일하다가 그보다 몇 달 전 편집국 법조팀 데스크로 갔다. 이진동은 광주광역시 출생이다. 〈한국일보〉 출신으로 내가 편집국장을 맡고 있을 때 안기부(현재 국정원) 불법 도청팀의 존재와 활동을 특종으로 터뜨렸다.

지라시는 두 기자를 송희영 사단의 핵심이라고 지목하고 있었다. 여기에 전남 진도 출신 김민배 TV조선 총괄전무까지 얹어 세 사람이 송희영 인맥의 기둥이라고 했다. 호남 주필이 김민배·이명진·이진동 인맥을 풀가동해 최순실·우병우 공격 기사, 미르재단 비리를 동시에 터뜨렸다는 논리였다. 극우*들이 말하는 '홍어들의 반란**'이라는 시각이다. 정권 흔들기, 대통령 흔들기, 박근혜 흔들기의 총지휘를 맡은 배후 주범으로 나를 특정하고 있었다.

놀라운 국면 전환이었다. 사장과 편집국장, 편집국 간부, TV조선 보도본부를 향하던 감시 카메라는 철거되고 느닷없이 광주일고 출신 주필을 겨냥한 레이저 빔이 가동하고 있었다.

권력자는 언론사를 압박할 때 통상 대주주와 최고 경영진을 겨냥한다. 〈중앙일보〉에는 삼성그룹을 통해 압력을 넣고, 〈조선일보〉 〈동아일보〉의 경우 오너 대주주를 직접 압박했다. 이승만, 박정희, 전두환은 물론 김대중 대통령까지 똑같았다. 글쟁이보다 오너를 압박하는 쪽이 훨씬 잘 먹힌다는 것이 명확한 게 아닌가.

반면 박근혜 청와대의 공격은 다른 정권과는 전혀 다른 접근법이었다. 정치보다는 경제 이슈를 전문으로 써온 글쟁이 한 사람을 무섭게 노리고 있었다. 대주주나 신문사 편집국 간부, TV조선 간부들을 빼고 총구를 호남 출신 주필에게 돌리고 있었다.

---

* 이 책에 등장하는 '극우' 표현은 히틀러나 무솔리니 같은 초극단적 극우사상이라기 보다는 한국 사회의 상식적 이념 좌표에서 온건 보수나 중도 우익보다 지나치게 오른쪽으로 경도됐다는 의미다.
** 보수계 인사들이 호남 사람을 폄하하는데 사용하는 지역차별 언어. 김대중 대통령 취임 전후부터 일부 보수 논객들이 호남 인맥의 정치권 부상을 '홍어의 반란'으로 표현하기 시작했다.

이유나 과정은 알 수 없었다. 카메라 렌즈를 청와대가 자발적으로 돌렸는지, 아니면 〈조선일보〉 내부의 특정 지역 출신들이 돌려주었는지, 청와대와 〈조선일보〉 사이를 오가는 중재자가 개입했는지는 파악할 수 없었다. 터무니없는 사냥이라는 기분이었지만 어디에 대고 반박할 것인가. 찜찜했으나 다른 도리가 없었다.

'〈조선일보〉와
좌파 세력의 기획 폭로'라는
음모론 프레임

청와대 반격은 단순히 지라시 루머를 퍼뜨리는 데서 머물지 않았다. 보수 인터넷 매체와 연합뉴스라는 관영 통신사를 통해 4·13 총선 이후 등장한 진보 정치권과 〈조선일보〉를 연결시키는 작업을 전개했다.

〈조선일보〉 특종에 조응천 의원 연루설을 먼저 본격적으로 띄웠다. 조응천은 2013년 우병우가 검사장 승진에서 탈락할 때 청와대에서 인사 검증을 담당했던 비서관으로 알려져 있었다. 그는 정윤회 문건 파동으로 청와대에서 쫓겨나 일식당을 하다 문재인, 양정철의 설득으로 더불어민주당에 입당한 인물이다. 조응천이 검증 과정에서 파악한 땅 거래 내용을 〈조선일보〉에 제보했을 것이라고 보도했다.(〈미디어펜〉 2016년 8월 2일, 3일 자)

〈미디어펜〉은 조응천과 이석수 특별감찰관의 관계를 폭로했다. 서울대 법대 81학번 입학 동기로 하숙을 함께 했다는 친분을 공개했다. 조응천이 당내 친노 세력과 짜고 〈조선일보〉에 제보했고, 이석수에게 우병우 감찰을 시켰다는 스토리였다. 〈조선일보〉와 친노를 연결시킨 보도였다.

'국·공 합작설'은 여기서 비롯됐다. 중국에서는 20세기 중반 일본과 싸우려고 장제스의 국민당과 마오쩌둥의 공산당이 합작했다. 도저히 손을 잡지 못할 사이였지만 공통의 적과 싸우기 위해 동맹을 맺었다. 중국의 국·공 합작처럼 박근혜를 치기 위해 보수 언론과 진보 정당이 동맹을 형성했을 것이라는 줄거리였다.

지라시 루머나 〈미디어펜〉 기사는 혜성처럼 잠시 떴다 사라지는 추측이 아니었다. 엇비슷한 기사와 루머가 동시에 나돈다는 것은 누군가가 의도적으로 퍼뜨리고 있음을 암시했다. 내용이 비슷한 것은 뉴스 소스가 한 군데라는 시사였다. 진원지는 권력 핵심으로 보였다.

"당시 청와대가 앞장섰죠. 민정수석실과 홍보수석실 사람들이 그런 말을 자주 했어요."

정권이 교체된 후 언론계 후배들은 공통적으로 그렇게 증언했다. 청와대 인사들이 편집국장, 정치부 기자들에게 그렇게 설명했다고 한다.

그들이 〈조선일보〉와 좌파 세력의 연대설에서 중요한 접착제로 주목한 것이 〈조선일보〉-TV조선의 호남 인맥이었다. 보수 언론의 호남 출신 기자들이 친노 세력과 손을 잡은 것으로 만들어야 자연스럽다고 보았을 것이다. 공교롭게도 우병우 의혹, 미르재단 특종을 보도한 기자들이 모두 호남 출신 아닌가.

청와대는 〈조선일보〉-TV조선의 호남 인맥이 친노·친문 세력과 손을 잡고 우병우 의혹, 미르재단 비리를 터뜨렸다고 믿는 듯했다. 그들에게 총책은 호남 출신 주필이었다. 조응천·이석수·주용중은 제보자, 연락장교 역할을 맡은 조역쯤이었다.

누가 어떤 정보를 근거로 이런 프레임을 만들었는지는 알 수 없다. 하지만 박근혜 정권의 핵심 인물들이 폭넓게 정보를 공유했다는 것이 여러 장면에서 확인된다.

'청와대 관계자'가 8월 21일 연합뉴스에 "일부 언론 등 부패 기득권 세력과 좌파 세력의 우병우 죽이기"라며 "우병우 죽이기의 본질은 임기 후반기 식물정부를 만들겠다는 의도"라고 말했다.

우병우 사태를 규정하는 박근혜 청와대의 앵글이 공식 확인된 계기는 이 기사였다. 여기서 부패 기득권 세력이란 〈조선일보〉를 지칭하고, 좌파 세력이란 진보 정당의 친노·친문 집단과 진보 언론을 싸잡아 표현한 것으로 보인다. 이는 청와대가 〈조선일보〉와 좌파 세력이 연대한 기획 세력의 음모설을 신봉하고 있다는 고백이었다.

보수 언론과 좌파 세력의 연대설은 대통령 본인까지 탐닉했다. 박근혜는 2017년 1월 25일 인터넷 쌍방향 매체인 정규재 TV와 단독 인터뷰에서 국정농단 게이트에 대해 "오래전부터 기획하고 관리한 세력이 있다."라고 했다. 이 발언은 최순실이 국정에 개입했다는 사실을 인정하고 사죄 성명을 발표한 뒤에 나왔다. 사죄를 무색케 하는 인터뷰였다. 최순실은 구속돼 있었고 헌법재판소에서 탄핵 재판이 진행되던 무렵이었다. 박근혜는 재판을 받는 상황에서도 '기획 세력에 당했다'는 확신을 피력했다. 머리에 입력된 '부패한 보수 언론과 좌파 세력의 연합설'을 끝까지 믿고 있다는 인상을 주었다. 만약 헌법재판소의 탄핵 기각으로 그가 5년 임기를 채웠다면 남은 임기 내내 나는 감옥에서 지내야 했을지 모른다.

박근혜가 신봉한 음모설은 그 후 보수 언론과 보수 정치권의 발목을 잡는 무거운 족쇄가 됐다. 박근혜를 지지하는 사람들 중 상당수는 '태극기 부대'라는 이름의 극단적 보수 집단을 만들었다. 이념의 저울대에서 오른쪽 끝이라고 할 수 있는 울트라 보수(Ultra-Conservative)였다. 이들은 음모설을 과잉 신봉한 나머지 탄핵 무효를 외칠 수밖에 없다. 일부는 〈조선일보〉 논조가 입맛에 맞지 않는다고 비판하며 구독 중단 운동을 전개했다. 온건 보수 정치인을 '배신자' '탄핵 5적'이라며 배척하는 캠페인까지 전개했다.

울트라 보수의 결집력은 어떤 정파보다 끈끈하고 강하다. 댓글 달기, 퍼나르기, 회원 가입을 통해 길거리와 사이버 상에서 분명하게 의사표시를 한다. 이들이 활약하면서 보수 언론들은 지면 제작에서 태극기 세력을 의식하는 기색이 역력했다. 보수 유튜버들도 그들을 의식해 박근혜 비판을 하고 싶은 만큼 못 한다고 실토했다.

박근혜 시절 청와대에서 탄생한 음모론은 끈질긴 생명력을 유지하며 우리 사회를 맴돌고 있다. "기획 세력에 당했다."라는 박근혜의 외마디는 '탄핵의 한을 풀어드려야 한다.'는 논리를 거쳐 조기 석방, 사면, 복권을 요구하는 방향으로 전개됐다. 그들은 '박근혜는 순결한 피해자'라고 믿는 망상에 빠졌다. 특정 신앙이나 특정 정치인을 맹목적으로 추종하는 집단은 쉽게 해체되지 않는다. '순결한 박근혜'를 원상 회복시키려는 투쟁은 지금도 살아 숨쉬고 있으며 앞으로도 좀처럼 잠잠해지지 않을 것이다.

9년 전이나 지금이나 진실은 분명하다. 박근혜 청와대는 허위 정보를 믿고 판단을 그르쳤다.

우병우 의혹 보도의 경우, 〈조선일보〉 내부 조사 결과 취재팀이 우병우 의혹 취재 과정에서 조응천을 상대로 취재한 적이 없었다. TV조선 취재팀을 지휘한 이진동은 최순실과 미르재단 비리를 취재하면서 조응천과는 일부러 접촉하지 않았다. 민주당 의원을 끌어들이면 청와대가 어떻게 역공세를 펼지 뻔했기 때문이라고 했다.

TV조선 보도본부는 〈조선일보〉 편집국의 우병우 의혹 취재 움직임을 몰랐고, 〈조선일보〉 편집국은 무슨 사연인지 몰라도 TV조선의 미르·K스포츠재단 취재를 무시했다. 조응천은 〈조선일보〉에 정보를 제공한 적이 없다.

기자는 대개 두 가지 통로로 조직 내부의 비밀 정보를 입수한다. 내부 고발형 리크(Leak, 정보 흘리기)와 여론 조작형 리크다. 내부 고발형 리크는 정의감에서 누군가가 은밀하게 내부 자료나 비밀 정보를 제공하는 것이고, 여론 조작형 리크는 정치인이나 곤경에 처한 인사가 여론을 자기편에 유리하게 만들기 위해 일부러 정보, 자료를 흘리는 것을 말한다.

이진동과 이명진의 취재에 협조하고 배경을 설명해준 인물은 당시 현직 검사를 포함해 권력층 내부 인사들이라고 들었다. 의혹은 야당이나 권력 외부가 아니라 내부에서 제기된 셈이다. 내부 고발형 제보였다는 말이다. 박근혜 권력 내부가 분열, 의혹이 노출되기 시작했다는 시사다. 누가 〈조선일보〉와 TV조선의 국정농단 취재에 협조했는지는 먼 훗날 취재 당사자들이 밝힐 일이다.

〈조선일보〉의 호남 인맥이 의도를 갖고 폭로했다는 것은 100퍼센트 허구다. 검찰 수사가 본격화된 뒤 통화 기록을 조회해보았다. 보도가 시작되기 전 6개월 이상 나와 이명진, 이진동, 김민배 사이에는 통화나 문자 기록이 단 한 건도 없었다. 검찰도 통화 기록을 조사했다. 홍어들의 반란설은 네 명의 고향이 호남이라는 것을 바탕으로 멋대로 짜 맞춘 마타도어였다.

〈조선일보〉에서 주필의 영역은 경계선이 분명하다. 밖에서 들은 정보를 간혹 일선 기자들에게 제공하지만, 편집국의 취재 판단과 보도에는 간여하지 않는다. 취재와 보도는 전적으로 편집국장, 담당 부장의 통솔 아래 결정된다. 주필이 기사를 기획할 수는 없다. 주필이 계열사 TV조선에 취재 지시를 한다는 것은 상상할 수 없다.

숫자가 많지 않은 호남 출신 기자들은 보수 언론사 내에서 처신에 섬세하게 신경을 곤두세워야 한다. 보수 언론의 호남 기자는 어느 정권에서나 환영받지 못했다. 김대중·노무현 정권 때는 '〈조선일보〉 X'이라고 외면했고, 영남 정권이 들어서면 '호남 X'이라고 따돌렸다. 정권 교체의 틈바구니에 끼어 언제나 감시를 받는 듯한 긴장의 연속이었다. 정권이 바뀌면 행동이 달뜨는 동료들을 보며 부럽기도 했다. 권력과의 긴장이 가끔은 불편하기도 했다. 하지만 권력과 거리 두기로 취재와 보도의 객관성을 확보하는 데는 도움이 되었다.

회사 부근 술집에서는 걸핏하면 선배들로부터 '동교동 패거리'라거나 '노빠' 악담을 들어야 했다. 홍어들끼리 몰려다닌다는 뒷소리를 듣기 싫어 우연한 회식 자리조차 피하는 경향이었다. 일부 호남 출신 기자는 고향을 숨기는 것이 보수 신문에서 편하게 사는 지혜라고 했다. 그런 분위기에서 호남 출신 주필이 같은 고향 기자를 동원해 취재를 기획하고 지시하는 일은 있을 수 없다.

〈조선일보〉가 좌파 세력과 연대했다는 국·공 합작설도 아담과 이브가 결혼해 부처님을 낳았다는 식의 스토리다. 〈조선일보〉의 오랜 편집 방향을 보면 과연 성립할 수 있는 얘기인가.

박근혜 청와대의 판단은 의처증처럼 좀체 고치기 힘든 병적 증상이었다. 권력자의 비리를 취재하고 비판하는 보수 언론을 정치권 반대 세력과 동맹 관계라고 단정했다.

그들은 〈조선일보〉와 TV조선의 취재 경위나 내부 인맥, 야당과의 관계를 일절 파악하지 않았다. 기초 정보조차 수집하지 않았다. 그저 이력서와 피상적 움직임만 보고서 〈조선일보〉를 새로운 적으로 찍었다. 〈조선일보〉 주필이 정말 취재를 총지휘했는지 알아보려는 노력은 조금도 하지 않았다. 그 결과 상황 판단은 젖비린내 물씬 풍기는 어린아이가 고속도로를 가로질러 넘어가려는 수준일 수밖에 없었다.

정보 실패는 반드시 전쟁 패배로 이어진다. 박근혜 청와대는 우병우 의혹을 〈조선일보〉에 제보한 사람 중 한 명으로 조웅천에 이어 이석수 특별감찰관을 의심했다. 의심의 결과로 노출된 사건이 MBC의 〈조선일보〉 취재 메모 특종 보도였다.

MBC는 2016년 8월 16일 밤 이석수 특별감찰관이 우병우 감찰 내용을 〈조선일보〉 기자(이명진)에게 누설했다고 보도했다. 감찰 내용 누설을 금지한 현행법 위반이라고 이석수를 비판한 보도였다.

이명진이 그 언저리 이석수와 취재를 위해 통화했던 것은 사실이다. 취재 정보를 요약해 그 내용을 카톡방에서 후배 세 명과 공유했다. 그 정보는 이석수에게 감찰 진도와 처리 방향을 묻는 수준이었고, 이석수는 처리 절차를 설명하고 있었다. 이석수가 우병우 의혹 취재에 도움을 주는 내용은 없었다.

MBC 뉴스에 등장한 화면을 보니 〈조선일보〉 법조팀의 비밀 카톡방 취재 메모 내용이 고스란히 MBC에 넘어가 있었다. 〈조선일보〉는 MBC 보도 후 보안업체를 불러 즉시 조사에 착수했다. 〈조선일보〉에서 MS 워드 파일로 작성한 메모가 MBC 화면을 보니 한글 파일 형식으로 변해 있었다.

치밀한 조사 끝에 내부에서 유출되지 않았다는 것을 확인했다. 해킹으로 빼내간 것이 아니라면 동료들만 보는 카톡방 비밀 메모가 그대로 빠져나갈 수 없다는 결론을 내렸다. 〈조선일보〉로서는 국정원과 청와대를 의심할 수밖에 없었다.

그런 결론에 이르게 된 단초는 청와대가 제공했다. 청와대는 MBC 보도를 곧 이석수 공격에 사용했다. 감찰 정보 유출이 국기 문란이라고 했다. '국기 문란'은 박근혜가 정윤회 파동을 비롯 여론에 몰릴 때마다 반격 무기로 써먹는 요격용 미사일이었다. 이석수에게 혐의를 씌워 감찰을 중단시킬 명분을 만들려고 했던 것이다.

사흘 뒤 이석수는 법에 따라 감찰 1개월 만에 우병우 의혹을 검찰에 수사 의뢰했다. 그러자 이번에는 김성우 청와대 홍보수석이 나서서 긴급 기자회견을 열었다.

"언론(MBC)에 보도된 것이 사실이라면 이석수 특별감찰관이 특정 신문(《조선일보》)에 감찰 내용을 확인해주고, 감찰 결과에 상관없이 수사 의뢰하겠다고 밝혔고 그대로 실행된 것으로 볼 수밖에 없다. 특별감찰관은 어떤 경로로 누구와 접촉했으며, 그 배후에 어떤 의도가 숨겨져 있는지 밝혀야 한다."

방송 뉴스 하나에 홍보수석까지 나서서 회견을 연 것은 웃음이 나오는 풍경이었다. 김성우는 MBC 보도에 높은 신뢰를 두고 배후까지 거론했다. 배후 세력이 엄청난 음모를 꾸민 것처럼 포장했다. 우병우 구하기에 올인하며 MBC를 믿고 자기들이 임명한 특별감찰관은 믿지 않았다.

훗날 국정농단 사건을 수사한 박영수 특검은 당시 MBC 보도를 전후로 우병우와 MBC 문호철 정치부장 사이에 빈번하게 통화한 사실을 밝혀냈다. 두 사람은 서울대 법대 84학번 입학 동기다. 누가 MBC에 〈조선일보〉 내부의 카톡 자료를 제공했는지 추정할 만했다.

이석수와 이명진은 우병우 사단이 장악한 검찰로부터 압수 수색을 당하고 수사를 받았으나 아무 혐의가 나오지 않았다. 반면 우병우는 이석수의 감찰 활동을 방해한 혐의로 구속됐다.

2016년 여름 청와대는 기초 정보 수집 실패로 오판을 거듭했다. 정보 실패는 판단 실패를 불러왔다. 정보 실패가 보수 언론과 좌파 세력의 연대설, 국·공 합작설, 기획 세력의 음모설을 낳은 씨앗이었다.

잘못된 정보를 누가 만들어 냈는지 모른다. 국정원이나 청와대 민정팀이 잘못 수집한 것인지, 청와대가 듣고 싶은 정보만 취사선택한 결과인지 알 수 없다.

우병우 사단은 국정원, 검찰, 경찰, 청와대 민정팀의 주요 직책을 장악하고 있었다. 고위 간부에 우병우의 검찰 동료나 동향 출신, 학교 동기가 집결해 있었다. 박영수 특검은 2016년 7~10월 우병우가 법무부 국장, 국내 정보를 조달하는 국정원 국장 등과 각각 1,000회씩 통화했다고 밝혔다. 하루 열 통 안팎의 통화 빈도수다. 하루 종일 정보·수사 라인 핵심들과 전화통을 붙잡고 있었다고 볼 수 있다. 빈번한 통화로 우병우가 듣고 싶어 하는 정보만 집중 수집되었을 가능성이 높았다.

'〈조선일보〉와 친노가 손잡은 것 아닌가?'

'첫 제보한 사람이 조응천 아니야?'

윗사람이 이런 질문을 던지면 정보기관은 그의 입맛에 맞는 정보를 집중 보고했을 가능성이 높다. 박근혜 청와대 주변에 TK 출신, 학교 선후배 등 동질적인 사람들이 워낙 밀집해 있었던 게 화를 키웠다. 지역주의와 극단적 보수 이념에 도취한 인물이 많았다. 정보 수집이 편향된 집단사고(Groupthink)를 일으킬 가능성이 높았다. 숱한 인사 실패를 비롯, 세월호 수습, 정윤회 문건 파동, 국정교과서 파동, 천안문 광장의 중국군 사열, 사드 사태 등에서 민심을 잘못 읽는 오판은 그렇게 나왔을 것이다.

실패한 지도자가 언제나 쉽게 도피하는 안식처가 음모론이다. 음모론을 내세워 책임을 다른 이에게 미루고 실패의 책임을 셀프 사면한다.

박근혜 일파는 음모론 뒤에 숨어 무능과 국정 실패를 감추려 했다. 〈조선일보〉와 좌파 세력의 연대설, 〈조선일보〉 호남 인맥의 기획설을 믿었다. 초보적 정보조차 수집하지 않은 채 상상의 적을 만들고, 그 허상을 향해 돈키호테의 칼을 뽑았다. 박근혜와 그 일파는 정권을 삼키는 쓰나미를 보지 못하고 발가락을 간지럽히는 잔물결에 짜증을 내고 있었다.

호남 출신 글쟁이로서 평소 가장 쓰기 싫고, 하기 싫은 얘기가 '전라도 출신이어서 당했다'는 스토리였다. 〈조선일보〉 주변에서는 지역을 앞세운 피해자 코스프레가 통하기는커녕 오히려 손해만 보는 풍경을 자주 목격했다. 더구나 지역을 뛰어넘는 생각과 행동으로 살아가는 게 훨씬 낫다는 것을 너무 잘 알고 있다.

하지만 나의 언론계 퇴출을 둘러싸고 일어난 일들은 출신 지역을 깡그리 무시하고서는 결코 설명할 길이 없다는 것을 깨달았다. 이 때문에 '거대 신문의 주필까지 해먹은 인간이 출신 지역을 팔며 생떼를 쓸거냐'는 비난을 들더라도 실제 있었던 일, 들었던 스토리를 그대로 엮어 나갈 수밖에 없다.

4장

보수 신문의
호남 출신
주필

박근혜 1호 사냥감은
사주였나
글쟁이였나

2016년 여름은 무척 더웠다. 기상청 공식 기록으로 섭씨 40도가 넘는 지역이 몇 곳 등장했다.

8월 8일, 고 방일영 〈조선일보〉 고문 추도식이 의정부 선산에서 점심 직전에 끝났다. 휴대폰을 체크하니 박수환의 회사와 집을 압수 수색하고 있다는 뉴스가 떠올랐다.

며칠 전부터 루머가 돌았다. 박수환이 나에게 아파트 한 채를 상납했다는 루머, 3억 5,000만 원을 뇌물로 주었다는 취지였다. 고가의 명품 브랜드 시계를 받고 전세기를 타고 유럽을 관광 여행했다는 내용도 있었다.

〈조선일보〉는 2주 전 우병우 의혹을 보도했고, 청와대는 그냥 넘어가지 않겠다고 공개 선언했다. 며칠 동안 〈조선일보〉 사주와 편집국장, 사회부장과 관련된 루머가 횡행하더니, 하루이틀 전부터는 나와 박수환을 연결시키는 루머가 들리기 시작했다.

칼을 뽑으면 무자비한 파멸의 터미네이터가 되는 박근혜 정권의 행태를 여러 번 지켜보았다. 박근혜가 직접 뽑았던 채동욱은 야당과 가깝다고 눈 밖에 내쳐지더니 혼외자 소동 끝에 검찰총장직에서 잘려 나갔다. 정윤회 문건 보도로 세계일보 사장이 날아갔다. 〈산케이신문〉 지국장은 작은 오보 하나로 재판정에 끌려갔다. 박근혜의 칼에 스러진 얼굴들이 스쳐 지나갔다.

루머 시장에는 재벌의 대관(對官) 업무 담당자, 청와대 민정수석실 공무원, 국정원 요원, 검찰 수사관, 정보 경찰 등이 참여한다. 이들은 정기적으로 만나 각자 가져온 정보를 교환한다. 자기 조직에 유리한 여론 형성을 노리는 정보·권력기관이 당사자 반응을 떠보려는 허위 정보, 뚜렷한 목적을 내포한 변질된 정보를 일부러 흘리기도 한다. 재벌은 경쟁사를 헐뜯는 정보를 퍼뜨리는 일이 잦고, 수사기관은 기획 수사의 단초가 될 만한 정보를 수집한다.

루머는 맨땅에서 솟아나지 않는다. 누군가 의도를 갖고 살포하는 일이 많다. 지하 정보 시장에 참여하는 인사가 전화를 걸어왔다. 그는 미묘한 사안을 말하는 경우 언제나 공중전화로 연락한다. 이날도 낯선 전화번호가 떴다.

"요즘 〈조선일보〉와 형님에 관한 루머가 늘었죠? 그거 다 청와대, 아니면 국정원이 갖고 옵니다."

그는 청와대 쪽 행정관의 실명까지 알려주었다. 루머는 기자 생활 내내 따라붙었던 귀찮은 양념이다. 시달리다 보면 '지라시에도 오를 만한 사람이 오른다'고 위안 삼을 수밖에 없다.

그러나 이번만은 청와대가 작정하고 덤빈다는 느낌이 확 다가왔다. 나를 헐뜯는 루머가 갑자기 대량 살포되고 있었다. 때마침 친박 취재원이 연락해왔다.

"선배님, 조심하십시오. 할매가 화를 내셨답니다."

할매는 측근들이 박근혜를 부르는 별칭이다. 도쿄 특파원 시절 규슈에서 활화산이 터지기 전날 화산 구덩이 안에서 찍은 영상을 보았다. 규슈대학 연구팀은 폭발 하루 전 고성능 방염복으로 중무장하고 화산 구덩이 안에서 카메라를 돌렸다. 쉴 새 없이 검은색, 회색, 흰색 연기가 피어올랐다. 구덩이 안에서는 거무튀튀한 용암이 부글부글 끓고 있었다. 용암이 튀며 연신 폭발음을 냈다. 화산은 바로 다음 날 크고 높게 폭발해 수십 명의 희생자가 발생했다.

뉴스컴 압수 수색 얘기를 들으며 웬일인지 아소산 폭발 전날의 영상이 떠올랐다.

'곧 터질 모양이군! 화산재를 뒤집어써야 하나? 거대한 암석까지 덮치나? 〈조선일보〉 전체에 용암이 덮칠까? 아니면 경영진에게? 그것도 아니면 글쟁이에게?'

그동안 끓는 용암을 관찰하는 데 머물러 있었다. 우병우 의혹이라는 작은 용암을 보느라 곧 터질 대폭발을 상상하지 못했다. 이제야 대폭발 전야라는 기분이 들었다.

'이건 피할 수 없어. 막을 수도 없고. 피를 흘릴 수밖에 없어!'

와이셔츠에 땀이 배어 올랐다. 피폭 범위는 알 수 없었다.

김대중 대통령은 〈조선일보〉, 〈동아일보〉, 〈중앙일보〉를 세무사찰하고 수백억 원씩 세금을 추징했다. 세 신문의 사주를 모두 구속했다. 글쟁이 가운데 김대중 〈조선일보〉 주필이 월급을 가불해 쓴 것을 꼬투리 잡아 수사하며 검찰이 소환 소동을 벌였지만 거기까지였다. 노태우, 김영삼, 노무현, 이명박도 제각각 세무조사로 사주에게 압력을 넣었다.

그렇다면 박근혜는 누구를 노릴까. 신문사인가, 사주인가, 기자인가. 아니면 신문사와 사주 양쪽인가. 1975년 박정희 독재 정권의 유신체제 아래서 기자들의 언론 자유 투쟁으로 권력과 언론이 정면 출동했을 때는 〈조선일보〉에서 기자 32명이 회사에서 쫓겨났다. 1980년 전두환이 대권을 노리며 언론계 숙청 작업에 돌입했을 때도 동료 선후배 기자 14명이 억울하게 회사를 떠나야 했다. 반면 2001년 김대중 정권이 조선-동아-중앙일보를 동시에 세무사찰하고 검찰에 고발했을 때는 3개 대형 신문사 사주가 구속됐다.

권력이란 언론과 정면 출동하면 결코 물러서지 않는다. 밀리면 권력 추락의 쓴맛을 내내 감당해야 하는 굴욕을 겪어야 하기 때문이다. 한번 전면전에 진입하면 사주든, 기자든 칼로 베어내는 것이 권력의 생리다.

박근혜 청와대의 시각은 〈조선일보〉와 좌파 세력이 손잡고 대통령 흔들기에 나섰다는 것이었다. 그렇다면 신문사와 사주를 1번 타깃으로 설정하는 게 상식이다. 그러나 무슨 곡절인지 호남 출신 주필을 과녁으로 삼는 기류가 형성되고 있었다.

'왜 나인가?'

1호 사냥감이 되어야 하는 이유가 궁금했다. 주로 경제 이슈로 글을 썼던 나는 박근혜와 각을 세워 싸운 적이 없었다. 재벌 총수의 탐욕을 비판하는 칼럼을 쓴다는 평가를 드물게 듣는 정도였다. 박근혜 정권이 극단 보수 노선으로 흘러간다고 경계하고 있었지만 궤도 이탈을 노골적으로 비난하지는 않았다. 1호 타깃이라는 낙인이 더운 여름을 더 무덥게 만들었다.

'이대로
죽는 길밖에 없다'는
각오

뉴스컴 압수 수색 직후 서울중앙지검 고위 간부가 내사 정보를 〈조선일보〉와 TV조선 간부에게 동시에 전달했다. 내 귀에 들어가라고 일부러 흘리는 듯했다. 전세기를 타고 유럽에 여행을 갔다는 내용이었다. 고가의 시계를 뇌물로 받았다는 언질도 주었다.

'우리가 당신을 노리고 있어!'

검찰 통보는 그것이었다. 곧이어 청와대 방침이 배달됐다.

'청와대가 주필을 어떻게든 포토라인에 세운답니다.'

'어떻게든'이라는 단어에는 피의자로 수사하겠다는 의지가 담겼다. 권력의 통보는 〈동아일보〉와 〈중앙일보〉, 〈매일경제〉 간부들을 통해 〈조선일보〉에 전달됐다. 나를 잡겠다는 시나리오가 명백해졌다. 권력자가 어떤 방식으로 사냥감을 공략하는지는 40년 가까이 지켜보았다.

선택의 갈림길에 섰음이 확실했다. 세 가지 카드가 떠올랐다. 권력과 정면 대결할 것인가, 혼자 싸우다 죽을 것인가, 아니면 권력과 막후에서 타협할 것인가.

타협책이 먼저 탈락했다. 박근혜 정권과 타협하고 싶은 마음이 미세먼지만큼도 생기지 않았다. 터놓고 대화할 마땅한 인맥마저 없었다.

청와대는 음모론, 기획 폭로설을 굳게 믿고 있었다. 〈조선일보〉와 사주에게 어떤 메시지를 전달하려는 의도가 분명했다. 타협책을 제시한다 해도 칼을 거둬들일 확률은 제로였다.

청와대와 타협한다면 그건 조직 대 조직 간의 거래뿐이다. 언론과 권력이 충돌하면 항상 조직 간 막후 대화를 통해 실마리를 풀었던 게 아닌가. 막후 교섭에 나서야 할 당사자가 적어도 내가 아니라는 점은 확실했다.

권력에 결사 항전하는 방안도 쉽게 탈락했다. 주필이 항전을 선언하면 청와대와 〈조선일보〉 간에 전면전이 발발할까. 스스로에게 되물었다. 권력의 공격 대상이 사주라면 충성심을 과시하며 주전론을 펴는 기자들이 적지 않을 것이다. 하지만 주필 한 명을 구하려고 신문사가 나설 리 없다.

정권은 칼럼이나 사설 논조를 들먹이지 않고 개인 비리를 공격하고 있지 않은가. 개인 비리가 문제가 될 경우 회사나 기자들이 나서서 권력과 싸운 전례가 없다. 비리 의혹을 '언론인 탄압' '언론 자유 말살'이라며 감싸줄 리 만무하다. 비리 의혹은 〈조선일보〉라는 100년 전통의 조직과는 아무 상관 없는 '개인의 일탈'이라고 낙인찍을 수밖에 없다. 조직이란 위기가 닥치면 사원 한 명을 구하려고 피투성이 전쟁을 치르려 하지 않고 기꺼이 버리는 카드로 포기해버린다. 다수를 살려야 한다는 명분이 조직의 생리적 기반이다. 전면전에는 회사 내에서 반대 여론이 비등할 게 뻔했다. 진영 간 싸움으로 조직의 피로감이 쌓여 있지 않은가. '날 구해 달라'고 비명을 지른다고 해도 후배들이 진지하게 들어줄 리 만무했다.

이대로 죽는 길밖에 없다는 결론을 내렸다. 개인 블로그, 소셜 미디어를 통해 홀로 싸움터에 나선들 권력자가 동원하는 자원과 결코 대적할 수 없다는 사실이 분명했다. 핵무기에 장난감 권총으로 맞서는 격이다.

회사와 사장, 편집국장, 보도본부장을 향하던 권력의 독화살은 방향을 바꿔 어느덧 나에게 쏟아지고 있었다.

'나부터 시작하는 것인가? 아니면 나 혼자만인가?'

주필만을 노리는지 일단 주필부터 손보겠다는 것인지는 알 수 없었다.

8월 12일, 주말이었다. 외로움이 밀려왔다. 기자 생활을 어떻게 정리해야 할지 가상 각본을 짰다. 시나리오는 수시로 변덕을 부렸으나 사퇴 결심은 분명했다. 청와대가 우병우보다는 미르재단 의혹 제기에 훨씬 신경질적이라는 분위기가 전해졌다.

'가족에게는 뭐라고 설명하지?'

'변호사는 누구로 할까.'

'책장의 많은 책은 어떡하지?'

스케줄 취소부터 사무실 비우기, 사표 제출, 검찰 수사와 구속 후 감방 생활, 재판까지… 대비해야 할 일을 메모지에 적었다.

'다음 주부터 하나하나 정리하자.'

행동 지침을 결정하자 마음이 차분해졌다. 〈조선일보〉의 우병우 의혹 속보는 침묵의 바다로 가라앉았다. 반면 TV조선의 미르재단 폭로는 조금씩 이어지고 있었다.

'청와대가 뒤로 물러설 리 없다.'

TV조선은 최고 권력자가 가장 감춰두고 싶은 최순실을 추적하고 있지 않은가. 일요일인 14일에도 출근했다. 글쟁이로서 우병우 사설을 챙기며 쓴소리 한마디 남기고 싶었다. 개각설이 나돌고 있었다. 다음 날 신문에 '우병우 수석 그대로 두고 개각하면 누가 납득하겠나'라는 사설을 내보냈다. 교체를 촉구하는 내용이었다. 장관 열 사람 바꾸는 것보다 우병우 한 사람 바꾸는 것이 낫다는 시중 여론을 덧붙였다.

미르재단 감추기에 골몰하던 박근혜의 귀에 〈조선일보〉의 쓴소리가 들릴 리 없었다. 그는 이틀 뒤 우병우를 유임시켰다. 우병우 유임은 〈조선일보〉에 총공세를 펴겠다는 선언으로 읽혀졌다. 검찰 수사력, 국정원의 사생활 정보 자산을 최대한 활용, 〈조선일보〉와 TV조선을 굴복시키겠다는 통보였다. 행동 대장에 우병우를 지명한 꼴이었다.

우병우 유임이 확정되자 나는 논설위원실 회의에서 "당분간 사설 회의를 논설주간에게 맡긴다."라고 공개 선언했다. 당분간이라고 했지만 실은 주필 임무를 포기한다는 말이었다.

경영진과 상의하면 '좀 더 지켜보자.'며 결론을 유보할 게 뻔하다. 논설실 동료들에게 의견을 물으면 사무적인 위로 이외에 정답이 나올 수 없다.

'이럴 때일수록 단순하게, 그리고 명쾌하게 행동하는 것이 낫다.'

그런 결론을 내리고 사설 제작에서 손을 뗐다. 이어 박근혜 정권 사람들과 약속을 정리했다. 경제부총리의 식사 자리에는 동료들만 보냈다. 다음 날 후배 기자 몇 명을 차례로 방에 불렀다.

"책꽂이에 있는 책 중에서 욕심나는 것이 있으면 아무것이나 챙겨 가라."

의아한 반응을 보였으나 원서를 뽑아 가는 후배가 몇 명 있었다. 책장에 이어 서랍을 비우기 시작했다. 검찰이 공개 수사하기까지는 시간이 남았다.

사무실을 정리하니 마음이 가벼워졌다.

'어차피 곧 정년인데 뭐! 몇 년 빨리 그만둔다고 인생이 크게 뒤틀릴 게 있겠나.'

내심 대선을 1년 앞둔 2016년 연말엔 주필 자리에서 물러나겠다고 표명할 작정이었다. 호남 출신, 경제 기자 출신 주필이 2017년 대선까지 치르는 것은 온당치 않다고 판단했다. 지역 대결로 가기 일쑤인 대선 국면에서 보수 신문의 호남 주필은 지저분한 구설수에 휘말리기 십상이다. 편집국장을 맡고 있을 때도 대선 1년 전 국장직에서 자진해 물러났다.

사퇴 시점이 몇 달 앞당겨졌을 뿐이라고 생각했다. 그렇게 스스로를 위로하며 그 뒤에 외로움과 쓸쓸함을 숨겼다.

우병우 유임은
무차별 총공격
발사 신호

우병우 유임 후 청와대는 총공세를 전개했다. 그동안 지라시나 인터넷 매체를 통해 에둘러 치던 공세를 당사자를 직접 폭격하는 방식으로 전환했다. 우병우 유임은 지하에서 두더지처럼 공격하던 방법을 하이에나 떼의 지상전으로 전환하는 신호탄이었다.

청와대의 폭격 지점은 세 군데로 지정됐다. 첫 번째 폭탄은 이석수 특별감찰관에게 투하됐다. 감찰 내용을 누설했다고 MBC를 통해 공격하더니, 보수 단체를 통해 검찰에 이석수를 고발하는 조치를 취했다. 김성우 홍보수석은 기자회견에서 이석수를 맹비난했다.

두 번째 폭탄은 우병우 의혹을 처음 보도한 〈조선일보〉 이명진 차장에게 떨어졌다. 검찰은 이명진이 출근하기 직전 집으로 밀고 들어가 압수 수색을 했다. 훔친 〈조선일보〉 취재 메모를 보도한 MBC는 수사하지 않은 채 이명진만 닦달했다. MBC는 통신 정보를 통째 절취한 것으로 의심되는 일을 저지르고도 검찰 수사를 받지 않았다.

가장 공을 들인 세 번째 폭탄이 나를 겨냥했다. 검찰은 우병우가 유임되던 8월 16일 그날부터 나와 가족의 금융 계좌를 본격 추적했다. 아버지와 형제도 대상이었다. 금융 계좌 추적은 12월 2일까지 3개월 넘게 지속됐다. 장기간에 걸친 광범위한 추적이었다. 그날부터 집에 배달된 검찰의 금융기관 계좌 추적 통보는 무려 104매에 달했다. 부모 형제들까지 포함하면 120여 매에 이르렀다. 그렇게 많은 통장이 있을 턱이 없다. 오래전 폐쇄한 계좌까지 다 뒤졌다는 말이었다.

여론 조작은 공개적으로 이루어졌다. 21일에는 '청와대 관계자' 이름으로 부패 기득권과 좌파 세력의 합작품이라는 시각을 연합뉴스를 통해 전국에 뿌렸다.

다음 날 〈동아일보〉에는 '대우조선 비리 연루 홍보사(뉴스컴), 검·언론계 인맥 과시하며 영업' 기사가 실렸다. 〈동아일보〉는 나를 '유력 일간지 고위 간부 S씨'라고 표현하고 "뉴스컴이 유력 언론사 고위층과의 친분을 과시해

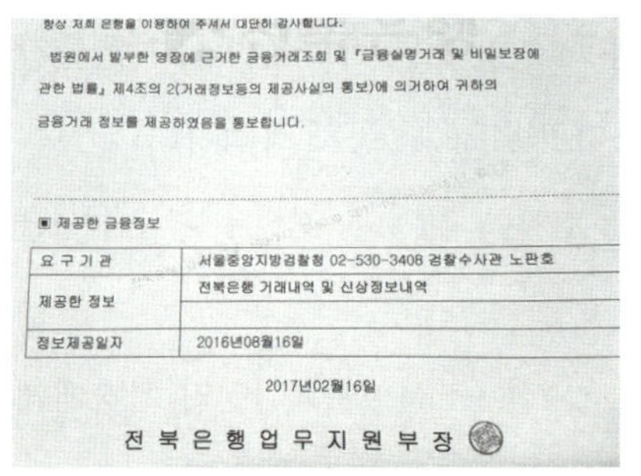
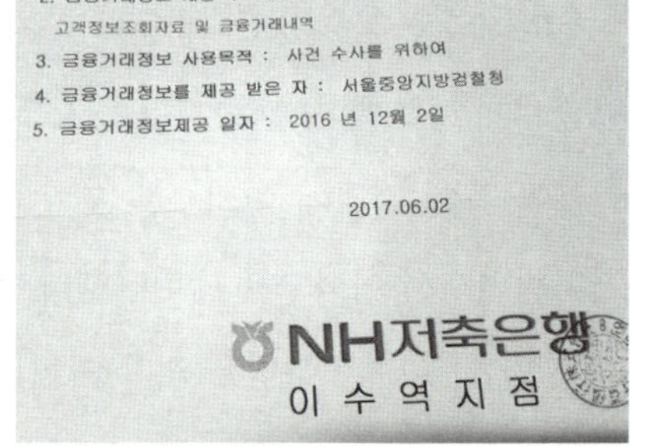

전북은행이 2016년 8월 16일 우리 가족의 금융 계좌 정보를 검찰에 처음 제공했음을 통보한 서류. 검찰은 그해 8월 말 공식 수사에 들어갔다고 했으나 사실은 우병우 유임이 확정된 8월 16일부터 계좌 추적에 들어갔다. 오른쪽 사진은 NH저축은행이 통보한 12월 2일 자 계좌 정보 제공 기록.

일부 기업은 홍보업체를 다른 곳으로 바꾸려다 '보복'을 당할까 봐 두려워 뉴스커뮤니케이션즈에 일감을 주기도 했다고 말했다."라고 보도했다.

〈한국일보〉는 민유성 KDB 은행장과 남상태, 박수환 간의 3각 커넥션을 조사한다는 기사에 "검찰은 이들 3인과 유력 언론인 A씨가 오랜 친분을 유지해 왔다는 첩보도 입수, 구체적인 단서가 확보될 경우 A씨에 대해서도 수사하는 방안을 검토하고 있는 것으로 전해졌다."라고 한 줄을 보탰다. 25일 〈세계일보〉는 뉴스컴 성장에는 "유력 언론사 고위 간부인 S씨 등의 도움도 컸다."라고 보도했다.

기사 소스는 주로 검찰 쪽이었다. 나중에 보니 내사 자료, 수사 보고서, 압수 수색으로 확보된 자료를 뿌리고 있었다. 친청와대 인터넷 매체 〈미디어펜〉은 25일 자 기사에서 "실은 유력 언론사 간부 S씨 의혹이 흘러나온 지 몇 달이 넘었다."면서 "구체적인 금품 수수 품목도 드러나고 있다. 수천만 원대의 명품 가방과 시계 외에 제법 큰 규모의 현금도 포함된다."라고 썼다. 의혹이 몇 달이 넘었다는 표현에서 검찰 내사가 TV조선의 미르재단 보도나 〈조선일보〉의 우병우 의혹 보도 이전부터 진행됐음을 암시했다.

검찰은 강제수사에 돌입하는 전형적 통로를 개설하고 있었다. 검찰은 수사할 표적을 고르면 진위 여부를 불문하고 내사 자료를 흘린다. 기사를 크게 다뤄줄 언론사를 고르는 능력은 검사의 수사 능력을 평가받는 주요 지표 가운데 하나다. 언론이 흘린 정보를 보도하면 수사는 필연 코스로 잡힌다. 언론에서 의혹을 제기했으니 수사하지 않을 수 없다는 논리가 완성된다. 곧이어 검찰은 출국금지를 단행하고 압수수색영장을 신청한다. 이 과정은 덧셈 뺄셈처럼 지극히 단순한 강제수사 공식이다. 그들이 스캔들을 만들고 확대 재생산하는 방식은 늘 그랬다.

다른 언론들은 권력의 토벌 작전에 기꺼이 도우미 사냥개로 나서고 있었다. 나는 망연자실하거나 절망하지 않았다. 언론의 평상시 행태로 볼 때 그럴 줄 알았다. '이럴 수 있느냐'며 동업자를 섭섭해하는 것은 부질없는 짓이다.

국회의원들은 종종 기자에게 농담한다.

"기자만 없으면 국회의원도 해 먹을 만하다."

민주주의는 언론 자유를 영양분으로 삼아 성장했다. 국회는 언론 자유를 기반으로 움직이는 국가 운영 시스템의 골격이다. 이 때문에 국회의원은 입법 과정, 발언 과정에서 자신이 언론에 어떻게 반영될지 노심초사한다.

기자의 국회 취재는 유권자를 대신하는 입법 감시 활동의 일환이다. 국회 움직임을 기자가 취재해 전달하기 때문에 야심 있는 국회의원은 기자와의 관계를 예민하게 의식한다. '기자만 없으면'이라는 농담에는 부정적인 기사를 피하고 싶다는 뜻과 함께 웬만하면 기자와는 다투고 싶지 않다는 바람이 담겨 있다. 그런 농담을 들으면 기자는 "부장만 없으면 기자도 해 먹을 만하다."라고 받아주며 웃고 만다.

기자와 국회의원은 대의민주주의를 함께 떠받치고 있다는 막연한 동지 의식을 갖고 있다. 대중 여론을 의식해야 한다는 직업적 본능과 더 나은 사회를 지향하는 목표 의식이 두 직업인 사이를 연결시키고 있다. 이 때문에 국회의원은 고의적 오보나 일부러 비틀어 쓴 기사가 아니면 언론사나 기자의 실명을 지목해 공격하지 않는다.

김진태*는 여러 측면에서 예외적 국회의원이었다. 2012년 대선 때 인터넷 댓글 작업을 전개한 국정원 댓글 공작에 대해 "국정원 여직원의 선거 개입은 사실무근으로 밝혀졌다."면서 "야당에 의한 (여성 공무원) 인권유린 사건"이라고 규정했다. 국가 정보기관의 불법 활동을 두둔한 것으로 들렸다. 채동욱 검찰총장이 혼외자 문제로 퇴출되던 무렵에는 국회에서 채동욱과 모 여성 정치인의 부적절한 관계에 관한 루머를 질의했다. 박근혜 정권에 찍힌 검찰총장을 권력 편에서 비방하는 발언으로 해석되기도 했다.

한때는 세월호 유가족과 5·18 민주화운동 유가족에게 커다란 상처를 남기는 발언을 했다. 국회에서 막말 파동 등으로 국회윤리특별위원회에 최소한 5번 회부됐다. 그러면서 박근혜 입장을 대변하거나 옹호하는 발언을 멈추지 않았다.

김진태와 박근혜의 인연은 특별하다. "19대(국회)에서는 박근혜 대통령 덕을 봐서 당선됐다고 생각한다."면서 "고마움을 잊을 수 없다."라고 했다. 2013년 박근혜가 서유럽을 순방할 때는 특별수행원으로 발탁됐다.

김진태의 박근혜 옹호는 탄핵 정국까지 지속됐다. 국정농단 언론 보도로

---

* 현재 강원도지사. 춘천 출신 국민의힘(전 미래통합당)의 전직 2선 의원. 성수고–서울대 법대 졸업. 검사로 임관, 원주지청장 역임. 2020년 21대 총선에서 낙선했다. 강원도지사에 취임 후 산하 레고랜드의 부채를 못 갚겠다고 돌출 선언, 심각한 자금 시장의 경색을 초래하는 소동을 일으킨 장본인이다.

촛불 시위가 한창일 때 "촛불은 바람이 훅 불면 꺼진다." "민심은 언제든 변한다."라고 했다. 박근혜를 맹목 지지하는 태극기 부대의 시위가 일어나자 "촛불은 이미 태극기 바람에 꺼졌다."라고 단정했다. 그는 2017년 대선 출마 선언을 하면서 "탄핵으로 인한 상처를 어루만지고 대통령(박근혜)을 지켜 드리겠다."라고 했다.

태극기 부대 진영에서는 그를 감자가 많이 생산되는 강원도 출신이라는 점을 들어 '애국 감자'라고 불렀다. 그의 원적지는 경북(TK)이라고 들었다. 태극기 세력의 김진태 숭배는 지극했다. 일부 태극기 세력은 한동안 '진태령(진짜 태극기 부대 집단의 대통령이라는 뜻인 듯)'이라고 떠받들었다. 그를 보수 진영의 미래를 상징하는 아이콘으로 포장하는 글까지 등장했다.

신문들은 그에게 '친박 돌격대' '청와대 호위무사'라는 별명을 붙였다. '원조 친박' '친박 핵심'이 아니라 친박 돌격대라고 부르는 이유는 그만큼 발언과 행동이 거칠었기 때문이리라.

8월 26일, 김진태가 국회에서 기자회견을 열었다.

"유력 언론사 논설주간이 박수환 뉴스컴 대표와 대우조선해양이 마련한 호화 전세기를 타고 유럽 곳곳을 다녔다. 박 대표와 유력 언론인의 호화 전세기와 관련한 풍문이 많이 돌아 알아보니 마침 대우조선해양이 자체 감사 보고서를 산업은행에 보고한 것이 있어 은행 측에 요청해 자료를 받았다. 워크아웃 상태인 대우조선해양 CEO(최고 경영자)가 민간인을 데리고 초호화 전세기를 타고 유럽 곳곳을 다닌 것이다."

김진태는 이어 "해당 언론사는 출장 전후로 '대우조선은 총수 없이도 세계적 회사로 성장했다.' '글로벌 회사로 성장하면 경제 발전에 공헌하니 공적 자금 회수 등 문제점만 확대해 볼 일이 아니다.'라는 아주 우호적 사설을 게재했다."라고 주장했다.

그는 국회에서 전세기 사진, 탑승자 기록 등 구체적 자료를 기자들에게 뿌렸다. 거기서 멈추지 않았다. 사건의 성격을 규정하며 수사를 촉구했다. 그는 "이 사건은 박수환 게이트로 번져나갈 조짐을 보이고 있다."며 "박수환 대표와 부패 고리를 찾아내 철저하게 수사해주기를 바란다."라고 했다.

김진태가 궁지에 몰린 박근혜의 총대, 우병우의 총대를 메고 나선 것으로 보였다. 박근혜가 지정한 저격수인지, 우병우가 지정한 저격수인지는 알 수 없었다.

그는 폭로 자료 출처가 대우조선이 산업은행에 보고한 감사 보고서인 것처럼 말했지만 믿을 수 없었다. 대우조선이나 산업은행이 만든 자료라면 '그 당시 워크아웃* 상태였다.'고 했을 리 없었다. 사장이 11차례나 전세기로 해외 출장을 다닐 만큼 대우조선은 창사 이래 최고 호황을 누리고 있었다. 회사 사정을 누구보다 잘 아는 산업은행이나 대우조선이 그런 엉터리 자료를 제공할 턱이 없다.

5개월 후 검찰이 법원에 제출한 증거자료가 정답을 알려주었다. 김진태 폭로에 등장한 자료는 검찰 수사 기록과 100퍼센트 일치했다.

검찰은 8월 1일 대우조선 런던 지사장을 불러 그리스, 이탈리아 출장과 관련된 진술서를 받았다. 여기에는 대우조선이 작성한 감사 보고서가 첨부돼 있다. 김진태 폭로 25일 전이었다.

이어 8월 12일에는 남상태 일행이 이용한 전세기 관련 상세 자료와 사진

---

* 워크아웃(Workout)은 경영파탄에 빠진 부실기업이 채권단과 협의해 자산 매각, 인력 감축, 채무 상환 조정 등을 통해 회생을 도모하는 과정을 말한다.

을 모두 확보했다는 수사 보고서가 작성됐다. 17일에는 전세기, 요트 이용에 들어간 비용을 계산한 자료가 검찰청에서 완성됐다. 호텔, 골프장, 요트, 전세기 사진을 비롯해 각종 이용 계약서와 영수증을 모두 검찰이 확보하고 있었다.

김진태 기자회견 9일 전 폭로에 등장한 자료의 준비는 검찰 내부에서 완벽하게 끝나 있었다. 수사 보고서가 이를 보여주고 있었다.

수사 자료가 검찰에서 김진태에게 직접 건너갔는지, 아니면 청와대를 통해 전해졌는지는 알 수 없다. 제3자가 배달했는지도 모른다. 다만 김진태 폭로 회견에서 나온 자료가 검찰의 수사 자료와 그대로 겹치는 것만은 틀림없다.

김진태 폭로로 박근혜 일파의 송희영 공격은 공식화됐다. 〈조선일보〉 주필이 1호 사냥감이라고 공개 선언한 셈이었다. '대통령 흔들기' 음모를 꾸민 것으로 추정되는 글쟁이를 상대로 대형 폭탄 하나를 떨어뜨린 것이다. 저격수는 현역 의원이었다.

나는 김진태와 아무런 친분이 없었다. 우연히 옷깃을 스친 인연조차 없다. TV조선에 자주 등장하던 그를 화면에서 얼핏 바라본 기억밖에 없었다.

그가 저능아가 아닌 한 보수 정당의 국회의원이 보수 언론사 주필을 공격하는 행동이 어떤 결과를 초래할지 고민해보지 않았을 리 만무하다. 아무리 무데뽀 인간이라고 해도 파장이 어디로 튈지 상상해봤을 것이다. 하지만 위험과 부작용을 무릅쓰고 그는 공격을 감행했다. 그 배경이 궁금했다.

그는 당시 선거법 위반 혐의로 선거관리위원회의 고발을 당해 검찰 기소로 재판을 받고 있었다. 국회의원 자리를 위협받고 있었다. 그게 아니라면 청와대 총대를 메지 않으면 안 되는 다른 고민이 있었는지 모른다. 단지 박근혜와 정치적 인연 플러스 우병우와의 검찰 인연이 작용했는지도 모른다. 여러 요인들이 그를 폭로 기자회견장으로 끌고 갔을 수도 있다.

그보다는 무한 권력을 추종하려는 권력욕이 마음속에 가득 있었는지 모른다. 김진태의 탐욕스런 권력 추종 솜씨는 태양을 쫓는 해바라기처럼 윤석열 정권에서도 드러났다. 2023년 지방선거 때 영부인 김건희, 정치브로커 명태균과 접촉해 강원도 도지사 후보로 공천을 받는 묘기를 보였다. 5·18 광주민주화 운동에 북한군이 개입했다는 망발로 공천 자격을 이미 박탈당했건만 신흥 권력의 지원을 받아 역전 승리를 이뤘다. 놀라운 적응력이었다.

청와대는 김진태 폭로를 통해 〈조선일보〉에 부패 언론이라는 낙인을 찍고 정권의 무능과 부패 이미지를 덮으려고 했다. 부패한 언론 권력이 착한 정권을 탄압한다는 구도로 국면을 전환하려고 했다. 썩어빠진 언론이 깨끗한 대통령을 괴롭힌다는 프레임이 만들어지길 기대했을 것이다. 그 프레임 뒤에 박근혜의 미르재단 비리, 최순실 비리를 감출 수 있다고 계산했을 것이다.

나는 김진태 기자회견을 인터넷 속보를 보고 알았다.

'드디어 공폭을 개시하는구먼!'

다시 한번 마음을 가라앉혔다. 예상했던 공격이었다. 피할 수 없는 싸움이었다.

권력과의 전면전에서 개인은 결코 이길 수 없다. 반항한다고 해서 달려와줄 지원군은 없다. 해명한다고 진지하게 들어줄 사람도 없다.

경제과학부에서 함께 일했던 후배 강경희(현재 편집국장)가 주필실에 찾아와 눈물을 찔끔거렸다. 그의 마음이 가슴에 스며들었다. 동료 글쟁이로서 나는 언제나 그의 편이었다.

"공개 해명하지 않으면 허위 폭로를 인정하는 결과를 빚고 맙니다. 정면에서 싸워야 합니다." 주전파 후배 몇 명이 전화를 걸어오기도 했다. 헤픈 감정을 드러내지 말자고 스스로를 다독였다. 벼랑 끝으로 몰리는 처지에서 감상적 언행은 추하다. 진실은 언젠가 밝혀질 것이라는 막연한 희망조차 갖고 싶지 않았다.

저녁에는 마지막으로 편집국의 간부 회의에 참석, 시중 루머와 다른 신문의 추측 보도를 해명했다. 억대 현찰 수수설, 아파트 수수설이나 김진태의 폭로는 사실이 아니라고 밝혔다.

후배들에게 팩트를 밝혀두고 싶었다. 어차피 수사를 받게 돼 있었고 재판은 필수 코스였다. 거짓으로 해명을 해봤자 잘못이 있으면 드러날 수밖에 없다. 잠시 거짓말로 둘러대며 위기를 모면하려고 했다가는 후배들에게 역겨운 배신감을 남길 뿐이다.

2주 전부터 사표 결심을 굳히고 사무실 정리를 시작했던 터라 주저하지 않았다. 기업 지원을 받아 해외 출장을 갔다는 사실 하나만으로 기자 인생을 마감해야 할 충분한 결격 조건을 갖추었다. 많은 공인들은 나처럼 외국 여행 특혜를 받았거나 위장 전입, 탈세, 논문 표절이 드러나도 '국민 눈높이에 모자랐다' '죄송하다'고 얼버무리며 어물쩍 넘어가곤 하지만, 공인의 처신이 그래서는 안 된다고 생각해왔다. 남들이 부러워하는 자리를 포기한 뒤 냉각 기간을 가져야 한다고 믿었다. 이런 생각이 확고했기에 자퇴 과정은 미련 제로, 회한 제로 상태였다.

'전세기로
호화판 여행 즐긴
악덕 기자'

김진태 폭로로 나는 대한민국 대표 악덕 기자가 되었다.

"유럽 여행길에 항공기 1등석을 이용하고 전세기 동원도 모자라 요트까지 즐겼다니…."

기자가 부패할 만큼 부패했다는 증거 사례가 됐고, 언론 권력을 휘두른 상징이 됐다. 권력이 쏟아낸 비방에 경망스럽게 대응하면 몇천 배 많은 반격의 총알이 쏟아질 판이었다. 버티는 수밖에 없었다. 누구를 탓하기보다 기자 인생을 돌아보는 기회를 가졌다.

김진태가 제기한 의혹은 재판 과정에서 해명됐다. 8박 9일 동안 나는 고재호 대우조선 부사장, 박수환 대표와 함께 베네치아·로마·나폴리·폼페이·산토리니·아테네를 여행했다. 비용은 초청자인 대우조선이 전액 부담했다. 박수환은 대부분 자비 출장이라고 들었다.

이탈리아·그리스를 찾게 된 계기는 2010년부터 번지고 있던 유럽의 재정·금융 위기였다. 2011년 여름에는 그리스가 EU에서 탈퇴하느냐 마느냐는 논란이 한창이었다. 뉴욕에서 터진 글로벌 금융 위기가 유럽으로 번지던 국면이었다. 글로벌 경제가 위기를 맞고 있다는 위기감이 가득했다.

고재호는 "경제 칼럼을 쓰는 기자가 현장에 가봐야 제대로 쓸 수 있다."라고 했다. 가까운 친구인 그는 그리스에 선박을 수출한 실적이 100억 달러에 달하고 그리스를 100번 이상 찾을 만큼 그리스 전문가였다. 고재호는 "그리스는 절대 망하지 않는다."라며 그리스의 저력을 옹호했고, 본인도 현지 시찰하며 나의 의견을 듣고 싶다고 했다. 회사 경영 실적이 최고조이므로 현장 시찰 기회를 주겠다고 제안했다. 그해 영업이익이 1조 원에 육박, 창사 이래 최고 호황기를 맞았다. 김진태 말처럼 경영 부실로 워크아웃 상태가 아니라 회사 금고에 윤기가 흐르고 있었다. 경영이 나빠진 것은 박근혜 정권이 들어선 이후였다.

초청자는 출장 일정을 몇 차례 조정했다. 출장 코스도 몇 번 바뀌었다. 다른 언론인도 초청 대상이었으나 종편을 준비 중이라 바쁘다는 이유로 비행 티켓을 끊기 전에 빠졌다. 남상태 사장의 일정 때문에 바뀐다는 말을 들었으나 나는 "모든 것을 알아서 하시라."며 처음부터 일임했다. 초청받은 쪽에서 이런저런 잔소리를 하면 거부감이 생기지 않겠는가. 팸 투어에 초청받은 기자는 기업이 준비한 스케줄과 교통편을 따르는 게 예의다.

전세기는 남상태가 끼어드는 바람에 타게 됐다. 그는 키프러스에서 대형 선박 수주 계약식을 맺기로 결정하고 나폴리에서 전세기를 빌려 나를 태운 뒤 중간에 떨어뜨려 놓고 떠났다.

경영인이 전세기를 빌리는 이유는 경제적 판단 때문이다. 전세기를 이용하면 편한 시간에 출발할 수 있는 데다 실무자들과 비행기 안에서 전략 회의를 할 수 있다. 남상태는 사장 재임 6년 동안 대형 계약을 체결하기 위해 11차례 전세기를 이용했다. 전세기는 계약된 기간 안에 정해진 코스를 돌면 몇 명이 더 편승하든 임대 비용이 같다. 대우조선은 이런 계산 아래 나를 전세기에 태웠을 것이다.

검찰은 공소장에 전세기 접대의 대가로 내가 몇 달 뒤 대우조선의 고졸 채용 정책을 칭찬하는 사설을 써주었다고 적었다. 하지만 그 사설은 내가 쓴 것이 아니었다. 나는 논설실 회의에 들어가지 못해 제작에 간여할 수도 없는 상황이었다. 한삼희 〈조선일보〉 수석 논설위원은 법정에 출두, 이를 분명하게 증언했다. 사설 제작에 아예 간여하지 않았으니 전세기 접대의 대가로 호의적 사설을 써주었다는 주장은 애당초 성립할 수 없었다. 검찰은 누가 사설을 썼는지, 사설 수정이나 집필에 내가 관여했는지 등 가장 기본적인 사실을 확인하지 않았다.

나는 회사를 이미 떠났고 회사는 나를 이미 손절한 상황이었다. 나 또는 누군가가 언론 자유를 외치며 철야 농성을 하지도 않았다. 그런데도 검찰은 집, 사무실, 핸드폰, 컴퓨터 등 어느 곳, 어떤 물건도 압수 수색을 하지 않았다. 대통령, 장관 수사도 압수 수색부터 하는 게 검찰 아닌가. 게다가 다른 논설위원들을 불러 진술을 듣지도 않았다.

검사들이 일부러 압수 수색을 하지 않을 것이라는 생각도 들었다. 사설 제작에 일체 간여하지 않았다는 것을 알고 있었을 것이라고 짐작한다. 사실을 확인했으면 기소할 수 없다는 것을 걱정했는지 모른다. 그래서인지 검찰은 사설을 '감수했다'고 애매하게 공소장에 적었으나, 감수라는 행위가 신문 제작 과정에서 어떤 작업을 말하는지 설명하지 않았다. 제대로 된 공소장이라면 사설을 직접 '썼다'거나 '쓰라고 지시했다' 또는 '쓰라고 말하는 것을 들었다'고 적어야 마땅했다. 이 부분이 1심, 2심 법원에서 줄곧 무죄 판결이 나오는 것은 당연했다.

그럼에도 파기환송심 재판부는 사설 제작에 일체 간여하지 않았다는 모든 증언을 묵살하고 검찰 요청대로 사설을 감수했다는 판결문을 썼다. 어처구니없는 묘사였고, 터무니없는 모함이었다.

요트 탑승과 관련된 논란도 재판에서 해명됐다. 남상태 사장은 회사에 요트 사업부를 설치, 요트를 수출 효자 상품으로 키우겠다는 의욕에 불타고 있었다. 요트 전용 철판을 개발하는 데 KAIST 연구진에 수백억 원을 투입했다.

"요트 수출은 부가가치가 매우 높습니다. 잠수함이나 함정 수주가 부진하면 요트로 그 공백을 메울 겁니다. 전략 품목으로 대량생산하면 쏠쏠하게 돈을 벌어줄 겁니다."

요트는 대우조선이 미래 먹거리로 준비 중인 전략 품목이었다. 거제도에 이탈리아에서 수입한 중형 요트를 배치하고 사내 요트 동호회를 지원했다. 그러나 요트는 호사 취미로 인식되는 게 한국의 현실이다. 대중의 반감을 부추기는 데 요트처럼 적합한 소재도 없다.

팸 투어가 언론계의 오랜 관행으로 굳어진 배경에는 언론사의 경영난이 있었다. 기자들의 해외 출장 비용을 감당하기 어려워 하는 언론사가 대다수였다. 이에 따라 1980년대에는 주로 청와대, 정부 부처들이 출입 기자단을 해외 시찰에 내보냈고, 1990년대 중반 이후 대기업의 해외 진출이 두드러지면서 홍보 목적으로 기자단을 끌고 나갔다.

나는 후배들의 팸 투어를 반대한 적이 결코 없었다. 외국에 나가보면 우리나라가 선진국이 되기 위해 어떻게 바뀌어야 하는지 느낄 것이라고 판단했다. 해외 현장 체험이야말로 기자들에게 세상을 보는 눈을 넓고 밝게 만들어 준다고 보았다.

때로는 글로벌 우량 기업을 찾아가 취재하고 기사를 쓰라고 강압했다. 그러다 취재 헬리콥터가 추락해 아끼는 후배가 사망할 뻔한 사고까지 겪었다. 대학 시절 운동권 근처를 어슬렁거리다가 "반도체는 돈도 많이 드는데 왜 투자하는지 모르겠다"는 식의 발언을 하는 후배는 더욱 외국에 보냈다. 현장 시찰이 기자들 의식 변화와 성장에 엄청난 효과를 발휘한다는 것을 알았다. 부장 시절에는 부원 전원을 6개월, 또는 1년 단기 해외 연수에 내보내는 계획을 밀어부쳤다.

그러면서도 정작 나 자신은 대기업 초청으로 해외 출장을 나간 적이 없다. 기업 외에도 해외 시찰에 초청한 재벌 총수가 네 명 있었지만 모두 사양했다. 경제 칼럼을 써온 입장에서 몇몇 대기업과 공공기관의 사외이사, 감사 제의도 즉석에서 거절해온 터였다.

재벌의 접대는 받고 싶지 않다는 자의식이 강했다.

가까운 술 친구가 유혹했을지라도 해외 시찰 초청을 거절했어야 옳았다. 평소 신조에도 맞지 않은 일탈이었다. 굳이 변명하자면 경제 칼럼을 쓰는 글쟁이로서 위기 현장을 가보고 싶은 욕망이 컸다. 큰 사건이 터지면 현장에 가보고 싶은 것은 기자의 직업적 본능이다. 2008년 금융 위기 때는 현장의 공기를 느껴보려고 휴가를 내고 개인 돈을 쓰며 월스트리트를 찾았던 적이 있었다.

현장의 숨결을 느껴보고 싶은 과욕이 문제를 키웠다. 친구의 제안을 고민 없이 수락한 것이 잘못이었다. 아는 기업인들은 "기업 돈으로 외국에 나간 대한민국 기자가 어디 한두 명이오. 국회위원들이나 공무원들은 어떻고?"라고 위로했지만 그걸로 비뚤어진 욕심을 가릴 수는 없다. 다른 사람들을 공범으로 끌어들이는 방식으로 나의 실수를 덮고 싶지 않았다.

〈아사히신문〉의 '흰 무지개'
필화 사건과
〈조선일보〉

중국인 사마천의 《사기열전》에서 가장 극적인 자객이 형가(荊軻)다. 위나라 출신이지만 위가 진나라에 합병되자 연나라의 충신이 됐다. 진나라가 이번에는 연나라를 침략해 합병하려 들자 진나라 왕을 암살할 자객으로 파견됐다.

그는 떠나기 전 연나라 중신들의 환송을 받으며 출정의 각오를 담은 노래를 읊었다. 그 유명한 출정 장면을 서술한 대목에 형가의 충성심에 하늘이 감복한 나머지 '하얀 무지개가 해를 꿰다〔白虹貫日(백홍관일)〕'는 표현이 나온다. 흰 무지개란 자객의 칼을 비유한 말이고, 해는 진나라 왕을 지목한 표현이다.

하얀 무지개도 희귀하지만 무지개가 해를 꿰는 일은 거의 일어나지 않는 자연현상이다. 이 때문에 흰 무지개가 해를 꿰뚫는다는 말은 큰 변란이나 역모가 일어나거나 일으킬 조짐이라는 비유다. 대형 재앙에 앞서 나타나는 불길한 징조, 결사 항전의 의지를 담은 표현으로 중국·한국·일본에서 오랜 세월 사용됐다. 항일 투사 윤봉길도 망명길을 떠나며 "장부가 집을 떠나면 살아서 돌아오지 않는다."라는 형가의 출정가 한 구절을 남겼다.

흰 무지개 필화 사건은 오사카에 본사를 두고 있던 〈아사히신문〉사에서 발생했다. 제국주의 시대이던 1918년 〈오사카아사히신문〉은 쌀값 폭등 파동, 시베리아 출병 등 데라우치 정권에 비판적인 기사를 연일 게재했다.

어느 날 권력을 성토하는 지역 기자들이 총회를 개최했고 〈아사히〉가 이를 보도했다. 기사는 "흰 무지개가 해를 꿴다는 옛 사람의 불길한 징조가 (대회장에 모인) 사람들의 뇌리를 섬광처럼 스쳐 지나갔다."라고 썼다. 곧 민란이 날지 모른다는 암시였다.*

데라우치 정권은 한일합방을 강제로 성사시킨 뒤 초대 조선 총독을 지낸 군인 출신 데라우치 마사다케(寺內正毅, 1852~1919) 총리가 꾸린 내각을 말한다. 당시 일본 민심은 흉흉했다. 전국에서 폭동이 산발적으로 발생했다. 기자는 언론 자유 의지와 민심이 심상치 않다는 것을 전달하려고 기사를 썼고, 내부 점검이 허술해 인쇄되고 말았다.

기사가 나가자 데라우치 권력이 칼을 뽑았다. 기사를 쓴 기자와 편집인은 곧바로 기소됐다. 권력은 내란을 선동하고 황실을 모욕하는 기사라는 이유로 신문을 폐간시키겠다고 협박했다. 사장은 '하늘이 벌을 내린 역적'이라는 팻말을 목에 걸고 알몸으로 가로등에 매달리는 등 극우 단체의 길거리 공개 린치와 협박을 당한 끝에 2개월 뒤 사장직을 사임했다.

---

* 야마나카 히사시(山中恒)의 《신문은 전쟁을 미화하라!》(소학관)를 참고했음.

군국주의 시대에 〈아사히〉는 저항할 의지가 부족했다. 〈아사히〉는 권력자에게 비판적이던 편집 방향을 수정하겠다는 취지의 편집 강령을 신문 1면에 크게 발표하고 정권에 삐딱한 논설위원, 기자 50명을 내보내야 했다.

〈아사히〉가 생존을 위해 내건 편집 강령이 다름 아닌 '불편부당(不偏不黨)'이다. 〈조선일보〉 사시(社示) 중 하나가 불편부당이다. 불편부당이란 중국 고전《여씨춘추(呂氏春秋)》에 나오는 말로 '어느 한쪽으로 치우치지 않는 공정함'을 뜻하지만, 〈아사히〉가 데라우치 정권에 보낸 메시지는 권력자 비판을 조심하겠다는 무조건 항복 문서였다. 탄압에 맥없이 굴복한 것이다.

형가는 진나라 왕을 살해하지 못하고 현장에서 참변을 당했다. 연나라는 진나라에 통합됐다. 거사 실패가 나라 멸망으로 이어졌다.

흰 무지개 사건에서 〈아사히신문〉은 권력과 맞서 싸우지 못했다. 언론 자유를 외치지 못하고 사장, 편집인, 기자를 희생시켰다. 기자의 자유 취재, 자유 보도보다 회사의 안위, 신문의 생존을 더 걱정했다. 〈아사히〉는 형가처럼 데라우치 정권을 저격하는 데 실패했다.

〈조선일보〉와 TV조선은 최순실·우병우 의혹을 보도했지만, 그 특종들이 액운을 불러왔다. 회사 전체가 권력의 예리한 압박을 받게 됐다. 검찰 수사, 세무조사, 공정거래위원회 조사가 이어질 수 있었다. 관공서에서 〈조선일보〉 구독을 중단하는 보복을 단행하고, 광고 게재를 하지 말라는 지시를 내릴 수 있었다. 역대 대통령들이 발동했던 언론 탄압의 유형은 다채롭지 않은가. 사주 구속, 회사 탈취부터 광고 탄압, 신문 구독 중지, 기자 구타, 인터뷰 거부까지 이루 다 헤아리기조차 힘들다.

TV조선의 미르재단 비리 추적은 자객 형가가 진나라 왕에게 던지려던 독 묻은 비수였고, 〈아사히신문〉이 데라우치 정권에 들이댄 '흰 무지개'였다. 박근혜는 놀란 나머지 먼저 칼을 뽑아 들었다. 그 칼을 회사에 던질지, 사장에게 던질지, 아니면 칼럼니스트나 기자들을 노릴지 아무도 알 수 없었다.

진나라 왕은 비수를 든 자객에 쫓겨 황실 기둥을 돌고 돌았다. 다행히 주치의가 재빨리 들고 있던 약재를 던져 형가가 멈칫하는 사이 왕이 잽싸게 칼을 뽑아 형가를 난도질했다. 박근혜 정권은 최순실이 노출되기 직전 민첩하게 〈조선일보〉 호남 주필을 향해 왕검을 휘둘렀다.

〈조선일보〉는 2001년 김대중 정권이 방상훈 사장을 구속한 이래 또다시 위기를 맞았다. 주필 외에 사장부터 기자까지 누가 희생될지 몰랐다. 〈조선일보〉는 위기를 절감한 듯 김진태 폭로 이후 최순실·우병우 관련 속보 보도를 일시 중단했다.

박근혜의 〈조선일보〉 공격은 끝내 첫 대통령 탄핵을 불러왔다. 더구나 그는 청와대에서 감옥으로 직행하고 말았다.

데라우치 정권도 〈아사히〉를 굴복시켰다. 권력자는 잠시 승리의 쾌감을 만끽했으나 데라우치 내각은 한 달 뒤 무너졌다. 데라우치는 다음 해 심장 비대증으로 사망했다.

한국과 일본의 두 권력자는 언론과 싸움에서 반짝 환호성을 올렸다. 그러나 글쟁이들 제거로 작은 전투에서 승리하자마자 곧 권좌에서 물러나야 했다. 권력은 자객 제거에 성공했지만 결국 모든 것을 잃었다. 권력을 과잉 행사한 결과였다.

언론이란 언제든 권력자에게 흰 무지개가 될 수 있다는 것을 몰랐을까. 〈조선일보〉의 흰 무지개를 해치웠더니 더 많은 흰 무지개가 무섭게 나타나 해를 찔렀다. 언론과 싸워 망한 권력이라는 점에서 데라우치와 박근혜는 똑 닮았다.

'〈조선일보〉판
블랙리스트'에는
누가 있었을까

／

김진태 폭로가 처음 진행되던 날 청와대가 사표를 받아야 할 〈조선일보〉 간부 명단을 보낼 것이라는 소문이 들려왔다. 박수환으로부터 명품 핸드백을 받거나 상품권, 현금을 받은 간부들이 여럿이라고 청와대가 〈조선일보〉에 흘리고 있었다. 박근혜 정권의 '〈조선일보〉판 블랙리스트'였다. 동시에 호남 출신이 많다는 이유로 논설위원실의 인적 개편을 바란다는 얘기가 나돌았다.

'저것들이 판을 어디까지 키우려고 이러나.'

〈조선일보〉와 청와대의 전쟁이 전면전으로 번질 기세였다. 나는 하루라도 빨리 신문사를 떠나는 것이 회사와 후배들의 부담을 덜어주는 길이라고 보았다. 김진태 폭로가 있던 날 밤 저녁 식사를 하며 가족에게 내 뜻을 밝혔다.

"기자 생활은 할 만큼 한 것 같다. 이제 좀 쉬고 싶다."

그 전부터 가족들과 은퇴 계획을 상의했었다. 환갑(2014년)에 그만두고 요리 학원에 등록, 노후에 즐길 요리 몇 가지를 배우고 싶었다. 언제부턴가 도스토예프스키, 톨스토이, 서정주, 윤동주, 김용택, 발자크, 헤밍웨이 같은 수많은 옛 친구들이 집에서 나를 기다리고 있음을 느꼈다. 이민진, 플레어 키건, 박준, 김호연, 정해나, 기욤 뮈소 같은 젊은 동무들을 새로 사귀고 싶다는 욕심까지 생겼다. 책장에서 먼지에 뒤덮혀가는 소설과 시를 실컷 읽고 싶었다. 은퇴 후에는 나 자신과 가족, 해묵은 친구들 곁으로 돌아가는 게 꿈이었다.

무엇보다 몇 가지 안 되는 소재로 거의 정해진 상대를 비판하고, 몇 년 전 내놓았던 케케묵은 주장을 신형 논리나 되는 듯 포장해야 하는 칼럼니스트의 생활이 즐겁지 않았다. 부를 노래가 바닥난 데다 목소리까지 잠긴 지 오래인데 무대 위에서 진땀 흘리며 쩔쩔매는 퇴물 가수가 되는 게 아닐까, 그런 기분이 종종 들곤 했다. 주변에서 '잘 읽었다'며 인사치레로 건네는 휘발성 칭찬에 풍덩 빠진 채 허우적거리며 글쟁이 말년을 보내고 싶지 않았다. 댓글 개수나 '좋아요' 반응의 굴레에 목을 매단 채 꺽꺽거리며 끔찍한 세월을 보내선 안 된다는 결심이 굳어지고 있었다. 초등학교 시절부터 보잘것없는 글짓기 대회에서 금색 뱃지나 크레파스를 타곤 했지만, 순간의 우쭐대는 기분이 곧 글쟁이 목을 조이는 쇠사슬로 바뀐다는 것을 체감했다. 언론인에게 주는 이런저런 상을 다 사양한 이유도 이 때문이었다.

기명 칼럼을 쓰는 기자가 흔히 앓는 '칼럼 중독증'은 마약과 똑같다. 그 마약과 결별해야 한다는 각오를 다지고 있었다.

신문사를 사직하기 몇 해 전부터 주말에는 버스, 지하철을 타거나 손수 운전을 했다. 법인카드는 별로 사용하지 않았다. 일상생활을 회사 의존형에서 벗어나는 훈련을 시작했다. 그동안 못 가던 동창회와 친구들 모임에 열심히 참석, 은퇴 후 생활을 실습하고 있었다. 주필 지명으로 은퇴가 다소 늦춰졌다는 것을 가족은 알고 있었다.

그만두겠다는 선언에 가족 중 아무도 '왜 그러느냐'고 묻지 않았다. 김진태의 폭로 내용이 맞는 말인지 묻지도 않았다.

"너무 오래 고생하셨어요."

마음이 가벼워졌다. 월요일에 출근하면 최고 경영층에 사의를 표명하겠다고 마음을 굳혔다. 힘들었던 기자 생활이 아니라 은퇴 후 생활 풍경이 먼저 떠올라 다행이었다. 덕분에 과거를 과대 포장하는 감상적인 신파극에 빠지지 않을 수 있었다.

평생 온갖 이슈를 제3자 시각에서 취재하고 분석해 왔다. 기자가 당사자가 되어 사회 이슈를 바라보면 반드시 잘못된 정보에 홀리고 오판을 거듭한다. 오류를 막으려면 제3자의 눈을 고수하는 게 저널리스트의 사명이다.

그동안 앞만 보고 달려왔지만 이제부터는 내가 몰랐던 나를 알기 위해, 또 나를 이해하기 위해 뒤를 돌아봐야 했다. 제3자가 되어 나 자신의 과거를 캐야 했다. 제기된 '송희영 스캔들'에서 기자의 눈으로 약점, 실수, 실패, 과욕을 찾아보자고 다짐했다. 당사자로 자신의 스캔들을 해부해보면 사심과 감정이 개입될 수밖에 없는 게 아닌가. 객관화하는 것이 사태 수습 과정에서 좋은 해답을 찾는 길이라고 믿었다.

월요일이 되자 김진태가 다시 기자회견을 열었다. 금요일에는 '유력 언론사 논설주간'이라고 했던 것을 이날은 실명과 직책을 밝히고 나왔다. 그는 내가 대우조선에서 받은 향응 액수를 2억 원대로 부풀렸다. 전세기와 요트 사진, 가족들이 대우조선의 선박 명명식에서 찍은 기념사진을 뿌렸다. 인신

공격, 명예훼손 발언을 주저하지 않았다.

김진태의 두 번째 회견은 확인 사살이었다. '유력 언론사 논설주간'이라고 폭로한 것으로 성에 차지 않았는지 실명 공개로 대중에게 무차별 사격을 선동하고 있었다.

이날 검찰은 우병우 의혹을 보도한 법조팀 데스크 이명진 차장을 압수 수색했다. 사표를 제출하려고 대기 중에 후배가 전화를 주었다.

"강효상*이 회사 윗분들과 자주 연락하고 있답니다."

강효상은 박근혜 정권이 지명한 미래통합당(국민의힘 전신) 비례대표 국회의원이었다. 평소 행적으로 보자면 그가 청와대, 검찰, 회사 최고 경영층 사이에서 연락장교 노릇을 자처하며 어떻게 상황을 비틀어 전할지 짐작할 수 있었다. 도무지 달갑지 않은 소식이었다. 회사 측이 친박 좌장으로 통하던 최경환 전 부총리를 긴밀하게 접촉한다는 보고가 들어왔다.

"주필이 당장 그만두어야 빨리 마무리됩니다."

취기를 감추지 않으며 그렇게 말하는 후배도 있었다. 청와대와 〈조선일보〉 사이에 막후 대화가 진행되고 있다는 냄새가 잔뜩 풍겨 나오고 있었다. 중재자들이 절충 역할을 자임했는지, 청와대나 〈조선일보〉 가운데 어느 쪽에서 부탁해 나섰는지는 알 수 없었다.

어느 중재자가 "〈조선일보〉가 청와대에 성의를 보여야 일이 풀린다."라며 〈조선일보〉 경영층을 반복 채근했다는 얘기가 들려왔다. 성의를 보여야 한다는 요구는 대주주 수사를 피하고 TV조선 재승인을 받으려면 희생양을 바치라는 의미다. 호남 출신 주필이 권력에 바치는 만찬 자리에서 성의 표시의

---

* 대구 대건고–서울대 법대 졸업. 조선일보 경제부 기자, 편집국장을 거친 후배 기자다.

핵심 메뉴가 되고 있었다. 안종범과 다른 비서관들이 회사 근처에서 나를 빼고 TV조선과 〈조선일보〉 고위층과 저녁 식사를 했다는 얘기까지 들렸다.

이쯤 되면 거취는 개인의 명예가 아니라 회사 안보 차원에서 결정될 것이 확실했다. 〈조선일보〉와 사주, 그 구성원에게 타격을 최소화하는 선에서 처리될 것이라고 예상했다. TV조선 재승인이라는 중대 현안도 걸려 있는 마당에 등기이사이자 주필 처지에 그걸 거부하거나 나무랄 수는 없는 일이 아닌가. 8월 중순부터는 우병우가 아니라 최순실 방어가 청와대의 최고 관심사라는 사실이 분명해졌다.

홀쩍 떠나고 싶었지만 생각을 바꿨다. 조직 전체, 신문과 방송이 동시에 위협받고 있었다. 다른 후배 몇 명이 희생될지도 몰랐다. 벌써 이명진 외에 우병우 의혹 취재에 참여한 병아리 기자 한 명이 수사 대상에 올라 있지 않은가. 후배 몇 명은 회사 경영진으로부터 박수환과의 관계에 대해 문초를 받고 있었다. 나 혼자 편한 대로 행동해서는 안 된다고 보았다. 거취는 회사 판단에 맡기겠다는 뜻을 경영층에 전했다.

회사는 주필직은 사임하되 등기이사직은 유지하라고 통보했다. 당장 사표를 던지고 싶은 기분이었으나 회사와 후배들의 곤궁한 처지를 우선 생각해야 했다. 청와대와 〈조선일보〉 입장을 따져본 끝에 내린 결정이라고 받아들였다. 다음 날 〈조선일보〉는 회사의 결정을 지면에 보도했다.

본사 송희영 주필이 29일 주필직을 사임했다. 송 주필은 이날 "최근 검찰의 대우조선해양 수사 과정에서 저와 관련된 각종 의혹들이 제기된 것을 보고 이런 상황에서 〈조선일보〉 주필직을 정상적으로 수행할 수 없다고 판단해 주필직을 사임한다."고 밝혔다. 이어 "이번에 제기된 여러 의혹에 대해서는 기회가 주어지는 대로 사실이 밝혀질 것"이라며 "의혹에 휘말리게끔 된 저의 처신으로 물의를 일으킨 데 대해 독자 여러분께 사과드린다."고 했다. 〈조선일보〉는 의혹이 불거진 상태에서는 해당 의혹이 해소되기까지 그 직을 수행할 수 없다는 회사의 방침에 따라 그의 사의를 받아들여 보직 해임했다.(2016년 8월 30일)

다음 날 분위기가 확 바뀌었다. 등기이사직까지 사퇴해주면 좋겠다는 전갈이 왔다. 회사를 떠나 달라는 통보였다. 하룻밤 사이 결정이 바뀐 배경은 묻지 않았다. 청와대가 주필직 사임으로는 부족하다고 했는지, 아니면 중재자가 청와대에 성의 표시가 안 되고 박근혜의 분노를 가라앉힐 수 없다고 했는지는 알지 못한다. 어차피 그만두려고 했던 참이어서 알고 싶지 않았다. 사표를 내주었으면 하는 통보를 받으며 오히려 홀가분했다.

평소 솔직한 대화가 잦았던 김대중 고문*은 나를 불러 이렇게 조언했다.

"〈조선일보〉가 정권과 당당하게 싸우려면 당신이 빠지는 게 편하다. 부패 의혹을 받는 사람을 껴안고 권력과 전면전을 벌일 수는 없는 게 아니냐."

회사가 권력과 전면전을 할 것이라는 기대는 하지 않았지만 이런 설명에 거부감은 없었다. 하루 전에 사표를 수리했더라면 좋았을 것이라는 아쉬움이 컸다. 사의를 표명한 사람에게 굳이 안 해도 그만인 해고 통보였다. 회사의 해고 통보는 며칠 뒤 나를 비난하는 기명 칼럼을 게재하는 방식으로 공개적으로 전해졌다.

사표 제출로 김진태 폭로 내용은 〈조선일보〉에서 '송희영 개인의 일탈'이 됐다. 〈조선일보〉는 신문과 조직에서 나를 분리했다. 나는 하이에나, 늑대,

---

* 서울고-서울대 법대 졸업. 〈조선일보〉에 최장수 고정 칼럼을 쓰고 있는 유명 칼럼니스트.

들쥐, 살인 불개미가 우글대는 정글 한복판에 떨어졌다.

박근혜 권력이 〈조선일보〉에 기자 여덟 명의 퇴사를 요구했다는 얘기는 회사를 그만두고 한참 뒤에 들었다. '〈조선일보〉판 블랙리스트'를 보낸 주체가 청와대인지, 친박의 누구인지, 아니면 청와대와 대화 통로를 마련한 중재자인지 아는 사람은 없었다. 제거 대상이 여덟 명이었는지도 확실치 않다. 막후 협상에서 퇴출 대상으로 지목된 기자 숫자가 늘었다 줄었다 했을 수도 있다.

1975년 박정희의 유신정권은 〈조선일보〉에 퇴출 대상 수십 명을 적은 블랙리스트를 보냈다. 1980년 전두환 주도의 신군부도 똑같은 짓을 반복했다. 권력자가 요구한 대로 기자들을 숙청하면 기본적인 취재 활동이 이루어지지 못할 지경이었다.

그때마다 권력의 요구를 100퍼센트는 아닐지라도 어느 정도 수용해야만 했다. 선배들은 회사 안보, 조직 안보를 위해 소수 기자의 희생은 불가피했다고 설명했다. 강제 숙청으로 인한 후유증은 두고두고 회사와 남은 기자들에게 짐이 되었다.

〈조선일보〉가 2020년 창간 100주년에 발간한 《조선일보 100년사-민족과 함께한 세기》는 이렇게 정리했다.

그 무렵 여권에서는 〈조선일보〉 기자 몇 명의 이름을 거명하며 사표를 받으라는 뜻을 〈조선일보〉에 보내왔다. 그들은 "사표를 받지 않으면 제2, 제3의 송희영 사태가 벌어질 것"이라고 겁박했다. 과거 군사정부 시절과 다를 게 없는 행태였다. 사장 방상훈과 〈조선일보〉는 권력의 부당한 압력을 결연히 거부했다.(하권 743쪽)

‘여권’이라는 표현은 박근혜 세력이 명단을 보냈다는 점만은 확실하게 말하고 있다. ‘제2, 제3의 송희영 사태’란 후배들이 추가로 억울하게 희생될 수 있었음을 말한다. 우병우 의혹을 제기한 이명진, 최순실 폭로의 문을 연 이진동은 틀림없이 블랙리스트에 포함된 것으로 추정했다. 거기에 김민배(TV조선 전 사장) 같은 호남 출신들이 추가됐을 것이라고 후배들은 추측했다. 박근혜 블랙리스트의 〈조선일보〉 버전에서 언급됐던 후배들은 다행히 모두 살아남았다.

박수환은 법정에서 “〈조선일보〉가 송희영을 내일 버리기로 했다는 말을 검사로부터 들었다. 치매에 걸리더라도 죽을 때까지 잊지 못할 말이다.”라고 또렷하게 증언했다. 검사가 내 거취를 하루 먼저 들먹인 것을 보면 사표는 당사자를 배제한 상태에서 결정돼 통보되었음을 짐작할 수 있다. 청와대, 〈조선일보〉, 검찰 고위층, 그리고 중재인 사이에 진행된 협상과 타협의 산물이었을 가능성을 암시하고 있었다.

언론이 권력과 싸울 경우 공개적이고 화려한 항전보다는 조용한 타협이 피해를 줄이는 길이다. 이는 일제와 이승만, 박정희, 전두환 독재 정권을 겪으면서 한국 언론사들이 터득한 선험적 지혜다. 요란하게 언론 자유 투쟁을 전개해봤자 회사의 피해, 조직 내부의 갈등은 시간이 갈수록 점점 커질 뿐이다. 현장 기자들의 많은 자유 언론 투쟁이 언론사 경영인들에게 가르쳐준 교훈이 바로 그것 아닌가.

2001년 8월 김대중 정권이 〈조선일보〉를 공격할 때 방상훈 회장(당시 사장)은 세 명의 글쟁이를 제거해 달라는 압력을 거부하고 조직을 대표해 손을 들고 감옥행을 선택했다. 김대중 주필을 비롯한 글쟁이들은 그 덕분에 고난의 길에서 벗어났다. 사장 비서실장이던 나는 가장 가까운 거리에서 막강 권력과 대형 언론이 전면전을 치루면 언론사가 어떤 대가를 치뤄야 하는지, 어떻게 끝맺음을 하는지 직접 목격하고 체험했다. 때로는 권력층과 신문사를 오가며 소소한 연락책을 맡기도 했다. 권력과 언론이 맞대결하는 국면에서 기자 개인은 제 기분대로, 자기 형편대로 움직여서는 안 된다는 행동 수칙을 그때 체득했다.

'이번엔 권력자가 언론을 칼질하는 제단에 글쟁이의 피를 바칠 차례인가' 그런 생각도 들었다.

그렇다고 '하필 왜 내가 희생되어야 했느냐'는 반감은 없다. 선후배를 대표해 희생됐다는 억울함이나 회사 안팎 특정인에 대한 원망도 없다. 회사가 뒤집어씌웠다는 피해 의식은 더더욱 생기지 않는다. 피해 의식을 간직한들 무슨 소용있겠가. 그걸로 피해가 최소화됐다면 다행이라고 여길 뿐이다. 상세한 내막은 알 수 없으나, TV조선의 재승인 문제를 놓고 친박 세력과 대화의 물꼬를 텄더라면 더욱 좋은 일이 아닐까 싶다. 회사가 우선 조직부터 보호하되 힘이 남으면 못난 글쟁이도 구해보려고 마지막까지 최선을 다했을 것이라는 믿음은 여전하다.

김진태의 첫 폭로가 있던 날 퇴근에 앞서 광화문 개인 병원을 찾았다. 안정제를 처방해 달라고 주문했다. 안정제는 수사를 받는 지인들에게 항상 권하던 방어책이었다.

'수사가 끝날 때까지 무조건 안정제나 수면제를 복용하라.'

그것이 불쑥 찾아오는 과격한 자기 비하, 우울증, 자살을 막는 길이라고 믿었다.

권력자와 싸워야 하는 전쟁에 출정을 앞두었다. 하얀 무지개가 태양을 꿰뚫는 광경을 상상해봤다. 어차피 돌아오지 못할 전쟁터였다. 출정에 앞서 나

BOOK21

문학-실용

21세기북스는 급변하는 시대의 흐름 속에서 독자의 요구를 먼저 읽어내는 예리한 시각으로 〈칭찬은 고래도 춤추게 한다〉, 〈설득의 심리학〉 등 밀리언셀러를 출간하며 경제 경영 자기계발 분야의 독보적인 브랜드로서 자리매김했습니다.

 21cbooks 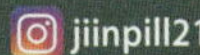 jiinpill21  21c_editors

북이십일의 문학 브랜드 아르테는 세계와 호흡하며 세계의 우수한 작가들을 만납니다. 국내에 소개되지 않은 혹은 잊혀서는 안 되는 작품들에, 새로운 가치를 담아 재창조하여 '깊고 아름다운 책'을 만들고자 합니다.

 21arte 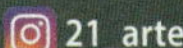 21_arte 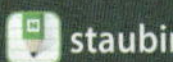 staubin

수연이네 삼 형제 완밥 레시피

한 번에 만들어 온 가족이 함께 먹는
인스타 팔로워 85만 수연이네의 집밥 레시피

유수연 지음 | 값 28,000원

유아식을 시작하는 13개월 아이부터 까다로운 어른 입맛까지 요리 한 번으로 만족시키는 수연이네 온 가족 식사

세상에서 가장 쉬운 본질육아

삶의 근본을 보여주는 부모, 삶을 스스로 개척하는 아이

지나영 지음 | 값 18,800원

한국인 최초 존스홉킨스 소아정신과 지나영 교수가 전하는 궁극의 육아법. 부모는 홀가분해지고 아이는 더 단단해진다! 육아의 결승선까지 당신을 편안히 이끌어줄 육아 로드맵

아이를 무너트리는 말, 아이를 일으켜 세우는 말

상처 받기 쉬운 아이의 마음을 지키는 대화법 70가지

고도칸 지음 | 한귀숙 옮김 | 값 19,000원

"아이의 안정감은 편안한 대화로부터 시작됩니다."
10년간 소아정신과에서 일한 저자는 부모들이 아이의 마음을 세워주는 소통을 하길 바라며 대화법 70가지를 소개한다. 아이를 한 인간으로 존중하며, 상처받기 쉬운 마음을 보듬는 방법에 관해 이야기한다.

0~3세 기적의 뇌과학 육아

컬럼비아대 뇌과학자 엄마가 알려주는
생후 1,000일 애착 형성 가이드

그리어 커센바움 지음 | 이은정 역 | 값 20,000원

아마존 육아 베스트셀러! 딱 3세까지만, 육아할 땐 뇌과학! 정서지능, 회복탄력성, 언어능력을 동시에 발달시키는 최강의 애착 육아 바이블. 잘 때, 예민할 때, 울 때, 조용할 때 등 상황별 대처법 수록

육아 효능감을 높이는 과학 육아 57

아이비리그 진학률 1위,
스탠퍼드 온라인 하이스쿨(OHS) 교장이 알려주는 과학 육아

호시 도모히로 지음 | 신찬 옮김 | 값 18,000원

학생들의 자발성을 이끌어내는 교육 방식으로 매년 수많은 학생을 아이비리그로 진학시키는 교육 컨설턴트인 저자가 OHS 입학을 원하는 초등학생을 위한 프로그램에서 소개한 육아법을 전격 공개한다.

목공의 즐거움

목공을 시작해도 될까요?

옥대환 지음 | 값 32,000원

쉰 넘어 대패를 처음 잡아본 문과 출신이 두서없이 풀어놓는 취목의 세계. 이 책은 평생 문과로 살아온 이력과 대비되는 10년의 목공 경력 기록으로, 매력 있는 취미인 목공에 기웃거리는 사람들에게 나무와 톱의 세계로 푹 빠질 수 있게 한다.

이런 진로는 처음이야

읽다 보면 저절로 쾌속 성장하는 자기 탐색 프로젝트

이찬 지음 | 값 17,800원

나에게 딱 맞는 직업을 찾고 싶은 10대를 위한 인생 내비게이션
서울대 '진로와 직업' 교육 전문가 이찬 교수가 청소년들에게 제안하는 내 꿈 찾기 프로젝트

이런 철학은 처음이야

흔들리는 10대, 철학에서 인생 멘토를 찾다

박찬국 지음 | 값 17,800원

서울대학교 철학과 박찬국 교수의 청소년을 위한 맞춤 철학 이야기
세상에서 가장 쉬운 철학 입문서! 쉽고 재미있는 지식교양으로 청소년은 물론 학부모·교사에게까지 열광적인 지지를 얻고 있는 〈처음이야〉 시리즈의 철학 편

이런 수학은 처음이야(전4권)

읽다 보면 저절로 개념이 잡히는 놀라운 이야기

최영기 지음 | 값 17,000원

서울대 수학교육과 최영기 교수가 전하는, 쉽게 배워 복잡한 문제까지 정복하는 수학 교실. "진작 이렇게 수학을 배웠더라면!" 수학을 포기하고 싶었던 우리 아이들의 '수학 고민'을 한방에 풀어주며 초중등 자녀를 둔 학부모들의 압도적인 지지와 선택을 받았던 화제의 베스트셀러

이런 공부법은 처음이야

내 인생 최고의 공부는 오늘부터 시작된다

신종호 지음 | 값 17,800원

서울대 교육학과 '광클 수업' 신종호 교수님의 공부 거부감을 기대감으로 바꾸는 공부 처방전
〈유퀴즈〉〈당신의 문해력〉〈부모 vs 학부모〉 화제의 공부 멘토!
서울대 교육학과 신종호 교수가 들려주는 공부의 본질!

우리는 사랑 안에 살고 있다

구독자 85만 국민 힐링 채널
〈리쥬라이크〉 유준이네 첫 에세이

유혜주, 조정연 지음 | 값 19,800원

간지러운 연애부터 요절복통 육아,
가슴 절절한 부모의 마음까지
무던한 하루 위에 쌓아간 사랑의 기록들

기어코 반짝일 너에게

오늘은 크리에이터 내일은 배우,
서툴지만 분명하게 빛나는 청춘의 기록들

김규남 지음 | 값 16,800원

화제의 인기 급상승 유튜브 〈띱Deep〉의 주연배우 김규남의 첫 에세이
"나에 대한 믿음 없이는 계속해서 나아갈 수 없다는 걸 안다. 내세울
것 없고, 보잘 것 없는 나라도 우리 스스로를 좀 더 믿어보기로 하자."

고층 입원실의 갱스터 할머니

남몰래 난치병 10년 차,
빵먹다살찐떡이 온몸으로 아프고 온몸으로 사랑한 날

양유진 지음 | 값 18,800원

100만 크리에이터 '빵먹다살찐떡' 양유진이 고백하는 난치병 '루푸스'
투병 "다행인 것은 이제 환자라는 걸 즐기는 지경까지 왔다는 것이다"
오롯한 진심으로 당신에게 슬쩍 건네는 유쾌하고 담백한 응원

죽을 때 후회하는 스물다섯 가지

1000명의 죽음을 지켜본 호스피스 전문의가 하는
'후회 없는 죽음'을 위해 지금 당장 실천해야 할 25가지

오츠 슈이치 지음 | 황소연 옮김 | 값 18,800원

1000명이 넘는 이들의 임종을 목격한 호스피스 전문의가 기록한 '죽
기 전에 하는 후회'의 목록과, 현장의 생생한 사연을 바탕으로 한 다양
한 삶의 드라마를 그려냈다.

살림지옥 해방일지

집안일에 인생을 다 쓰기 전에 시작하는 미니멀라이프

이나가키 에미코 지음 | 박재현 옮김 | 값 18,000원

게으른 사람도 살림을 잘할 수 있는 유일한 길
'살림'이라는 삶의 필수 활동이 즐거워져야 인생도 즐거워진다는
간명한 메시지를 담고 있으며, 그 실천법까지를 아우르는 책이다.

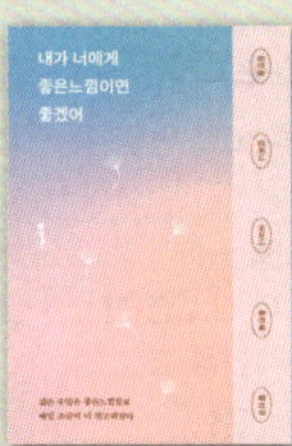

내가 너에게 좋은느낌이면 좋겠어

삶은 수많은 좋은느낌들로 매일 조금씩 더 견고해진다

김민철, 김하나, 하미나, 홍인혜(루나), 황선우 지음 | 값 16,800원

다섯 명의 베스트셀러 작가가 각자의 언어로 그린 매일의 '좋은 느낌'에 대한 단상. 당신의 삶을 단단하게 만드는 좋은 느낌은 무엇인가요? 김민철, 김하나, 하미나, 홍인혜, 황선우 작가가 써 내려간 일상의 소중한 순간들.

죽도록 사랑받고 싶어서

사랑받기 위해 스스로를 험지에 내맡기는 당신을 위한 이야기

김동영 지음 | 값 20,000원

카이로, 예루살렘, 바라나시, 히말라야, 그리고 도초도. 나를 알기 위해, 나를 찾기 위해, 고독한 여행을 떠난 생선 김동영의 신작.

나는 내가 결혼 못할 줄 알았어

읽으면 결혼하고 싶어지는 이야기

아로치카 지음 | 값 19,000원

유튜브 대표 한일 부부 채널 '아로치카' 본격 도서화 아름다운 영상미와 감각 있는 편집, 독특한 유머로 31만 구독자의 마음을 사로잡은 유튜브 한일 부부 채널 '아로치카'가 말하는 연애, 결혼, 가족, 행복.

힘들어? 그래도 해야지 어떡해

현실 공감 120%! 팩폭과 위로를 넘나드는 아찔 에세이

아찔(곽유미, 김우리, 도경아) 지음 | 값 19,800원

'K-직장인'이라면 200% 공감! SNS 공유 욕구 뿜뿜! 일러스트 87컷 수록 행복해서 웃는 게 아니고, 웃어서 행복한 거다! 고민의 늪에 빠져 무기력한 나를 일으킬 단순명쾌한 마법의 주문

좋은 죽음에 관하여, 침묵의 서

삶의 새로운 문을 여는 산문, '에쎄' 시리즈!

미셸 에켐 드 몽테뉴 지음 | 정재찬 기획자문 | 박효은 옮김 조제프 앙투안 투생 디누아르 지음 | 성귀수 옮김 | 값 각 19,800원

삶을 위해 죽음을 이야기한 몽테뉴의 철학을 담아낸 고전 명작 250년이 지난 지금도 끊임없이 재해석되는 '침묵론'의 대표 고전

임파서블 크리쳐스
: 하늘을 나는 소녀와 신비한 동물들

신비한 동물들과 함께하는 마법의 섬 '아키펠라고'로의 초대!

캐서린 런델 지음 | 김원종 옮김 | 값 18,800원

상상력 넘치는 세계관, 마법의 생명체들, 그리고 감동 스토리.
『반지의 제왕』『나니아 연대기』에 비견되는 차세대 판타지 걸작.

트라페지움

"반드시 아이돌이 되고 말겠어!"

타카야마 카즈미 지음 | 김수지 옮김 | 값 15,800원

영화 〈트라페지움〉 원작 소설.
일본 인기 걸그룹 '노기자카46' 멤버의 소설 데뷔작.
출간 직후 20만 부 판매! 아마존 베스트셀러!
야심찬 소녀의 데뷔 프로젝트가 시작된다!

블랙워터 레인
브링 미 백

전 세계 700만 부 판매 돌파한 B. A. 패리스의 대표작과 화제작!

B. A. 패리스 지음 | 이수영 · 황금진 옮김 | 각 권 18,800원

영화 〈블랙워터 레인〉 원작! 《뉴욕타임스》《선데이타임스》 1위!
결국 자기 자신까지 의심하게 만드는 압도적인 가스라이팅
심리 스릴러

반지의 제왕
– 출간 70주년 기념 비기너 에디션(전11권)

'해리 포터' 팬이라면 결코 놓칠 수 없는
가장 위대한 판타지 걸작!

J.R.R. 톨킨 지음 | 김보원, 김번, 이미애 옮김 | 값 154,000원

타의 추종을 불허하는 불멸의 판타지 고전! 톨킨 번역지침에 따르되,
가독성과 휴대성을 개선하여 누구나 쉽게 읽을 수 있는 에디션.

가운데땅의 위대한 이야기들(전3권)
후린의 아이들, 베렌과 루시엔, 곤돌린의 몰락

J.R.R. 톨킨 지음 | 크리스토퍼 톨킨 엮음 | 김보원, 김번, 이미애 옮김
| 값 119,400원

톨킨 레젠다리움 세계관의 기원을 만나다! 『반지의 제왕』으로부터
6500년 전, 가운데땅을 배경으로 펼쳐지는 세 편의 이야기. J.R.R. 톨킨
이 가장 먼저 집필했고 가장 아끼고 사랑했던 인간과 요정 이야기.

와의 싸움에서 이겨야 했다. 권력의 조사를 받는다는 것은 지나온 내 과거와의 싸움이 아닌가. 그들은 38년의 기자 인생과 사생활을 샅샅이 뒤질 것이다. 자신과 싸움에서 패배하면 전쟁은 해보나 마나 아닌가.

미치광이 사냥개들과 맨손 격투를 벌일 필요는 없다. 현명하지도 못하고.

얼굴 보호 마스크나 방탄 조끼를 갖추지 못한 채 어퍼컷 펀치를 얻어맞았으나, 아직 카운트 다운이 10까지 가지는 않았다.

안정제가 유일한 방어 무기라고 생각하니 쓸쓸했다.

5장

자객은 결코 홀로 오지 않는다

다섯 갈래
언론 플레이로
'사회적 생매장' 공작

〈조선일보〉가 나를 떼어내자 청와대와 검찰은 거침없이 공격을 시작했다.
언론 플레이를 통한 사회적 생매장 공작이었다.

생매장은 단지 호남 출신 주필을 끌어내리는 청소 작업은 아니었다. 부패
기득권 언론, 즉 〈조선일보〉와 좌파 세력이 손잡고 대통령 흔들기를 하고 있
다는 음모설을 합리화하는 후속 공정이었다. 청와대는 음모를 꾸민 총책을
제거, 우병우를 구하고 최순실의 노출까지 막을 수 있다고 판단했을 것이다.
그 당시 당장의 목표는 TV조선의 추적이 대통령에게 닥치지 못하게 막는
일이었다.

언론 플레이가 전개된 루트는 여러 갈래였다. ① 지라시를 통한 지하 정보
시장 ② 〈동아일보〉 〈중앙일보〉 등 〈조선일보〉 경쟁 언론사 ③ 극우 인터넷
언론 ④ 진보 좌파 미디어였다. 여기에 정권이 바뀔 때마다 새 정권 편에서

정권이 지목한 대상을 물어뜯는 공영방송과 국영 언론사들까지 보태면 다섯 갈래라고 할 수 있다.

처음에는 지라시 루머 시장을 활용했다. 이는 여론 시장에서 밑바닥을 단단하게 다지는 기초 공정이었다. 10억짜리 명품 시계나 3억 5,000만 원 수수설, 아파트 1채 수수설이 그 재료들이었다. 최대 신문사 주필 직책에 걸맞게 수억 원 단위의 뇌물 수수설을 믿거나 말거나 뿌렸다. 루머는 지하 여론 시장에서 사건 초기에 불을 지피는 역할을 맡는다.

김진태 폭로 회견 이후 여기에 네 갈래 공개적 루트가 추가됐다. 하나는 〈조선일보〉의 경쟁 신문사, 즉 주력 언론사에 흘리는 루트고, 다른 하나는 극우 인터넷 언론을 통해 메시지를 전달하는 루트다. 30년 이상 〈조선일보〉와 대립각을 세워온 좌파 언론들과 공영·국영 언론은 대단한 호재를 만난 듯 덩달아 참전했다. 청와대와 검찰은 이들에게 사생활이 포함된 자극적 재료를 뿌리며 경쟁을 부추기는 수법을 채택했다.

한국 언론계는 영악한 여론 조작이 먹혀들기에 최적 상태를 유지하고 있다. 미디어 빅뱅은 언론의 무한 경쟁을 초래했다. 인터넷 언론사가 8,000곳을 넘었다(지금은 1만 2,000여 곳). 누구나 인터넷 신문, 1인 독립 유튜브 채널을 운영할 수 있다.

우리나라 뉴스 시장은 좁은 그라운드에 선수가 과잉 투입된 축구 경기장과 같다. 월드컵에 출전한 프로 선수부터 주말 동호회 회원, 구경하던 관중들까지 뛰어들어 골을 다투고 있다. 과당 경쟁은 서로가 서로를 물어뜯는 혈투를 낳고 있다. 가짜뉴스를 주거니 받거니 하면서 사실인 것처럼 증폭시키는 현상이 자주 발생한다. 언론계의 축구 리그에서는 상대가 누구인지, 어느 골대에 볼을 차야 할지 모른 채 싸운다.

미디어 시장은 누군가를 노리는 세력에게는 적의 심장에 독화살을 꽂기에 훌륭한 저격 장소다. 〈조선일보〉 주필이야말로 그 사냥터에서 맛 좋은 먹잇감이었다.

그들은 경쟁 보도를 부추기려고 기삿거리를 잘게 조각내 쪼개 팔았다. 오늘 〈동아일보〉에 한 건 흘리고, 내일은 〈중앙일보〉에 특종을 흘려주는 식이다.

언론 플레이는 4단계로 진행됐다.

제1 단계에서 자극적 루머를 흘렸다. '대우조선이 파텍 필립 브랜드 명품 시계를 구입했는데 어디로 갔는지 추적하고 있다.' 이런 정보를 흘리면 언론은 '그 시계가 송희영에게 제공됐을 것으로 보고 행방을 쫓고 있다'는 기사를 쓴다. 확실한 표현은 쓰지 않지만, 고가 시계가 건네졌다는 메시지는 충분히 전달된다.

제2 단계는 한 언론사에 흘린 정보를 다른 신문과 방송사에 확인해주는 순서다. 〈동아일보〉에는 가족회사 의혹을 특종 보도하도록 흘렸다.

'〈동아일보〉 보도 내용이 맞느냐?'

기자가 이렇게 확인을 요청하면 대답해주는 방식으로 다른 언론이 받아쓰도록 만든다. 결국 경제신문, 종편 TV까지 같은 기사를 보도한다. 2단계는 언론 전체에 확산시키는 단계다. 여러 신문과 방송이 비슷한 내용을 보도하면 뉴스의 신뢰도는 높아진다.

'여러 신문이 쓰는 걸 보니 기사가 맞는 모양이네.'

10억짜리 시계를 받았다거나 가족회사 의혹은 대중에게 사실인 듯 인식된다.

3번째 단계는 극우 성향 인터넷을 활용, 사건의 성격을 규정하고 권력의 메시지를 전달하는 작업이었다. 몇몇 극우 매체는 기사, 사설, 칼럼으로 청와대 속마음을 대변해주었다. 내가 사표를 제출하자 '사표 제출로는 부족하다. 파면하라'고 쓰는 식이었다.

극우 인터넷들은 박수환을 고급 로비스트로 지목하고 사건의 성격을 게이트로 규정했다. 3단계는 스캔들을 포장·증폭시키는 단계다. 박스 안에 쓰레기가 들어 있을망정 포장이 화려하면 대중의 시선을 끌게 된다. 권력자는 포장·증폭 작업을 통해 장기간 끌고 갈 수 있는 대형 비리로 등급을 올렸다. 이 공작이 줄잡아 2개월가량 지속됐다.

불리한 이슈를 덮으려면 그와 비슷하거나 더 큰 이슈를 터뜨려 대중의 눈길을 끌어야 한다. 박근혜와 최순실의 비리를 덮으려면 길 건너편에 더 큰 맞불을 피워 올려야 했을 것이다. 스캔들은 스캔들로 덮는 게 언론 공작의 기본 아닌가.

제4 단계는 기정사실화하는 작업이었다. 기존 언론사들이 추문을 장기간 반복 보도하자 인터넷 카페와 블로그, 페이스북, 카톡에서 퍼나르는 활동이 활발해졌다. SNS 여론 시장에서 확산시키는 공정이다. 그 결과 포털 실시간 검색 순위에서 '송희영'이 유명 연예인을 누르고 1위를 차지한 순간도 있었다. 4단계는, 유도 시합에 비유하면 포획 대상이 꼼짝 못 하고 항복하도록 옭아매는 굳히기다. 소셜 미디어의 등장 이후 다수가 특정인에게 총알을 퍼붓는 행태는 일종의 인기 예능 프로가 되고 있지 않은가.

공작은 ① 흘리기 → ② 확산 → ③ 포장·증폭 → ④ 굳히기로 이어졌다. 생매장용 뉴스는 지하 루머 시장에서 출발, 거대 언론사들의 연속 보도를 거치면서 권위와 신뢰를 획득했다. 기존 언론에 등기된 뉴스는 SNS 여론 시장에서 전업 글쟁이를 난도질하는 비수가 되었다.

언론사마다 계산은 달랐다. 〈동아일보〉〈중앙일보〉 같은 경쟁 언론사들은 1등 신문의 추락에 환호성을 질렀다. 정권의 애완견 공영방송, 국영 통신사는 앞서거니 뒤서거니 콧노래를 불렀다. 진보 좌파 신문과 안티조선 매체들은 보수 세력 거점 역할을 맡은 신문의 붕괴에 박수를 쳤다. 극우 매체는 〈조선일보〉의 온건 보수 노선이 심판을 받는다고 신이 났다.

권력자가 노리면 어떤 기자든 생매장될 수 있다고 걱정하는 언론은 없었다. 취재하겠다고 찾아온 기자도 없었고, 확인 전화를 걸어온 기자도 단 한 사람 없었다.

몰매를 맞으며 기자 인생을 되돌아봤다. 과연 기사를 쓰기 전에 사실 확인을 얼마큼 열심히 했던가. 가짜 정보에 매몰돼 엉뚱한 기사를 쓰지는 않았던가. 낚시질에 넘어가 들쥐처럼 행동하지 않았던가.

자신이 없었다. 때로는 마감 시간이 다급하다는 핑계로 확인을 덜하고 기사를 썼다. 다들 쓰는 기사는 그냥 안이하게 처리했다. '저건 아닌데' 하면서도 다른 신문이 누군가를 비판하면 덩달아 돌팔매를 던졌다. 청와대, 검찰이 흘린 대로 기사를 내보내는 후배들에게 큰소리칠 수 없는 자신을 발견했다.

'그동안 저지른 죗값을 받아야 한다.'

반론을 하지 않았다. 오보에 정정 보도를 결코 요구하지 않았다. 기자회견을 열 수도 있었고, 인맥을 동원하면 그럭저럭 해명할 길을 찾을 수도 있었지만 그냥 몰매를 얻어맞는 쪽을 선택했다. 눈이 오면 눈길을 걷고 비가 오면 빗길을 걸어야 한다. 동업자의 욕설을 고스란히 받아들이자고 마음먹었다. 이참에 기자 생활 38년 동안 온몸에 찌든 먼지를 한번 털고 가자고 다짐했다.

영화 〈내부자들〉의
살아 있는
주인공

권력의 언론 플레이라는 파이프를 통과한 뒤 나는 재탄생했다. 전혀 다른 모습으로 페이스 오프(face off) 되었다.

명품 시계를 받고 고급 와인을 수시로 땡기고 엿을 바꿔 먹은* 악덕 기자이자, 망해가는 회사의 돈으로 전세기와 요트를 타고 초호화 여행을 즐긴 구악이자 적폐 세력이 됐다. 청와대 수석을 일방 호출해 인사 청탁을 밀어붙인 권세가인 동시에 홍보대행사의 영업 활동을 도와주고 잇속을 챙긴 거간꾼으로 변했다.

새로 탄생한 송희영은 내가 모르는 사람이었다. 나도 싫어하는 나쁜 기자

---

* '땡기다'는 촌지나 향응을 요구한다는 뜻, '엿을 바꿔 먹다'는 향응·접대의 대가로 유리한 기사를 써주거나 불리한 기사를 빼준다는 뜻을 지닌 기자 사회의 속어.

였다. 나도 도저히 전화번호를 주고 싶지 않은 글쟁이였다. 마치 몰래 키워 온 몸 안의 이방인이 불쑥 튀어나온 기분이었다.

나의 온몸은 오물과 바이러스로 뒤덮였다. 어쩌다 화제에 올랐던 칼럼은 위선적 글재주로 매도됐다. 허접하던 명예마저 허망하게 증발했다.

청와대와 극우 인터넷 매체들은 나를 1,000만 관객의 영화 〈내부자들〉의 이강희 논설주간과 같은 이미지로 만들어 갔다. 재벌 총수, 검사, 유력 정치인와 어울려 온갖 권세를 누리면서 음모, 폭력 등 못된 짓을 다 하는 영화 주인공과 일체화시켰다.

"〈내부자들〉의 주연 이강희는 송희영을 모델로 설정해 만든 영화래."

그런 말을 하고 다닌 청와대 비서관 이름을 나는 알고 있다. 자기 귀로 들었다는 언론사 후배로부터 전해 들었다.

그해 추석 연휴였다. KBS2 TV는 〈내부자들〉을 명절 특선 영화로 방영했다. "느닷없이 방영이 결정된 것으로 안다."라는 얘기를 KBS 고위 간부로부터 들었다.

〈내부자들〉의 주연 배우 이병헌은 그해 연말 청룡영화제 시상식에서 남우주연상 수상 소감을 털어놓았다. 그는 "〈내부자들〉 시나리오를 처음 읽었을 때 영화니까 너무 과장된 것 아닌가 생각했다."라면서 "결과적으로 보면 지금은 현실이 영화를 이긴 것 같은 상황이라는 생각이 든다."라고 했다. 그가 국정농단 비리 전체를 보고 그런 발언을 했는지는 알지 못한다. 이병헌이 나를 지목해 그런 소감을 피력했는지도 확실치 않다. 하지만 중계방송을 지켜보던 내 귀에는 이병헌의 소감이 '이제 와 보니 영화 주인공보다 〈조선일보〉 주필이 더 악질이다'로 들렸다.

우리 사회는 어느새 1등 국민과 2등 국민으로 분열됐다. 가해자 집단과 피해자 집단이 선명하게 갈라섰고, 갑과 을이 충돌한 지 오래됐다. 지배자와 피지배자, 갑과 을, 가진 자와 못 가진 자를 가르고 서로 손익을 계산하는 마찰이 온갖 분야에서 끊이지 않는다. 갑들은 2등 국민을 '게으른 놈들'이라고 힐난하고, '을 집단'은 피해자 코스프레로 '갑'을 골탕 먹이는 일이 빈번하다.

대형 언론사에서 주필을 지낸 인간은 수혜자이자 지배자에 속한다. 표적이 되기 십상이다. 2등 국민으로부터 비난을 피할 수 없다. 권력의 '안식구(Insider)'로 인정받은 적이 없었다고 변명해봤자 들은 척도 하지 않는다. 오히려 뻔뻔하다는 욕을 듣기 쉽다.

1998년 외환위기 이후 계층 간 격차가 심각해지는 현실을 진지하게 고민했다. 기명 칼럼을 통해 2등 국민들의 심상치 않은 반발 현상을 주시하자고 여러 번 문제 제기를 했었다. 갈등이 어떤 식으로든 표출될 것이라고 짐작하고 있었다. 그 파편이 언젠가 나를 공격해올 것을 각오하고 있었다. 그래서 영화를 통한 공격에도 별로 놀라지 않았다.

더구나 기자로서 눈살을 찌푸릴 만한 행동을 한 번도 하지 않았다고 장담할 수 없지 않은가. 어떤 부끄러운 일은 잠시 떠올리기도 쑥스럽지 않은가. 자신의 과거 영상을 돌려보며 나는 이병헌을 욕하지 않았다.

어느 나라에서나 기자는 귀찮고 짜증 나는 존재다. 대개는 '그놈' '그 자식' '쓰레기'로 불리고, 욕을 먹어야 마땅한 직업인이다. 자기들에게 이용 가치가 절실할 때는 '~님'을 붙이며 온갖 호들갑을 떨지만.

〈내부자들〉을 다시 보며 이강희처럼 살았더라면 참 좋았겠다고 상상했다. '기자들에게도 저런 호시절이 있었던가.'

안종범의
가짜뉴스 흘리기와
검찰의 독창 기술

생매장 언론 플레이는 청와대가 총지휘하고 검찰이 실행했다. 안종범*의 허위 폭로가 대표적인 증거다.

회사에 사표를 제출한 8월 30일이었다. 연합뉴스는 '청와대 관계자'를 인용해 "송희영 전 주필이 지난해 청와대 고위 관계자에게 대우조선해양 고위층의 연임을 부탁하는 로비를 해왔다. 청와대가 관여할 수 없다는 입장을 전달했고, 결국 송 주필의 요구는 받아들여지지 않았다."라고 보도했다.

기사 속 청와대 고위 관계자는 안종범 경제수석이었다. 내가 고재호 사장에 대해 대화를 나눈 사람은 안종범이 유일했기 때문에 다른 사람은 있

---

* 대구 계성고-성균관대 졸업, 성균관대 교수 출신 경제학자로 박근혜 정권 청와대 경제수석 역임. 미르재단 모금 등 국정농단 사건 수사에서 드러난 비리로 4년 징역형을 살았다.

을 수 없었다. 김진태 폭로에 이어 안종범이 비리를 하나 더 폭로하고 나선 셈이다.

연합뉴스는 그보다 며칠 전 '청와대 관계자' 입을 빌려 〈조선일보〉의 우병우 의혹 보도에 대해 '부패 기득권 언론과 좌파 세력이 합작해 대통령 흔들기', '식물정부 만들기'를 전개하고 있다고 보도했다. 이번에도 연합뉴스 루트였다. 연합뉴스의 잇단 기사는 언론 플레이를 청와대가 주도하고 있다고 자백한 꼴이었다. 연합뉴스는 나에게 전화 한 통, 문자 한 통 해보지 않고 청와대 관계자 말을 사실인 것처럼 받아썼다. 반론 한 줄도 보태지 않았다.

안종범을 만난 것은 2015년 2월 초순쯤으로 기억된다. 박근혜 정권은 공공, 교육, 금융, 노동 등 4대 분야 개혁을 추진하겠다고 발표했으나 지지부진했다. 중국이 제안한 아시아인프라투자은행(AIIB)에 가입 여부를 결정하지 않은 상태였다. 정윤회 문건 파동 끝에 김기춘 비서실장의 교체설이 나돌았다.

여러 이슈의 상황 파악을 위해 안종범 면담을 요청했다. 청와대 출입 기자를 통한 공식 면담이었다. 안종범을 선택한 이유는 그와 박근혜의 친밀도 때문이었다. 그는 오랫동안 박근혜 캠프에서 일했고, 박근혜가 일이 풀리지 않으면 짜증을 내는 상대로 여길 만큼 허물없는 심복이라는 말이 있었다.

안종범은 며칠 후 전화를 걸어왔다.

"마침 점심 약속이 〈조선일보〉 근처에서 있습니다. 식사를 마치는 대로 사무실로 찾아가겠습니다."

나는 "그게 편하시면 그러시죠."라고 대답했다. 약속 당일 나는 구내식당에서 점심을 서둘러 끝내고 사무실에서 안종범을 기다렸다. 몇 시에 오겠다는 말을 하지 않아 무작정 대기했다. 그는 1시 30분쯤 주필실로 찾아왔다.

면담 시간은 10분 안팎이었다.

4대 개혁 방향부터 비서실장 교체설까지 궁금한 내용을 간단히 물어봤다. 거기에 예정에 없던 질문을 두 가지 더 보탰다. 바로 직전 우병우가 비서관에서 민정수석에 파격 승진한 배경을 비보도(off-the-record)를 전제로 물었다. 안종범은 꽤 의미 있는 답변을 내놨다. 하나 더 물었던 것이 대우조선 사장 인사였다. 대우조선 후임 사장이 결정되지 않아 보도가 오락가락하고 있었다.

그보다 앞서 고재호는 나에게 다른 두 사람이 대우조선 사장 후보로 추천돼 청와대의 인사 검증을 받고 있다고 말했다. 고려대 법대 출신인 고재호는 이명박 정권에서 사장에 취임했다. 그는 대주주 KDB로부터 연임 불가 언질을 들었다. 이명박이 임명한 공공기관장이 박근혜 정권에서 연임된 사례는 일절 없었다. 박근혜가 정권 출범 직후 3월에 열린 첫 국무회의에서 "공공기관장은 새 정부의 국정 철학을 공유한 인물이어야 한다."라고 못 박았기 때문이다.

그는 자기 실력으로 어렵게 사장 자리에 올랐다. 1차 임기를 마치고 연임을 하고 싶지 않을 턱이 없다. 마음은 간절했을지 몰라도 연임이 불가능한 현실을 너무 잘 알고 있었다.

고재호는 "임기 끝 무렵인 12월 들어서는 사장실에 찾아오는 임직원조차 없어 썰렁했다."라며 씁쓸해했다. 새해를 맞아 대주주인 KDB 회장에게 매년 가던 신년 인사 일정을 잡아 달라고 신청하자 KDB 담당자가 '나갈 사람은 오지 말라'고 해서 신년 인사를 가지 못했다고 푸념했다. 퇴임하면 러시아, 독일 회사의 경영 자문을 하면서 싱가포르에서 중고 선박 거래 회사를 창업하겠다는 구상을 설명했다. 퇴임을 기정사실로 받아들이고 퇴임 후 인생 설계를 나와 상의하고 있었다.

그러더니 "어느 날 갑자기 나한테도 인사 검증 서류를 내라고 한다."라며 돌아가는 분위기를 알아봐 달라고 전화를 걸어왔다. 갑자기 인사 검증 자료를 내라는 연락을 받고 당황해 분위기 파악을 요청했던 것이다.

나는 안종범을 만난 김에 대우조선 사장 인사를 물어보았다. 안종범은 고재호 연임은 안 된다고 임명권자인 듯 단호하게 말했다. 경영 적자가 많고 선박 수주 실적이 좋지 않다고 혹평했다. 사장 후보에서 진즉 탈락했다는 말이었다. 그걸로 끝이었다. 더 물을 게 없었다.

안종범은 그때나 지금이나 낯선 인물이다. 그날 처음 마주 앉아 대화를 해봤다. 비공식 자리에서 식사를 한 적도 없었다. 터놓고 무엇을 청탁할 만한 사이가 아니었다. 오래 알고 지낸 사람이라도 그렇게 큰 공기업의 사장 자리를 청탁하려고 하면 상대방 사무실로 찾아가거나 제3의 장소에서 정중히 부탁해야 한다. 그게 상식에 맞다.

나로서는 당시 청와대 안에 오랜 세월 교류해온 인물들이 있었다. 중앙 부처 사무관 또는 과장 시절부터 20~30년 이상 알고 지내던 관료 출신 수석들이 있었다. 그들은 공기업 임원을 결정하는 청와대 인사위원회의 정규 멤버였다.

군이 찾자면 잘 아는 친박 핵심 정치인이나 박근혜 측근에게 부탁하는 루트를 모색할 수 있었다. 박근혜 대선 캠프에서 활동했던 KDB의 홍기택 회장과도 친분이 있어 청탁을 작정했다면 먼저 그에게 달려갔을 것이다. 명함 교환조차 하지 않아 전화번호도 몰랐던 안종범에게 인사 청탁이란 상상조차 하지 않았다.

진실이야 어떻든 청와대가 연합뉴스에 인사 청탁설을 흘리자 대부분의 언론이 보도했다. 뉴스 소스가 청와대라서 확인할 필요 없이 써도 된다고 판단했을까. 어느 기자도 확인 전화를 해오지 않았다.

나는 권력 실세를 사무실로 호출한 거만한 기자가 되고 말았다.

'신문사 주필 나부랭이가 감히 어디다 대고 갑질을 하나!'

많은 인터넷 댓글이 그렇게 올라왔다. 안종범은 자기 편한 시간에 자기가 결정한 동선을 따라 내 방에 왔다 돌아갔다. 방문 시간을 알려주지 않아 무작정 대기해야 했지만, 그런 사정을 알아줄 리 없었다.

청와대가 안종범 일화를 언론에 흘렸던 시기는 TV조선의 박근혜-최순실 비리 폭로가 대폭발을 앞두고 있는 거대한 활화산처럼 턱밑까지 올라갔던 국면이었다. 안종범은 미르재단, K스포츠재단의 불법 기금 조성에 앞장선 실무 총책이었다. 그는 TV조선 보도로 벼랑 끝으로 몰리고 있었다. 책임을 전경련에 미루고 있었지만, 안종범은 일해재단 불법 모금을 주도한 장세동과 같은 존재였다. 곤경에서 벗어나려고 필사적이었다.

안종범은 기자가 던지는 취재 질문과 인사 청탁을 구별하지 못하는 얼치기 교수가 아니다. 그는 언론에 기고 경험이 풍부하고 10년 이상 보수 정치권 주변을 맴돌던 베테랑 폴리페서(Polifessor, 정치권을 기웃거리는 교수)다. 박근혜 심복으로 승승장구하고 있었다.

하지만 그는 미르재단 폭로 이후 TV조선의 사정권에서 탈출하지 못하고 있었다. 자기도 살고 박근혜도 살리려고 의도적으로 나와의 대화 내용을 비틀어 언론 플레이를 했다고 믿을 수밖에 없었다.

안종범을 10분 만난 팩트는 검찰의 수사 파이프를 거치며 진실이 어떻게 삐뚤어지는지를 보여주었다. 재판에서는 또 한 번 변형되고 뒤틀렸다. 청와대→검찰→법원을 거치면서 대중의 분노 지수를 자극하는 양념이 듬뿍

첨가됐다.

검찰은 고재호가 처조카를 취직시켜준 대가로 연임을 청탁했다고 공소장에 기록했다. 실로 기발한 범죄 설계였다.

처조카는 2014년 9월 서류 전형, 인·적성 검사, 5단계의 면접을 거쳐 11월 초 대우조선 입사 시험에 최종 합격됐다.

검찰은 대우조선 인사 담당 임원 두 명을 소환, 처조카가 서류 전형을 통과할 수 없었는데 통과시킨 것처럼 진술을 받아냈다. 그들은 수도권 대학 출신 여성은 뽑지 않는다는 내부 지침을 어기고 서류 전형에 통과시켰다고 했다. 대학 학점도 미달이었으나 패스시켰다고 했다.

수도권 대학 출신 여성을 뽑지 않는다는 내부 지침을 대우조선이 진짜 갖고 있었다면 양성평등 관련법 위반이자, 공공기관 운영법의 공공기관 업무지침 위반이었다. 법인과 경영진이 처벌을 받고, 공기업 경영 평가에서 임직원 상여금이 깎일 수 있는 범법 행위였다. 게다가 입사 동기생 중에는 서울에서 대학을 졸업한 다른 여성이 있었다.

대우조선 감사실은 처조카가 부정 입사했는지 여부를 샅샅이 감사했다. 감사는 박근혜가 나를 잡으려고 눈을 부릅뜨고 있던 바로 그 시기에 진행됐다. 부정이 있었다면 입사를 취소하고 검찰에 수사 의뢰를 했어야 하는 중대 사안이었다.

대우조선 감사실은 처조카가 정상 절차를 거쳐 합격했다는 감사 보고서를 법정에 제출했다. 인·적성 검사 점수, 면접 점수, 합격자 순위까지 모두 공개했다. 합격에 아무 하자가 없었고, 그래서 누구도 징계를 받지 않았다는 결론이었다.

대우조선 인사부장은 법정에 나와 검찰에서 진술 조서를 작성한 임원들과는 달리 입사에 어떤 문제도 없었다고 증언했다. 그러나 검찰은 처조카가 합격 대가로 고재호 연임 청탁을 했다는 주장을 굽히지 않았고, 1심 재판부는 검찰 주장에 따라 유죄를 선고했다. 물론 2심과 대법원은 검사들의 억지 주장을 모두 거부하고 이 부분에 무죄를 선고했다.

검찰 주장이 사실이라면 대우조선 인사 담당 임원들부터 처벌했어야 한다. 위법한 채용 기준을 채택한 혐의, 허위 사실을 공시하여 지원자들을 속인 혐의, 그리고 내부 선발 기준을 어기고 처조카를 특혜 합격시킨 혐의로 기소했어야 옳았다. 자신이 불법을 저질렀다고 검찰에 진술한 임원은 기소되기는커녕 어떤 징계도 받지 않고 같은 업무를 보고 있었다.

김진태는 박근혜의 〈조선일보〉 공격에서 맥주병 따개에 불과한 하수인이었다. 현장에서 칼을 뽑아 처형하는 망나니 배역은 청와대 홍보팀과 검찰 몫이었다.

망나니 자객은 홀로 오지 않았다. 수많은 호위 검객을 거느리고 들이닥쳤다. 〈조선일보〉에 오랜 기간 눌려 지낸 〈동아일보〉 〈중앙일보〉 같은 경쟁 언론사와 〈조선일보〉의 편집 노선에 비판적이던 〈한겨레〉 〈경향신문〉과 〈미디어오늘〉 〈오마이뉴스〉 같은 인터넷 매체, 공영방송·국영 통신사가 호위 검객이 되어주었다. 거기에 〈조선일보〉의 온건 보수 노선에 반발하던 극우 인터넷 언론까지 가담했다. 이들은 지면을 얼마든지 할애하겠다는 의욕을 보였다.

〈조선일보〉와 같은 해 창간돼 100년 경쟁 관계인 〈동아일보〉가 청와대와 검찰의 1번 파트너로 나선 듯 보였다. 진보 언론이야 〈조선일보〉 주필 비리라면 물불을 가리지 않고 보도할 게 뻔했다. 그렇다면 같은 보수 진영의 언론에서 지원군을 확보하는 편이 파장을 키우는 데 훨씬 낫다는 판단이었을까.

‘오죽 나쁜 짓을 했으면 같은 보수 신문이 경쟁사 주필을 저렇게 비난하겠어.’

‘이웃 신문이 저렇게 쓸 때는 같은 언론이 보기에도 부패가 심했기 때문일 거야.’

권력이 노린 효과는 이런 것이었을 수 있다. 지면을 비교 분석해본 결과 〈동아일보〉는 유독 언론 플레이에 적극 호응한 신문으로 보였다.

100여 년 전 일본에서도 똑같은 일이 발생했다. 〈아사히신문〉이 ‘흰 무지개’ 필화 사건으로 폐간 위협을 받자 어용 단체와 경쟁 신문들이 〈아사히〉를 비판하고 나섰다. 친정권 기자들은 칼럼을 썼다. 관변 단체들은 비난 성명을 발표했다. 언론계 동업자들이 데라우치 정권의 〈아사히〉 폭격에 대거 동참했다.

아사히와 경쟁하던 〈오사카마이니치신문〉은 신바람이 났다. 이웃이 권력에 당하는 것을 보면서 1등 신문 자리를 빼앗을 기회로 삼았다. 〈마이니치〉 광고국 직원들은 “곧 망할 신문에 광고 내지 마라.”고 말하고 다녔다. 〈마이니치〉 판매망에서는 〈아사히신문〉을 ‘매국 신문’이라며 절독 운동을 전개했다.

그런 〈마이니치〉도 〈아사히〉 사태를 기사로 보도할 뿐, 칼럼이나 사설로 〈아사히〉를 비난하지는 않았다. 광고·판매국과는 달리 편집국은 그저 지켜보았다. 〈마이니치〉 기자들에게는 권력이 교묘하게 언론을 탄압한다는 공통의 고민과 연대 감정이 있었기 때문이다. 〈동아일보〉 지면에서는 〈마이니치〉 기자들 같은 고민이나 연대의 흔적을 읽을 수 없었다.

〈동아일보〉가 맨 처음 올린 기사부터 검찰의 시각이 그대로 담겨 있었다. 이 신문은 박수환이 고객 회사에 보낸 자료 속 레퍼런스(Reference) 항목에 내 이름과 전화번호가 적혀 있는 사실을 들먹였다. 이것이 박수환이 고위층과 신분을 과시하며 영업을 벌인 구체적 정황이라고 거론하고, 그와 관련해 내가 뒷돈과 편의를 제공받았는지 수사 중이라고 썼다.(2016년 8월 22일 자) 이 기사는 검찰이 공소장에 기록한 논리와 판박이였다.

외국계 기업이나 대기업, 로펌과 거래하는 기업은 회사 소개 자료 마지막 페이지에 제3자의 의견을 들을 수 있는 이름과 연락처를 나열한다. 회사 평판, 인물평을 듣고 싶으면 이런 사람들에게 연락해보라는 레퍼런스 리스트다.

외국계 회사들은 반드시 평판 조회 절차를 거친다. 임직원을 채용할 때는 인물평을 맡아줄 친구나 이전 직장의 동료, 은사 같은 레퍼런스 명단을 요구한다. 대다수는 자신에 대해 호의적으로 언급해줄 사람을 목록에 올린다. 그러나 이름을 올렸다고 해서 꼭 좋은 점, 강점만 얘기한다는 보장은 없다.

외국계 회사에 근무하는 친구들이 회사를 옮길 때 레퍼런스 명단에는 내 이름이 종종 들어갔다. 덕분에 채용 담당자들과 1시간여 면담을 진행한 적이 몇 차례 있었다. 레퍼런스의 이름은 나로서는 낯선 경험이 아니었다.

레퍼런스는 '평판 조회'나 '평판 조사'로 번역된다. '참고 의견 진술인'이라고 번역해도 좋다. 검찰은 이 단어를 '추천인 또는 신원보증인'이라고 번역해 공소장에 기입했다. 박수환의 영업을 도우려고 신원보증까지 해주었다는 인상을 주려고 했다. 레퍼런스 관행을 모르는 판사를 속이려고 했던 것일까. 만약 보증인 역할이라면 서명이 들어간 추천서나 레터를 첨부해야 한다.

검찰이 레퍼런스를 '추천인 또는 신원보증인'으로 번역한 것은 단순 오역을 넘어 혐의를 조작하려는 저의가 담겨 있다. 〈동아일보〉 기사는 검찰 논리를 따르는 듯 해석됐다. 〈동아일보〉와 검찰의 일체화 현상으로 읽혔다.

이는 시작에 불과했다. 〈동아일보〉는 이틀 뒤 박수환을 로비스트로 규정했다. 이어 이화여대 교수이던 친형이 대우조선의 사외이사를 역임한 과정에 의혹을 제기했다.

형은 치열한 경쟁을 뚫고 국비 유학생으로 선발되어 펜실베이니아대학 와튼스쿨에서 박사학위를 받았다. 여러 해 동안 공기업의 경영 평가를 맡았고, 90여 개 정부 산하기관(준정부기관)을 평가하는 경영평가단장과 IMF 위기 극복을 위해 추진한 공기업 구조조정 이행 실적을 점검하는 공공기관 경영혁신 점검평가단장을 맡아 공기업에 상당한 전문성을 갖고 있다.

김대중·노무현 정권에서 전자정부위원회 위원 또는 위원장으로 민원24, 홈택스, 연말정산 같은 전자정부 사업에 참여했고, 그 공로로 근정훈장을 두 번이나 받았다. 박근혜 정권 때 전자정부 서비스 혁신을 도와 달라고 하여 정년을 앞두고 마지막 공공 봉사로 생각하고 정부 3.0 위원장을 맡았다. 항상 정치 노선이 아닌 IT정책 전문가로서 청와대의 인사 검증을 거쳐 위원회에 참여했다. 검찰은 5개월 수사 끝에 형에 대한 어떠한 혐의도 공소장에 넣지 못했다.

문제는 언론 플레이였다. 〈동아일보〉를 시작으로 여러 신문, 방송이 형의 사외이사 취임에 '검은 의혹'이 있다는 식의 보도를 이어갔다. 경쟁 신문사가 깃발을 흔들자 다른 언론사들이 들쥐 떼처럼 뒤따랐다.

가짜뉴스도 여러 언론이 반복 보도하면 버젓이 진실이 된다. 허위 정보가 진실로 격상된 후에는 진짜 진실이 밝혀져도 사라지지 않는다. 내가 박근혜 정권에 시달리기 시작하자마자 형은 그보다 한 달 전에 연임된 정부 3.0 위원장직을 미련 없이 즉각 그만두었다. 그 후 집필 활동을 하면서 기회가 날 때마다 여러 개발도상국의 전자정부 사업을 자문하고 있다.

‘가족회사’
의혹 부풀린
〈동아일보〉

가족회사는 자본주의 국가에서 가장 일반적인 기업의 형태지만 한국 언론에서는 부정적 이미지로 쓰인다. 돈 많은 부자나 공직자가 재산을 상속받거나 세금을 적게 내려는 탈세 수단으로 운영하는 회사를 묘사하는 데 사용한다. 국내 언론은 가족회사를 무슨 범죄를 꾸미는 아지트로 서술하는 일이 잦다.

우병우 처가의 가족회사 의혹이 제기되자, 오래전에 파산한 영세한 인터넷 기업 하나가 무덤에서 끌려 나왔다. 〈동아일보〉는 박수환이 송희영의 가족회사에서 감사를 맡았다고 보도하며, 마치 대우조선에서 박수환을 통해 거액이 흘러간 듯한 인상을 주는 기사를 내보냈다.(2016년 8월 31일 자)

〈동아일보〉가 언급한 ‘가족회사’ 창업자는 동생이다. 그는 대우그룹이 해체되자 대우전자에서 퇴사, 중국에서 대형 모니터 공장을 운영하다 실패했다. 귀국해 창업한 것이 인터넷 쇼핑몰 회사였다. 동생이 중국에서 돈을 몽땅 잃었기 때문에 다른 형제들이 2,000~3,000만 원씩 분담해 설립 자금을 지원했다. 동생은 미안했던지 주주, 이사 명단에 가족 이름을 넣어 등기를 마무리했으나 1년 만에 투자금 전액을 거덜 내고 문을 닫았다.

나는 동생 회사 경영에 전혀 개입하지 않았다. 경영 실패로 한 푼의 배당도 받은 적이 없다. 그런데도 검찰은 11년 전 망한 회사를 끄집어내어 언론 플레이에 활용하고 있었다.

나는 〈동아일보〉 보도를 보고서야 감사가 박수환이었다는 사실에 깜짝 놀랐다. 미국 IT기업들과 오랜 세월 거래해온 동생은 "나도 나름 발이 넓다."면서도 15년 지난 일이어서 그런지 누구 소개로 박수환을 감사로 영입했는지를 기억해 내지 못했다.

검찰은 동생 주변의 모든 계좌를 추적했으나 의심할 만한 혐의가 나올 턱이 없었다. 그 '가족회사'나 동생은 박수환이나 뉴스컴과 돈거래를 한 푼도 하지 않았다. 박수환은 대가 없이 이름만 올려주었다고 들었다.

〈동아일보〉 보도는 검찰 논리를 충성스럽게 따르고 있다는 인상을 받았다. 가족회사가 나와 박수환 주도로 설립됐고, 그 틀에서 동생의 이름을 빌린 차명 회사라는 의혹을 풍겼다. 그 무렵 작성된 수사 보고서가 이를 뒷받침하고 있었다.

〈동아일보〉와 검찰은 갈수록 콤비가 되는 냄새가 물씬 나돌았다. 〈동아일보〉는 박수환의 아파트를 압수 수색할 때 수십 개의 명품 가방이 나왔다는 보도와 함께 "박수환이 명품 가방으로 고위층 부인이나 언론인, 사회 지도층 인사에게 로비한다는 의혹이 파다했다."라고 썼다. 의도야 어떠했든 나에게 샤넬 핸드백, 에르메스 핸드백으로 로비했다는 이미지를 살포하려는 것으로 볼 여지가 있는 기사였다.

내가 박수환 구하기에 나섰다는 기사도 〈동아일보〉가 먼저 썼다. "검찰이 박수환을 압수 수색하던 날 금호그룹 사장급 고위 간부를 지낸 B씨에게 전화를 걸어 박 대표와 금호 사이의 계약이 정상적인 홍보 컨설팅 계약인 것처럼 진술해 달라고 요구했다."라는 내용이었다. 이 기사는 금호그룹 오남수 전 사장의 진술 조서에 나오는 내용과 거의 일치한다. 오남수가 검찰 입맛에 꼭 맞는 진술을 해야 했던 곤혹스러운 사정이 있었을 것이다. 금호그룹 내부의 어려운 형편을 알고 있지만 여기서 상세한 언급을 피하겠다. 다만 오남수 진술 조서를 읽으며 검찰이 수사 정보를 〈동아일보〉에 흘린 것만은 확인했다.

〈동아일보〉는 또 광화문 신문로 파출소 근처에 있는 이탈리언 식당과 관련된 내용을 보도했다.(2016년 9월 2일 자) '카페 드 마린'이라는 대우조선 계열사가 운영하는 식당이었다. 〈동아일보〉는 이 식당을 '고급 레스토랑'으로 규정하고, 나와 박수환이 단골로 이용한 로비 아지트라는 이미지를 흘리는 기사를 썼다. 비싼 서양 요리에 고급 와인을 즐기며 음험한 뒷거래를 하는 밀담 장소라는 뉘앙스가 풍겼다.

이 식당을 이용한 이유는 가격이 비교적 저렴했기 때문이다. 가성비가 좋았다. 와인 가격이 근처 다른 식당보다 20퍼센트 안팎으로 낮았고, 들고 간 와인을 실비에 마시도록 허용했다. 이 식당에서는 간혹 〈동아일보〉 간부를 마주쳤다. 값비싼 식당이 아니어서 그들도 이용했을 것이다.

〈동아일보〉는 이웃집 비극을 자기들 축제로 삼았다. 팩트를 확인하려는 문자도 전화도 일체 없었다. 청와대, 검찰이 주는 정보를 순도 100퍼센트짜리 진실이라고 믿는 듯했다.

기자는 권력자가 은밀히 흘려주는 리크 정보를 경계해야 한다. 청와대, 검찰, 고위 공무원, 대기업 CEO들이 몰래 던져주는 제보에는 반드시 독소가 섞여 있다. 여론의 흐름을 자기편에 유리하게 돌리려는 저의와 계산이 깔려 있다. 모든 제보는 경계심을 갖고 제보 내용과 배경을 치밀하게 살펴본 뒤 취재 여부를 결정하고, 그 후 확인·재확인 공정을 거쳐야 한다.

청와대와 검찰이 그 무렵 흘린 정보는 전형적인 정보 조작형 리크였다. 하지만 일제 시대부터 100년 넘게 경쟁하면서도 서로 의지해오던 이웃 신문은 뒤틀리고 조작된 정보를 그대로 기사화했다. 기자가 취재에 게을렀던 탓인지, 평소 훈련이 부족했던 탓인지, 취재원과 끈적끈적 유착했던 탓인지는 알 수 없다.

〈동아일보〉의 일부 취재 기자와 검찰 간부와의 학맥, 친분 관계를 파악했지만 여기에는 적지 않겠다. 다만 4년 후 수사팀장 한동훈이 〈동아일보〉 계열 채널A 기자와 한바탕 검언 유착, 권언 유착 소동을 벌이는 것을 보며 피식 웃음이 나왔다. 어느 간부 검사가 어느 언론사와 파이프를 대고 있다는 평판은 검찰 주변에 항상 나돌지 않는가.

굳이 〈동아일보〉를 거론한 이유는 간단하다. 〈조선일보〉와 〈동아일보〉는 일제 강점기와 독재 정권 치하에서 어깨동무하고 언론의 기본 책무를 다하려 했던 역사를 공유하고 있다. 권력의 탄압으로 힘들 때는 공동 투쟁 전선을 펼쳤다. 〈동아일보〉야말로 박정희 시대 권력의 독주를 견제하려다 편집국장 집에서 폭발물이 터지고, 남산 중앙정보부에 끌려가 매를 맞은 선배가 가장 많은 신문사가 아닌가. 이웃집 주필이 권력에 공격당하는 모습을 보며 뭔가 정상은 아니라고 짐작했을 것이다. 그런 분위기를 감지하지 못했다면 기자로서 자질 부족이자 언론사로서는 자격 미달이 아닌가.

〈동아일보〉가 박정희 정권의 광고 탄압을 받고 있을 무렵 푼돈이나마 기부했던 나로서는 마지막 나노 그램의 기대를 버리지 않고 있었다. 하지만 〈동아일보〉 지면에서는 미미한 동정심이나 연대 의식은 없었다. 최소한의 절제나 침묵 속 지켜보기 같은 신중함도 보기 힘들었다. 〈동아일보〉의 연속 보도는 도리어 권력 편에서 매질에 앞장서는 가해자라는 인상을 주었다.

박근혜 정권은 '정윤회와 십상시 의혹 문건'을 특종 보도한 〈세계일보〉를 거느리고 있는 통일그룹을 세무조사했다. 추가 폭로 보도를 막은 데다 3개월 뒤엔 경영진을 퇴진시킨 언론 탄압이었다. 당시 〈조선일보〉는 사설로 정권의 세무조사의 저의를 지적했다. 권력으로부터 똑같은 횡포를 여러 번 당해본 입장에서 작은 연대 의식이나마 표시하고 싶었다. 〈동아일보〉도 일제 강점기 이래 〈조선일보〉에 뒤지지 않을 만큼 권력의 탄압으로 고생한 신문이 아닌가. 헌데 왜 그런 연대 의식이 말끔히 사라졌는지 궁금했다.

급기야 권순활 〈동아일보〉 논설위원*이 칼럼을 통해 나를 지목해 비난했다. 권순활은 처음에는 '횡설수설'이라는 고정 박스에서 박수환이 언론사 간부들과의 친분을 영업에 활용했다고 했다. 검찰의 기소 시각을 담고 있었다. 그러더니 공식 수사가 시작된 지 열흘 만에 '국민 여론 오도한 송희영 전 주필의 펜'이라는 칼럼을 내보냈다. 그는 나의 칼럼 몇 개를 거론하며 "송희영이 대우조선 사장 위에서 회장처럼 군림했다는 인상이 짙다."라고 썼다. 살기마저 느껴지는 글이었다.

'권 위원이 나에게 개인적으로 원한을 품고 있었나?'

---

* 유튜브 채널 권순활TV 운영. 〈펜앤드마이크〉 부사장 겸 편집제작본부장 출신. 경북 출신. 대구 계성고-서울대 외교학과 졸업.

여러 번 자문해봤지만 해답을 찾지 못했다. 권순활 칼럼이 검찰 입맛에 딱 맞았던 것일까. 검찰은 권순활의 칼럼 스크랩을 재판에서 증거자료로 써먹었다.

권순활은 박근혜 정권의 김성우 청와대 홍보수석, 천영식 홍보기획비서관과 동향 출신이다. 칼럼 집필에 앞서 청와대·검찰·언론계의 TK 출신들 사이에 어떤 교감이나 작업이 있었는지는 알지 못한다. 다만 그 후 행적을 유심히 살펴보았다.

권순활은 박근혜 탄핵 소추 이후 박근혜와 유일하게 인터뷰한 정규재 전 〈한국경제〉 주필*, 천영식 전 청와대 홍보비서관과 함께 〈펜앤드마이크〉라는 인터넷 언론의 창간을 주도했다. 〈펜앤드마이크〉는 박정희 업적을 찬양하며 박근혜 탄핵 무효를 주장하는 성향을 보였다. 박근혜가 탄핵 소추되자 권순활은 〈동아일보〉를 그만두고 친박근혜 성향의 〈펜앤드마이크〉 부사장을 맡았다.

《1984년》의 작가 조지 오웰은 모든 글쓰기를 정치 행위로 보았다. 하지만 평생 스탈린, 히틀러를 비롯 모든 권력자에 항거하는 반권력 글쓰기에 심취했다.

글쟁이에게 권력 편에 서는 것처럼 편한 일은 없다. 가끔 권력자와 어깨동무했다는 착각에 빠져 권력의 맛을 체험하는 쾌감을 누린다. 권력으로부터 격려와 보상이 따르기도 한다. 조지 오웰은 반권력을 선택해 힘든 일생을 보냈다. 나에 관한 한 〈동아일보〉는 그 무렵 친권력의 잇속을 챙기고 있었다.

나를 헐뜯는 동료·후배 언론인들에게 원망은 하지 않는다. 설사 허위사실

---

* 〈펜앤드마이크〉 사장 겸 주필, 부산 출신. 고려대 철학과 졸업.

로 비난했어도 공인으로서 어쩔 수 없다고 받아들였다.

공인이라면 가짜뉴스로 인신공격을 받으면 반론, 해명을 하면서 굳건한 인내와 절제심으로 대응해야 옳다. 누구누구처럼 갖고 있는 영향력을 행사해 수사 의뢰를 하거나 약점 폭로로 상대 헛점을 찌르며 진흙탕 싸움을 벌이면 최악의 꼴불견이다. 공인은 자기 절제를 기반으로 허위 사실이 세월의 휴지통으로 사라지기를 끈기 있게 기다려야 한다.

〈조선일보〉와
태극기 부대의
간극

이명박, 박근혜 정권이 보수 인터넷 언론을 적극 지원했다는 사실은 새삼스러운 얘기가 아니다. 정부 부처와 공기업이 협찬금과 광고로 보수 인터넷 언론사를 육성했다. 전경련, 재벌 그룹과 어깨동무하고 광고와 협찬 형태로 지원하는 방식을 애용했다. 그중에는 노골적으로 박근혜 정권, 친박, 재벌을 옹호하는 역할을 자처하는 신생 언론사가 적지 않았다.

〈미디어펜〉이라는 인터넷 언론은 2013년 〈한국일보〉 출신 이의춘*이 지분을 인수해 대표로 취임했다. 이의춘은 우병우 민정수석 시절 문화체육부 국정홍보차관보에 박탈됐다. 그는 〈미디어펜〉 대표 시절 효성그룹 경영권

---

* 〈미디어펜〉 대표. 마포고-서울사대 국어교육과 졸업. 〈한국일보〉 논설위원, 〈데일리언〉 편집국장 역임.

분쟁*에서 조현문을 일방 비난하는 칼럼을 작성해 경찰에 고발됐다. 경찰은 이의춘을 기소해야 한다는 의견을 붙여 검찰에 넘겼다. 그가 검찰 수사를 받는 와중에 어떤 인맥을 통해 문화체육부의 신설 고위직에 발탁됐는지는 의문으로 남아 있다.

그는 차관보에 취임한 이후에도 검찰 수사를 받았고, 끝내는 1년여 만에 그 자리에서 물러나야 했다. 어찌 된 사연인지 그는 기소되지 않았다. 〈미디어펜〉이 청와대 입장을 대변하려고 어떻게 애썼는지 살펴보면 고개가 끄덕여지는 처리였다.

〈미디어펜〉은 2016년 여름과 가을 〈조선일보〉 비난과 우병우 구하기에 극성이었다. 박근혜-최순실의 국정농단 보도를 '광란의 파티' 또는 '이 지랄 굿판'이라고 비난하고 "대통령의 40년 지기라는 여자(최순실) 문제로 온 나라가 저주의 굿판을 벌이는 것은 너무나 한가하다."라고 썼다.

〈미디어펜〉의 주장을 정리하면 다음과 같다. 첫째, 언론의 우병우에 대한 각종 의혹 보도는 황당한 소설이며, 우병우는 청탁을 거절하는 깨끗한 공직자라고 했다.

둘째, 〈조선일보〉의 우병우 죽이기에 좌파 신문이 동참하고 민주당이 합세했다는 논리를 강조했다. 〈조선일보〉와 〈한겨레신문〉 〈경향신문〉 간의 연합 전선을 중국 공산당과 국민당 간의 국·공 합작에 비유했다. 세 신문의 머리글자를 조합해 한-경-조라는 신조어까지 만들었다.

셋째, 〈조선일보〉의 우병우 의혹 제기는 '미래 권력에 줄을 대려는 검은

홍정의 몸짓'이라는 해설을 덧붙였다. '〈조선일보〉가 차기 정권 창출에 지분을 갖거나 숟가락을 얹어보려고 박근혜 정부를 흔든다는 소문까지 떠돌고 있다.'고 했다. 이는 방상훈-김무성 연대설을 의심하고 김무성의 대권 도전을 경계하는 친박의 논리와 같다.

넷째, 〈미디어펜〉은 최순실 감싸기에 열중했다. 최순실이 대통령 연설문을 고치고 장관·수석 인사에 간여했다는 보도가 나왔을 때 "최 씨가 대통령 패션과 가방, 액세서리에 관여했다는 게 경천동지할 일인가."라고 반문했다. 이어 박근혜 탄핵을 개탄하는 논조를 감추지 않았다.

박근혜는 〈조선일보〉를 공격하면서 존재가 미미한 신생 인터넷 사이트를 친위대로 삼은 셈이었다. 정권의 몰락 위기에서 청와대가 조그만 신생 인터넷 신문을 안식처로 삼는 것을 보며 작은 기사에 집착하던 박근혜가 떠올랐다. 1단짜리 기사에 항의하던 그의 편협한 언론관이 자신을 작은 인터넷 사이트에 가두었는지 모른다. 탄핵 국면에서 대형 언론사들이 완전히 그에게 등을 돌린 것은 스스로 선택한 결과였다.

박근혜 시절, 극우 언론이 속속 등장했다. 극우 인터넷과 극우 유튜브는 박정희 시대를 신화 속의 이상 국가로 묘사하고, 그의 딸을 신데렐라로 우상화하려고 발버둥쳤다.

권위주의적 행태부터 시대에 맞지 않는 반공 의식, 친재벌 정책까지 21세기 한국 현실과 괴리가 컸다. 인사 실패, 정책 실패, 무능까지 감싸며 우상을 숭배하듯 떠받드는 모습은 도무지 이해할 수 없었다.

그들의 주장이나 행동은 진정한 보수주의자의 모습이 아니었다. 오히려 보수주의의 참된 정신을 훼손하고 있었다. 그들이 추구하는 이념과 노선은 21세기 선진국으로 가고 있는 대한민국에 맞지 않았다.

답답한 나머지 '진짜 보수, 가짜 보수'라는 칼럼을 쓴 적이 있었다. 2016
년 4·13 총선 직후였다.

보수가 진보 좌파와 다른 것은 아량과 포용, 관용이다. 인간은 불완전한 허점
투성이 생물체여서 실수나 일탈(逸脫)이 있을 수밖에 없다. 그러니 서로 너그럽
게 감싸 안고 가야 한다고 믿는 게 보수 철학의 핵심이다. 나라마다 시대마다 보
수의 색깔이 다르긴 하다. 하지만 반공·친미(親美)만 보수가 아니다. 이승만·박정
희를 비판하는 사람을 보수의 적으로 돌리는 것도 단편적이다. 이제 보수가 진짜
제 얼굴을 찾지 못하면 갈수록 무너질 수밖에 없다.(2016년 4월 23일 자 〈조선일보〉 송
희영 칼럼)

독자 반응은 칼럼을 비난하는 내용이 대다수였다. 보수 신문 주필이 쓸 만
한 칼럼이 아니라고 했다. 나는 일찌감치 박근혜 골수 옹호 세력의 적이 되
고 있었다. 이틀 후인 4월 25일부터 검찰이 나에 대한 내사 자료를 챙기기
시작했다.

박근혜 청와대가 나를 제거 대상으로 지목한 것은 결코 사냥감을 잘못 찍
은 미스 샷은 아니었다. 나는 그 세력에 거부감이 강했다. 그들은 노리고 있
었던 게 틀림없다.

내가 〈조선일보〉에서 제거된 후에도 그 세력은 〈조선일보〉를 향해 비방을
퍼부었다. 탄핵 국면에서 사설과 칼럼 논조를 탄핵에 반대하고 박근혜를 지
키라고 압박을 가했다. 논조를 태극기 부대와 같은 극단 보수 노선으로 바꾸
라는 요구였다. 〈조선일보〉는 극우 색깔 인물들의 기고와 대형 인터뷰를 지
면에 싣기 시작했다.

만약 내가 주필 자리에 그대로 머물러 있었더라면 태극기 부대와 그 유사 세력의 집중 공격을 받아야 할 운명이었다. 나는 그들의 비위를 맞추기 싫어 했을 게 틀림없다. 태극기 부대의 요청을 거부하면 호남 출신이어서 탄핵을 지지한다거나 민주당과 짜고 국정비리 폭로에 앞장선다는 비방을 들어야 했을 것이다. 그들의 행동 패턴을 볼 때 길거리 테러를 감행하거나 집 앞에서 연일 데모를 벌였을 가능성이 높았다.

극우 성향 집단의 움직임은 윤석열 정권 들어 더욱 극성을 부렸다. 윤석열은 박근혜를 찾아가 친근감을 표시했고, 지지율이 하락하면 대구 전통시장을 방문하곤 했다. 그가 느닷없이 계엄을 선포한 뒤 탄핵되는 과정에서 극우 세력은 길거리 데모와 법원 파괴를 통해 힘을 과시했다. 아무리 보수 신문의 글쟁이라고 해도 박근혜, 윤석열은 유능한 국가 지도자라고 할 수 없는 인물이었다.

'사퇴하기를 잘했다.'

태극기 부대나 극우 종교단체, 극우 시민단체들의 행태를 관찰하며 그렇게 나를 위로했다. 소련 붕괴 이후 공산주의 이념이 사멸하면서 보수 세력은 중심을 잃기 시작했다. 성장을 앞세우는 경제 제일주의 노선과 박정희식 통치를 갈망하는 복고주의 노선, 한미동맹만을 편향되게 중시하는 맹목적 친미 노선이 뒤죽박죽 얽혀 있는 상황이었다. 보수 세력을 담합시킬 만한 참신한 이념이나 리더십을 갖춘 지도자가 등장하지 못했다. 그러다 보니 이승만, 박정희를 우상화하며 과거의 영광을 과장하는 회고주의 성향이 점점 강해질 뿐이었다. 어쩌면 나는 보수 진영의 분열 과정에서 보수 신문의 주필 자리에 있었기에 피할 수 없는 열병을 앓았던 것인지도 모른다.

"샤덴프로이데"
섹스보다 짜릿한
쌤통 심리학

샤덴프로이데(Schadenfreude)는 남의 고통을 보며 기쁨을 느끼는 마음을 표현한 독일어다. 우리말의 '쌤통'이나 '잘코사니' '고소하다'와 비슷한 의미다.

소셜 미디어가 확산되면서 다른 사람의 좌절과 실패를 보며 짜릿한 자극을 즐기는 심리가 더 확산되고 있다. 심리학자들은 샤덴프로이데 심리 상태에서는 옥시토신(oxytocin)이라는 호르몬 분비량이 급증한다는 사실을 알아냈다.

일본의 인기 심리학자 나카노 노부코(中野信子)는 타인이 무너지는 것을 옆에서 볼 때가 섹스를 즐길 때보다 옥시토신이 더 많이 두뇌 속에 흐른다는 연구 결과를 소개했다. 남의 고통을 관찰하고 익명의 댓글로 떠벌리며 공격하는 일은 섹스 이상의 쾌락을 가져온다. 한마디로 쌤통 심리는 섹스보다 짜릿한 엔터테인먼트라는 말이다.

총수 일가 갑질에 댓글이 폭발하는 이유는 섹스보다 강한 흥분을 느끼려는 욕망이 가동되기 때문이다. 돈, 권력, 명예를 더 많이 가진 사람일수록 그의 몰락이 더 많은 대중에게 자극적인 쾌락을 선물한다. 쌤통 심리에 빠지는 순간 자신은 순결한 정의의 사도가 된다. 나카노 노부코는 이를 '정의 중독'이라고 했다.* 추락하는 상대방은 부패·무능·불의·불결의 상징이 되고, 자신은 청결·유능·정의·순결의 대표자가 되는 셈이다.

쌤통 심리가 무서운 것은 그것이 파시즘의 기본 인프라 역할을 하기 때문이다. 히틀러가 유대인을 대량 학살할 때 그들이 몰락하기를 바라던 유럽인들의 쌤통 심리를 한껏 활용했다. 폭발적인 물가 상승에도 불구하고 유대인들은 서로 도우며 무너지지 않고 있었다. 김일성의 반동분자 숙청, 마오쩌둥의 홍위병 운동도 마찬가지였다. 독재자나 전체주의 국가 지도자는 언제나 타도 대상을 적으로 지목, 대중의 쌤통 심리를 자극하는 수법을 쓴다.

박근혜 일파는 대중의 샤덴프로이데 심리를 극대화했다. 하나의 추문이 채 가라앉기 전에 다른 루머와 의혹을 터뜨리며 쌤통 쾌감을 즐기도록 언론 플레이를 이어갔다.

하루는 전세기와 요트 여행을 흘리고, 이어 고재호 연임 청탁 의혹을 내놓았다. 가족회사 운영, 조카 취업 의혹, 고급 와인과 명품 핸드백 수수설, 박수환 구명 로비설, 고급 식당 출입설, 내연 관계 루머를 언론에 흘렸다. 내사를 통해 얻은 루머를 언론에 흘리고 언론이 보도하면 의혹을 수사한다는 명분

---

* 나카노 노부코의 저서 《샤덴프로이데》(삼호미디어), 《우리는 차별하기 위해 태어났다》(동양북스)와 일본 언론에 실린 많은 인터뷰 기사를 참고했음.

으로 또 다른 루머를 흘려 부패 이미지를 고착시켜 혐의를 범죄 사실로 굳히는 방식이다.

검찰이 연일 언론 플레이를 전개한 것은 부패한 기자라는 인식을 심어주려는 목적이었다. 구악 기자 이미지가 필요한 이유는 두 가지다.

첫째, 그것은 검찰 수사를 합리화하는 기본 요건이었다. 수사가 청와대 하명으로 시작된 것이 아니라는 논리를 만드는 과정이다. 〈조선일보〉 주필이 정치적 이유로 당하는 것이 아니라 뇌물을 먹었기 때문에 수사한다는 명분을 만들었다. 특히 호남 기자를 찍어 내는 언론 공작이라는 인상을 주지 않으려 했다.

두 번째 목적은 구속을 위한 사전 정지 작업이었다. 부패 혐의 보도가 연일 지속되면 법원과 영장 담당 법관들이 그 보도를 접할 수밖에 없다. 뜸을 들여 놓으면 구속영장이 발부될 확률은 부쩍 높아진다. 대중의 관심이 집중된 사건에서 법관이 좀체 영장을 기각하지 못한다는 것을 검찰은 잘 알고 있다.

그렇게 나는 여론 재판에서 사형 판결을 받았다. 생물학적으로는 생존했지만 기자로서는 사형이 집행됐다. 검찰은 완전 승소했다. 그들은 온 세상 모든 정의를 독차지했다. 최대 신문사 주필의 비리를 대형 풍선으로 포장해 공중에 띄워놓고 대중의 쌤통 심리를 한껏 자극했다. 독화살을 난사하며 온 국민의 옥시토신 분비를 재촉했다. 그들은 나의 심장을 꺼내 들고 '샤덴프로이데!(쌤통이다! 잘코사니야!)'를 외치며 페스티벌을 즐겼다.

자객이 침투할 때는 으레 길을 안내하고 대문 빗장을 열어주는 내부 조력자가 있기 마련이다. 극우 집단의 제단에서 온몸이 갈기갈기 해체된 시체에 칼이 하나 더 꽂혔다.

2016년 9월 8일 자 〈조선일보〉는 '논설 책임을 맡고서도 차마 선배 주필들 사진을 쳐다볼 수 없었다'는 양상훈 논설주간*의 당당한 기명 칼럼이었다. 〈동아일보〉권순활 논설위원이 나를 맹비난하는 칼럼을 게재한 다음 날이었다. 일본의 명성황후 시해도 조선 왕조의 친일파 고위 군인들이 도왔다. 내부 조력자의 확인 사살이 가해진 꼴이었다.

필자 양상훈은 나를 언론 권력을 행사한 인간으로 매도했다. 이어 선배들의 통곡 소리가 들린다고 썼다. 나를 〈조선일보〉 100년 역사에서 선배 주필들 가슴을 찢어 놓은 대역 죄인이라고 심판했다.

'며칠 전까지 소주잔을 주고받던 후임자가 이럴 수가….'

이따위 감상적 한탄은 나오지 않았다. 나는 회사 입장을 대변하거나 특정 집단이나 개인의 이익을 위해 칼럼을 써본 적이 없다. 하지만 이 칼럼은 회사 이익을 반영했는지, 특정 지역 출신 정치 집단의 주장을 담았는지, 청와대의 의중을 대변했는지 알 수 없었다. 40년 동안 나를 겪은 조직이 '넌 원래 그런 인간이었어.'라며 침을 뱉고 있었다.

경영층이 출고를 묵인한 것으로 볼 수밖에 없었다. 후배가 바로 며칠 전 퇴사한 선배에게 이처럼 잔혹한 저주를 퍼붓는 글이 〈조선일보〉 지면에 게재된 것을 보거나 들은 일이 없었다. 기명 칼럼이 어떤 여과 장치를 거치는지 누구보다 잘 아는 입장에서 양상훈의 칼럼은 최소한 경영진의 암묵적 동의를 받았다고 볼 수밖에 없었다. 야멸찬 아웃 통고였다.

'샤덴프로이데! 샤덴프로이데!'

---

* 현재 〈조선일보〉 주필. 대일고–서울대 공대 졸업. 정치부장–편집국장 역임. 박근혜 정권의 김성우 청와대 홍보수석과 고교 동기동창이고, 원적지가 경북 봉화라고 했다. 나와 관련된 자료를 검찰에 제공한 정성립 대우조선해양 사장과 서울대 공대 동문.

제단에 갈기갈기 찢긴 선배 시체가 올려진 파티에서 양상훈이 사냥개들, 몰이꾼들을 대표해 침을 뱉은 뒤 승리의 건배사를 목청껏 외치는 듯했다.

칼럼은 접촉 금지령과 같은 효력을 유발했다. 소수의 후배는 통화 거절, 면담 기피, 문자 씹기로 관계를 끊었다. 검찰의 거짓과 조작을 지적하는 사실확인서 작성을 거부하는 기자도 있었다.

〈동아일보〉 출신 선배가 전화를 걸어왔다. "〈조선일보〉 전통은 회사에 남은 사람들과 나간 사람들 사이가 좋았는데, 왜 이런 칼럼이 나왔느냐?"라고 물었다. 엊그제 그만둔 선배를 후배가 저격하는 풍경에 놀랐다고 했다. 뭐라고 대답할 수 없었다.

쾌감 호르몬의 분비를 절제할 수 없었을까. 넘치는 옥시토신을 선배들 통곡 소리에 교묘하게 감추고 싶었던 것일까.

그날, 마지막 남은 안정제 한 알을 삼키고 잠자리에 들어야 했다.

6장

박근혜는
왜 〈조선일보〉와
싸움을 선택했나

보수 정당인 한나라당은 2004년 노무현 탄핵 발의로 민심의 역풍을 맞았다. 총선을 눈앞에 두고 박근혜는 한나라당의 구원투수로 등장했다. 그는 총선, 보궐선거, 지방선거에서 연달아 승리해 대형 정치인으로 성장했다.

선거에서 박근혜 덕을 봤다는 정치인이 하나둘 늘었다. 박근혜가 2004년 3월~2006년 6월 한나라당 대표로 일하는 동안 당직을 맡았던 인사들이 친박 그룹을 형성하기 시작했다. 친박 세력을 결속시킨 일등 공신은 이명박이었다. 2008년 4월 이명박 집권 직후 실시된 18대 총선에서 친박계가 대거 공천에서 탈락했다. '대학살'이라는 표현이 언론에 떠올랐다. 상당수가 친박 연대를 결성해 국회에 진출, 친박 진영을 구축했다. 큰 흐름에서 보면 노무현 탄핵은 박근혜를 대형 정치인으로 키운 원점이었고, 이명박은 친박을 단단하게 만들어준 접착테이프 역할을 맡았다.

한나라당은 2012년 다른 인물이 없어 박근혜 대통령을 탄생시켰다. 친박 전성기가 막을 올렸다. 주요 직책을 독차지하고 윤활유가 매끄럽게 돌았다. 친박 왕국이 장기간 지배할 것이라는 희망에 부풀었다.

그러나 당내 사정은 달랐다. 표결에서 친박이 패배하는 수모가 이어졌다. 2014년에는 국회의장 선출 투표에서 친박이 지원한 황우여가 정의화에게 참패했다. 그해 7월에는 당대표 선거에서 친박 좌장 서청원이 김무성에게 패퇴했다. 2015년 2월에는 원내대표 투표에서 친박계 이주영이 친박에서 이탈한 유승민에게 졌다. 국가 권력을 쥐었으나 당내 권력 싸움에서는 연달아 밀리는 형국이었다.

어떻게든 2016년 총선에서는 친박이 당내 다수 지분을 확보해야 한다는 지상 과제가 설정됐다. 당내 다수파 공작이 실패하면 박근혜 후계자 지명을 통한 재집권도 물거품이 될 판이었다. 박근혜는 퇴임 후에도 정치를 계속할 욕심을 감추지 않았다. 그 기반을 2016년 4·13 총선을 통해 확보하겠다는 결의가 친박 내부에서 들려왔다. 2017년 말 대선을 앞두고 20대 총선은 고지를 선점해야 할 중요한 전쟁터였다.

그러나 민심은 정반대 곡선을 그리고 있었다. 박근혜 지지율은 하강하고 있었다. 신문사 주변의 보수 우파 인사들을 만나면 한숨을 내쉬곤 했다.

"잘못 뽑았어!"

"이제 손가락 자른다는 말을 하기도 창피하다."

대선에서 박근혜를 지지했던 것을 후회했다.

"아버지의 반의반도 안 된다."

"사람이 독한 것을 빼고는 아버지를 닮은 게 하나도 없다."

3년을 지켜본 끝에 평가가 낙제점 이하로 내려가고 있었다.

"이게 뭐야. 시끄럽기만 하고 되는 일은 하나도 없잖아. 무능하기는 지독하게 무능하네."

보수 우파 인사들은 박근혜가 무능하다고 쑥덕거렸다. 실망을 넘어 낙담하는 단계에 접어들고 있었다. 낙담은 2015년 말부터 박근혜를 화제로 삼지 않는 방식으로 나타났다.

보수 진영의 화제는 '그럼 다음엔 누구를 지지할까'로 가고 있었다. 2017년 대선 후보감을 놓고 잡담이 이어졌다. 반기문, 남경필, 원희룡, 김무성을 달궈지지 않은 불판 위에 올려놓고 이리 뒤집고 저리 뒤집다 내려놓곤 했다.

보수 진영의 분열은 정치권에 그대로 투영되고 있었다. 보수 진영 내부의 민심 분열이 보수 정치권을 자극하면, 비박과 친박의 갈등이 보수 진영 민심을 더 분열시키며 상승작용을 하고 있었다.

김무성은 비박 정파를 뭉치게 하는 중심인물이었다. 그는 당권을 장악했고 국회의장 선거, 원내대표 선거에서 친박과 대척점에 섰다. 비박계 리더로서 대선 유력 후보 중 한 명으로 떠오르고 있었다.

비박 세력은 제각각 떠들어 댈 뿐 같은 정치 철학으로 뭉치는 기색이 없었다. 그저 '친박이 설치는 꼴 보기 싫다'는 정치인의 모임 같았다. 비박 집단에는 김영삼 계보, 이명박 계보의 인물이 다수였다. PK와 TK 출신 중에서는 TK 본류에서 소외된 비주류가 많았다. TK 비주류 MB계와 친박에서 소외된 PK가 연대하고 있다는 인상을 주었다.

이는 예견된 현상이었다. 이명박이 대권을 잡자 TK 본류에서는 "비주류가 잡았다."라며 포항 영일만 출신 대통령을 얕보며 수근거렸다. "진골이 성골 자리를 차지했다."라며 영포 라인(영일만·포항 출신들) 인사들을 폄하했다. 대구 중심의 TK 주류가 MB 세력을 본류로 인정하지 않는다는 증좌였다. 어느 TK 본류 정치인은 "머슴이 주인 노릇을 하는 꼴을 5년이나 바라봐야 하는가."라는 탄식까지 쏟아냈다. 친박은 스스로를 'TK 본류'이자 '원조 보수'라고 자리매김했다.

TK 본류와 비주류 갈등은 이명박이 2012년 총선에서 친박 세력 학살로 1차 폭발하더니, 2016년 총선에서는 박근혜가 MB계를 대거 학살하면서 2차 폭발했다. 좁게 보면 보수 진영의 분열은 TK 내부의 본류·비주류 다툼에서 스타트했다고 볼 수 있다. TK의 내부 분열이 보수 정치권의 분열을 촉발하는 단초가 되었던 것이다.

보수 진영 분열을 초래한 결정타는 친박의 권력 독점과 극우화 성향이었다. 박근혜의 극단적 질주를 보며 "같은 보수이지만 해도 너무한다."라고 비판하는 의원들이 적지 않았다. 극우로 달려가는 일방통행에 진저리를 쳤다.

박근혜는 집권 5개월 만에 공안검사 출신 김기춘을 비서실장으로 지명했다. 김기춘은 박정희 독재 정권 말기에 민주주의 제도를 우습게 만든 유신 헌법을 기초한 인물이었다. 이어 통진당을 해산했다. 반공 노선을 더 확고히 하겠다는 선언이었다. 경제민주화 정책으로 재벌 개혁을 하겠다는 대선 공약을 흐지부지 무시해버리더니, 나중에는 재벌들에게 미르재단 설립 자금을 헌납하라고 했다. 박정희 시대에 형성됐던 재벌과 유착 관계 그대로였다.

블랙리스트를 작성해 진보적 예술인, 문화인을 탄압했다. 박정희 시대 때 걸핏하면 영화와 대중가요를 검열, 공표를 금지했던 것을 빼닮은 정책이었다. 세상은 달라졌고 국가 위상은 선진국 문턱에 도달했다. 국민 의식 수준은 부쩍 높아졌건만 정책 노선은 과거로 회귀했다. 독재자 아버지의 전성기로 되돌아가려는 것처럼 보였다.

2015년 가을, 국정 역사 교과서 논쟁에서는 보수 진영이 갈라지는 현상을 뚜렷하게 피부로 느낄 수 있었다. 역사학계의 보수 인사들마저 역사 교과서 국정화 작업을 비판했다.

"우리가 공산국가도 아니고, 독재국가도 아닌데 국가가 만든 단일 교과서만 가르치겠다는 발상이 뭐냐."

보수 우파 인사들은 국정 역사 교과서는 국가 위상에 맞지 않는다고 했다. 선진국 진입을 앞둔 나라에서 무슨 뚱딴지 극우적 정책이냐는 것이다. 박근혜가 역사 교과서 국정화를 결정하며 "바르게 역사를 배우지 못하면 혼(魂)이 비정상"이라고 했던 발언은 비아냥거리가 됐다. 어느 보수 역사학자는 사석에서 "국정 교과서 발상이야말로 대통령 혼이 비정상이라는 증거"라고 비웃었다. 보수 우파 인사들이 이처럼 대놓고 반대하는 일은 없었다. 박근혜의 무능에 실망한 데다 우경화 노선을 지켜보다 못한 나머지 온건한 보수들의 불만이 그쯤에서 표출되고 있었다.

통치 수법도 박정희의 유신 독재 시대로 후퇴하고 있었다. 국정원 같은 정보기관, 검찰을 앞세워 국민을 통치하려는 움직임이 역력했다. 극우 단체, 극우 인터넷 사이트들에 활동 자금을 지원하는 일부터 친정권 여론 조작을 위한 댓글 공작까지 정보기관을 개입시켰다. 독재 정권 시절의 통치 기구와 탄압 도구들을 풀가동하고 있었다.

세월호 참사 수습 실패, 메르스 전염병 창궐, 정윤회 문건 파동을 거치면서 정권의 무능이 누적되고 있었다. 그렇다고 아버지처럼 경제 실적으로 국민 불만을 누그러뜨리는 능력을 보여주지도 못했다. 비정규직들이 줄어들지 않았고 빈부 격차가 완화되지 않았다. 부동산 가격은 폭등했고 북한의 핵 위협은 심각해지고 있었다. 정치, 안보, 경제, 외교 등 모든 분야에서 무능하다는 평가가 증가했다.*

보수의 분열은 2016년 총선 이전부터 두드러지고 있었다. 수도권의 중도 보수들이 먼저 이삿짐을 싸고 있었다. 극우화로 달려가던 친박 세력은 중도 보수가 이탈하고 있는 흐름을 전혀 몰랐다. 사석에서 "콘크리트 지지층을 믿는다."라는 말도 절제하지 못했다. 권력에 취해 있었다. 언론은 보수 진영의 분열에는 관심을 두지 않았다. 그저 새누리당의 파벌 싸움, 친박-비박의 다툼을 보도하고 있을 뿐이었다.

---

* 한국 보수 세력의 분열과 문제점, 실패 과정에 관해서는 졸저 《진짜 보수 가짜 보수》, 《보수주의자의 삶》(이상 21세기북스) 참조 바람.

친박 세력은 오판하고 있었다. 보수 정당을 지지하는 40퍼센트 안팎의 여론이 대부분 박근혜를 지지하는 것으로 착각했다.

낙관론의 근거는 야당 분열이었다. 친노가 설치는 꼴을 보기 싫다며 안철수 세력과 호남 출신 국회의원들이 더불어민주당에서 짐을 꾸려 독립했다. 2016년 2월 '국민의당' 출범이었다. 야당이 쪼개졌으니 새누리당 승리는 보장받은 셈이라는 논리였다.

친박은 야당 분열에 콧노래를 부르는 데서 머물지 않았다. 더 큰 그림을 그렸다.

나는 '박정희 가문'이라는 표현을 그 언저리 처음 들었다. 어색하기 짝이 없는 말이었으나 친박 내부에서는 간혹 쓰는 용어인 듯했다. 미국 정치권의 부시 가문이나 케네디 가문처럼 한국에는 박정희 정치 가문이 있다는 식이었다. 박근혜는 가문의 2세이고 다음 대선에서 3대 후계자를 지명할 것이라는 시사였다.

"MB(이명박)는 야도이(고용된 월급쟁이 출신) 사장이지만 박근혜는 오너 2세다."

월급쟁이들이 재벌 창업자 2세, 3세를 후계자로 받아들이는 것을 당연한 일로 여기는 나라여서 그런가. 친박의 설명을 종합해보니 박정희가 한국 정치권에서 보수 진영의 창업자라는 의식이 작동하고 있었다. 그 틀에서 보면 가문의 적통 후계자는 박근혜이고, 이명박은 임시 고용한 월급쟁이일 수밖에 없다. 이는 TK가 보수의 원조이고, TK 본류인 친박이 보수 정치의 정통 계보라는 생각과 통한다.

박정희 가문론이 언론이나 학계에서 크게 논쟁이 된 적은 없다. 워낙 받아들이기 힘든 설명법이었기 때문이리라. 하지만 2016년 초 반짝 등장한 박정희 가문론은 2세 박근혜가 3대 후계자를 지명할 것임을 암시하고 있었다.

친박 진영에서는 누구를 내세우든 총선, 대선에서 불패 신화를 이어갈 수 있다는 확신이 지배했다. 국회 의석 300석 가운데 180석을 장악할 것이라는 섣부른 예측까지 삼가지 않았다.

착각과 오판은 청와대와 친박을 과속 질주로 끌고 갔다. 총선 후보 공천에 청와대가 노골적으로 개입, 김무성계와 유승민계를 대거 탈락시켰다. 친박 행세를 하는 후보 중에도 진짜 친박이 따로 있다며 '진박'을 감별하는 촌극이 벌어졌다.

김무성은 당이나 파벌 대표로서 무능했다. 친박을 감당하지 못해 당대표 인감을 들고 부산으로 피난을 가는 3류 코미디를 연출했다. 박근혜가 '배신자'로 지목한 유승민은 공천을 받지 못하고 당을 떠났다. 비박은 지리멸렬이었다. 그럴수록 민심은 보수 정치권을 떠났다.

박근혜와 친박은 무리한 공천을 밀어붙였다. 논설위원실 동료들의 토론은 친박의 독선을 견제해야 한다는 결론에 도달하곤 했다. 〈조선일보〉 사설은 청와대의 노골적 공천 개입과 친박의 권력 독점 시도를 연달아 비판할 수밖에 없었다. 보수 정권의 국정 노선이 더는 극우화하는 것을 막으려는 브레이크 장치가 가동되고 있었다.

이 때문에 때로는 사흘 연속 비판 사설을 썼다. 4·13 총선 전에 지면에 반영된 주요 사설을 제목만 추려보면 다음과 같다.

- 새 인물도 새 정책도 없는 새누리당, 무슨 배짱인가(1월 16일 자)

- 지역감정 조장해 세력 키우는 정치인은 퇴출시켜야(1월 26일 자)

- 당대표가 '친박 완장'에 눌려 "화끈하게 마음 못 열었다"니(1월 28일 자)

- '헌법보다 의리'라는 친박들, 국민 뭐로 보고 그런 말 내뱉나(2월 5일 자)

- 발가벗은 여(與) 공천 싸움, 과반 꿈도 꾸지 마라(2월 19일 자)

- 이번엔 살생부 논란, 새누리 '공천 막장극' 끝은 어디인가(2월 29일 자)

- 여(與) 공천, 친박 현역 한두 명 교체로 눈가림할 생각 마라(3월 7일 자)

- "김무성 죽여" 막말 윤상현, 정치인 자격 없다(3월 10일 자)

- 이한구, 중립적으로 공천 관리할 자격 있는가(3월 11일 자)

- 막장 싸움 새누리, 안보 위기 국가의 집권당 맞나(3월 12일 자)

- 잡음만 컸지 참신한 맛 없는 여(與) 공천, 이러고도 표 바라나(3월 14일 자)

- 여(與)의 정치 보복 공천, 이러면 결국 분열·퇴화(退化)의 길 갈 것(3월 16일 자)

- 이제 정치는 3류가 아니라 4류로 전락하고 있다(3월 19일 자)

- 새누리 비례 공천, 이걸로 '친박 패권' 덮을 수 있다 생각했나(3월 23일 자)
- 대통령 눈 밖 난 유승민 탈당 몰아간 여(與)는 공당(公黨) 자격 없다(3월 24일 자)
- 친박의 독선과 오만이 불러온 집권당 연쇄 파국(3월 25일 자)

다른 신문보다 친박 비판 사설이 많이 나갔던 모양이다. 〈조선일보〉를 보지 않는 친구가 "요즘 〈조선일보〉가 친박 공격에 앞장섰다면서?"라고 물어오기도 했다.

사설의 논지는 친박의 편파적인 공천을 비판하면서 당내 다양한 파벌이 공존할 필요가 있다는 점을 강조했다. 친박 왕국을 구축하려고 지나치게 공작 정치를 밀어붙이면 보수 세력이 분열할 것이라고 경고했다. 친박과 청와대 비판 사설이 지나치게 많다는 의견이 내부에서 잠시 나왔지만, "친박의 기괴한 행태가 더 지나치지 않으냐."라는 의견에 눌렸다. 논설위원들의 의견을 종합해야 하는 주필로서 다른 선택을 할 수 없었다.

총선 막판에 등장한 '사죄 쇼'를 보고는 어안이 벙벙했다. 선거운동 막판에 새누리당 지도부가 '죄송합니다' '잘 하겠습니다'라는 피켓을 들고 사죄 회견을 했다. 김무성 대표는 "공천 과정에서 국민 눈 밖에 나는 잘못을 저지르고 실망시켰다."며 "용서하고 다시 한번 기회를 달라."고 했다. 하지만 4월 8일 자 '사죄 쇼로 표 구걸하나'라는 사설을 쓰게 된 계기는 김무성의 사죄가 아니었다. 전날, 친박 핵심과 대구 지역 후보들이 단체로 길바닥에서 무릎 꿇고 머리를 조아렸다. "박근혜 대통령님을 봐서라도 미워도 다시 한번"이라고 하소연했다. TK의 지역감정을 자극하는 표 구걸이었다.

'친박의 정치 수법은 구제 불능이구나!'

‘보수 원조’ ‘TK 본류’ ‘박정희 가문의 적통 후계자’의 선거 전략이 고작 이것이라는 말인가. 친박은 박정희 정치에서 한 발짝도 전진하지 못하고 있었다.

‘비판한다. 고로 존재한다.’

이것이 글쟁이가 가야 할 유일한 길이라고 판단했다. 사설과 칼럼으로 친박의 독주를 비판, 견제 여론을 형성하는 수밖에 없다고 보았다.

하지만 그건 저승사자의 유혹이었다. 그들에게는 호남 출신 주필의 죄목을 추가할 명분을 제공했을 뿐이었다.

과거 영국 왕실에는 ‘바보(fool)’라는 어릿광대가 왕의 곁을 지켰다. 왕에게 나쁜 뉴스를 보고하는 담당자였다. 패전이나 범인 체포 실패, 민란 같은 나쁜 뉴스를 갖고 오는 메신저가 왕의 분노를 유발하는 바람에 처형을 당하는 비극이 발생하곤 했다. 왕실은 절대 권력자가 죄 없는 메신저를 처단하는 참사를 막으려고 나쁜 뉴스를 적당한 시간에 에둘러 전달하는 ‘바보’를 두었던 것이다.

나는 슬기로운 바보가 되지 못했다. 쓴소리를 직보해 권력자의 절제력을 무너뜨리고 분노를 폭발시키는 눈치 제로의 메신저가 되고 있었다.

4·13 총선을 앞두고 김성우 청와대 홍보수석과 신성호 홍보특보가 빈번하게 식사 기회를 갖자는 제의를 해왔다. 김성우는 SBS 보도본부장 출신으로 내가 한국신문방송편집인협회 회장을 지낼 때 부회장을 맡아 알게 됐다. 신성호는 〈중앙일보〉 출신으로 성균관대 교수로 재직 중 청와대 홍보특보 임무를 맡았다.

나는 청와대 인사를 만날 때는 일부러 논설위원을 여럿 동행했다. 논설위원들이 청와대의 움직임, 권력 핵심의 뜻을 제각각 자유롭게 해석할 수 있도록 하려는 의도였다. 다양한 해석을 종합하는 게 유익하다고 보았다. 그들과 단둘이 만나는 일은 없었다.

총선 2~3개월 전은 기자에게 민감한 시기다. 비공식 식사에서 참석 멤버, 식사 장소, 말 한마디가 다른 의미를 갖는다. 선거 직전 유력 정치인이나 권력 핵심 인사가 만나자는 제안은 진지하게 받아들여야 한다. 면담을 거절하거나 미적거리는 행위는 적대감 표시가 될 수 있다. 4·13 총선 전 똑같은 각오를 다지고 있었다.

김성우 홍보수석은 드문드문 저녁 식사를 가졌지만 구체적 용건을 들고 나온 적이 없었다. 그러던 그가 4·13 선거를 앞두고 달라졌다. 우선 사설에 대한 반발을 감추지 않았다.

〈조선일보〉 사설은 대통령과 청와대의 태도를 아프게 지적했다. 예를 들어 이런 식이었다.

- 입법 촉구 서명 운동 위해 길거리로 나간 대통령(1월 19일 자)
- 청와대가 이렇게 노골적으로 선거에 개입해도 되나(3월 11일 자)
- 박 대통령, 친박당 만들어 국정 제대로 헤쳐 갈 수 있는가(3월 18일 자)

메르스 전염병이 창궐해 사망자가 발생한 날 사설은 '대통령은 어디 갔나'였다. 사망자가 처음 나온 날 대통령이 국가질병본부를 방문하지 않고 지방 행사장에서 함박웃음을 짓는 모습이 노출된 것을 호되게 비판했다.

총선 직전 청와대 반응이 날카롭게 전해져 왔다. '〈조선일보〉가 이럴 수 있느냐'는 뒷말이 들려왔다. 그 무렵 논설위원 누군가가 보고했다.

"청와대 쪽 고위 인사를 만났더니 우리 신문에 불만이 많습니다. 심지어 〈조선일보〉도 살아야 하는 게 아니냐고 반문하더라고요. 협박인지 구슬리는 건지 구분할 수는 없었지만 하여튼 불평이 그치지 않았습니다."

친박의 공천 파동이 이어지던 무렵 김성우와 저녁 식사 자리가 마련됐다. 여느 때처럼 여러 논설위원이 동행했다. TV조선에 일부 불만을 표시했으나 심각한 수준은 아니었다. 일상적 농담, 정보 교환, 사실 확인이 이어졌다. 민감하게 느껴지는 대화는 없었다.

며칠 후 김성우가 다시 전화를 걸어와 갑자기 점심을 제의했다. "엊그제 만났는데 또 만나느냐?"라고 반문했더니 "자주 만날수록 좋은 게 아니냐."라고 했다. 의아했지만 "그럼 약속이 없는 논설위원 몇 명을 다시 모아 보겠다." 하며 받아들였다. 여기서 김성우는 난색을 표시했다. "이번엔 둘이서만 한번 하시죠. 따로 드릴 말씀도 있고요."

인간적 교류가 약한 취재원과는 식사 자리가 어색하기 짝이 없다. 언론사 주필과 대통령 측근의 경우엔 더 예민할 수밖에 없다. 사설에 불만을 갖고 있는 것을 알고 있기에 더더욱 신경이 쓰였다. '따로 드릴 말이 있다'는 표현을 듣는 순간 복잡한 생각이 두뇌 속에서 교차했다.

막상 만나자 김성우는 차마 공개하기 쑥스러운 유화책을 들고나왔다. 독재 정권 시절 기자들을 타락시킨 접근 방식이었다. 청와대가 총선 승리를 얼마큼 바라고 있는지 간절한 뜻을 전하고 싶은 제스처로 보였다.

"〈조선일보〉만은 어떻게든 우리 편이 되어야 하는 게 아닙니까. 다들 그렇게 기대합니다."

청와대와 친박 편을 들어 달라는 요청이었다. 박정희 가문의 적통을 이어 가는 작업에 협조해 달라는 부탁으로 들렸다. 도저히 그럴 수는 없었다. 극우화 노선으로 기울어 가는 세력, 무능을 드러낸 권력을 어떻게 도우라는 것인가.

김성우와는 그것이 마지막 만남이었다. 그리고 총선이 끝난 지 10여 일 만에 검찰은 나를 내사하기 시작했다. 최순실·우병우 의혹이 터지고 김진태 폭로가 이어지던 2016년 여름, 그가 나를 어떻게 공격했는지는 언론계에 상당히 알려져 있다.

'허위 사실을 만들어 인신공격을 할 수 있느냐.'

청와대와 검찰의 무차별 공격에 쫓기며 한때 언론계 동업자였던 김성우에게 한마디 하고 싶었다. 총선에서 협조해주지 않고 거절해서 이러는 거냐고 묻고 싶었다.

하지만 그냥 당하는 쪽을 선택했다. 김성우 역시 박근혜의 권력 놀음에 놀아나는 하수인에 불과하지 않은가. 나는 언론계 출신이 난사하는 총알을 고스란히 맞았다.

김성우와의 일화를 소개하는 이유는 그를 비난하려는 뜻이 결코 아니다. 그 무렵 박근혜 주변의 분위기가 어떠했는가를 설명하고 싶었기 때문이다. 친박은 어떻게든 보수 언론을 포섭해 총선에서 승리하고 대선에서 박정희 가문의 3대 후계자를 지명하려는 듯했다. 좋은 후보를 내세워 국민 지지를 받아 선거에서 승리한 뒤 정치권 분위기를 주도하려는 노력은 뒷전으로 보였다.

권력에 복종하는 공영방송이나 통신사, 신문사를 제외하면 일반적으로 언론과 권력은 서로 경계하는 관계다. 긴장한 채 상대방을 관찰하고 견제한다. 권력과 언론은 자기 길을 가면서도 소모적인 정면충돌만은 가급적 피하고 싶어 한다. 서로가 상대방 파워를 알고 있기 때문이다. 평상시 권력자와 언론사 사이에 수시로 대화 창구가 가동되는 이유는 여기서 찾을 수 있다. 겹겹이 가설된 소통 채널은 권력과 언론의 소모전적 충돌을 피하는 중재자가 된다.

박근혜 정권이 취약했던 부분 중 하나가 이 대목이다. 언론과 소통하는 창구가 부족했다. 공식 창구는 접촉이 현저하게 적었고 비공식 창구는 거의 가동되지 않았다.

보수 언론을 증오했던 노무현도 대통령 시절 보수 언론사 간부들과 비공식 만찬에서 막걸리나 뽕나무 열매로 만든 오디주를 마셨다. 국회의원 때는 목욕탕에서 맨손으로 등짝을 패며 농담을 주고받는다는 기자도 있었다. 그는 언론사 임원을 청와대에서 개별 면담하거나 때로는 언론사로 찾아가 비공식 여론을 청취했다. 그는 〈조선일보〉와 접촉을 꺼렸을 뿐, 통신사 사장이나 경제신문 회장과는 가끔 어울렸다. 권력과 언론 사이에 드러나지 않는 중재자들이 있었다.

박근혜는 언론인과 별로 접촉하지 않았다. 비공식 자리에서 언론인을 따로 만나지 않았다. 정윤회 문건 파동 이후 지지율이 추락했을 때, 탄핵 위기에 몰렸을 때 주요 신문사 사장 두 명과 식사했다고 들었다. 이를 제외하면 현역 칼럼니스트나 편집국장, 주필 등 언론계 고위 인사들과 허물없는 대화를 가졌다는 얘기를 들어본 적이 없다. 그가 언론인을 만나는 기회는 대부분 공식 행사였다. 언론단체 대표 수십 명과 단체로 만나 식사하고 단체 사진을 찍는 식이었다. 다른 대통령들과는 달리 터놓고 지내는 언론인이 누구인지 좀체 떠오르지 않았다. 청와대 수석 비서관들도 언론인 접촉 빈도수가 낮았다. 만나도 "비서는 입이 없다."라며 배경 설명을 하지 않았다.

박근혜는 권위주의적 언론관에 충실했다. 권력자 뜻에 협조해야 한다는 전체주의 국가의 독재자가 보였던 언론관과 다르지 않았다. 그는 언론을 권력과 국민이 소통하는 창구로 보지 않았다. 잘해야 정권 홍보에 앞장서는 애완견 정도로 여겼고, 때로는 정권이 노리는 사람을 공격하는 데 투입할 사냥개로 생각했다.

그러면서 조금만 비판적인 보도를 하면 조준 사격을 절제하지 않았다. 좋은 사례가 일본 〈산케이신문〉 서울 지국장과 〈세계일보〉였다. 〈산케이신문〉 서울 지국장은 오보 하나로 검찰 수사를 받고 기소됐다. 〈세계일보〉는 정윤회 문건 보도 후 세무조사를 받았고, 사장은 자리에서 물러나야 했다.

〈조선일보〉 대선배들은 박근혜 언론관에 일찌감치 경계심을 늦추지 않았다. 정권 출범 초기 아버지와 딸의 언론관을 비교하는 논의가 있었다. 그 결과 언론을 바라보는 딸의 인식이 아버지보다 훨씬 적대적이라고 진단했다. 선배들로부터 "무슨 불길한 일이 터질 것 같으니 신경을 쓰라."라는 경고를 들었다.

박근혜의 대통령 취임 초 육군 대장 출신들이 외교안보실장과 경호실장 자리를 차지했다. 몇 달 후 유신헌법을 만드는 작업을 맡았던 공안검사 출신 김기춘이 비서실장에 취임했다. 강성 인사였다.

"저런 인력 배치는 심상치 않다. 대통령 주변에 유연한 생각을 가진 인물이 없다. 한번 눈 밖에 나면 절대로 가만두지 않겠다는 신호다."

그때마다 선배들은 "박근혜가 언론에 독하게 나올 것이다."라는 말을 빠뜨리지 않았다.

박정희 집권 말기 권력자가 언론사와 기자를 어떻게 다뤘는지 병아리 기자로서 생생하게 겪었다. 별것 아닌 비판 기사로 남산 중앙정보부(국정원)에 무작정 끌려가 며칠 동안 반성문을 쓰거나 매를 맞고 돌아온 선배들이 있었다. 동료가 끌려가면 선후배들은 회사에서 대기하거나 주변 술집에서 말없이 술을 마시는 풍경이 벌어지곤 했다. 광화문 근처 목욕탕에서는 고문의 상처를 쓰다듬는 언론계 선배를 가끔 마주쳤다.

박정희는 언론을 혹독하게 다루면서도 친한 기자와는 속마음을 털어놓고 대화를 나누는 술좌석을 자주 가졌다. 신문사에는 "한잔 걸친 김에 내가 박통(박정희)에게 이런 말을 했다."라고 호기를 부리는 선배들이 있었다. 대통령과 언론사 고위 인사의 술좌석을 마련해주는 막후 연락장교가 몇 명 활약했다. 하지만 박근혜의 경우 언론과의 통로에 찬바람이 쌩쌩 불었다.

'선배들의 촉감이 맞는 게 아닌가.'

시간이 갈수록 청와대에서 퍼져 나오는 음산한 냉기가 온몸을 스쳤다. 언론과 소통이 부족한 데다 충돌에 대비한 완충 장치도 없었다. 이 때문에 충돌은 언제나 파국으로 달려갔다. 〈산케이신문〉 지국장을 재판에 넘겼다가 한일 외교 관계가 갈등 국면에 들어갔고, 일본에서 반한 감정을 부추기는 단행본이 대거 발간되는가 하면, 일본 TV 뉴스 쇼에서 반한 발언이 쏟아지는 결과를 빚었지 않은가.

권력과 언론이 정면충돌하려면 몇 단계 과정을 거친다. 권력자가 언론사에 불만이 있으면 처음에는 출입 기자를 통해 의중을 전달한다. 다음 단계는 편집국장, 정치부장 등 편집국 간부 루트를 통해 사주나 주필, 편집인에게 불만을 전달한다. 이때는 목청이 조금 높아진다. 권력자는 비공식 루트를 통해서도 신문사 오너 쪽에 의사를 전한다. 비공식 루트로 뜻을 전해도 별 조치가 없으면 청와대 특보나 수석이 들락거리며 언론사 대주주와 사장에게 요청 내용을 전한다.

세무조사, 검찰 수사는 마지막 단계다. 김대중 정권은 〈조선일보〉 〈동아일보〉 〈중앙일보〉 사주를 구속하는 방식으로 보수 언론에 불만을 발산했지만, 대부분의 권력자는 막후 대화를 통해 그 전 단계에서 멈추곤 했다.

박근혜의 청와대는 모든 단계를 생략했다. 불만을 전달하는 예비적 경고 단계가 짧았다. 대통령의 지시와 결정이 통보될 뿐, 대화를 통해 배경 설명을 해가며 설득하려 들지 않았다. 청와대에서 누구도 〈조선일보〉 기사와 논조에 어떤 불만을 갖고 있는지 구체적으로 설명하지 않았다.

이런 불통은 TV조선과 〈조선일보〉가 미르재단 의혹, 우병우 의혹을 터뜨린 시기에도 마찬가지였다. 다른 정권 같으면 최측근이나 주변 인사들이 〈조선일보〉 간부들에게 연락해올 중대 사안이었다. 하지만 우병우 의혹, 미르재단 의혹을 자초지종 설명하는 전화 한 통 없었다. 막후 인물이 오가며 설득하려는 노력도 하지 않았다. 무조건 오보라며 강경책을 들고나왔다. 보도의 저의가 무엇인지 파악하려고 했고, 그저 기사를 쓰지 말라는 식의 고압적 자세를 보였다. 동시에 허위 루머를 퍼뜨리는 공격적 태도를 고수했다. 사주와 〈조선일보〉를 상대로 세무조사, 검찰 수사를 내비치며 압박을 가하는 강경책으로 일관했다.

박근혜의 언론 관계는 역대 정권 중 최악이었다. 그는 권위주의적 언론관에 따라 무작정 언론을 통제하려고 들었다. 못마땅한 기사가 터지면 핏발을 세우며 강경 대응으로 달려갔다.

청와대와 〈조선일보〉 사이에 마찰이 심각해지면서 중재자 역할을 맡은 소수의 인물이 나중에 등장했다고 들었다. 그러나 중재자가 등장한 시기는 〈조선일보〉나 TV조선의 후속 보도를 막을 단계를 넘어선 이후였다.

〈조선일보〉는 우병우 의혹이 터진 후 사설을 잇달아 내보냈다. 사설은 '청(靑) 실세 처가와 넥슨 수상한 땅 거래, 어떻게든 진상 밝혀야'(7월 19일 자)로 시작했다.

- 청(靑) 실세가 '결백' 큰소리치는데 검(檢) 수사 제대로 하겠나(7월 21일 자)
- 흠결투성이 민정수석에게 어떻게 공직자 검증 맡기나(7월 27일 자)
- "우 수석 정상 업무 하고 있다"는 청(靑) 비정상이다(8월 2일 자)

의심스러운 땅 거래로 우병우 교체를 주장하는 언론이 급증하고 있었다.

그러나 8월 16일 단행된 개각에서 우병우가 유임됐다. 사설 제목은 다음과
같았다.

- 이런 맥 빠지는 개각(8월 17일 자)
- 검찰은 '우병우 비리 의혹' 왜 수사하지 않는가(8월 17일 자)
- '탕평' 묵살당하고도 '쇄신 개각'이라는 이정현 대표(8월 18일 자)

이석수 특별감찰관이 한 달간의 조사 끝에 검찰에 우병우 수사를 정식 의
뢰한 날은 사설을 두 개 내보냈다.

- 대통령 최측근 우병우 수사 의뢰, '정권 도덕성'에 치명적 상처(8월 19일 자)
- 그래도 우 수석 감싸는 청(靑)과 친박들 지금 제정신인가(8월 19일 자)
- 청(靑), 우병우 개인 비리 의혹을 정권 차원 문제로 키우나(8월 20일 자)

우병우 의혹 사설에 꼬박 1개월을 고집스럽게 매달렸다. 그것은 논설위원
실의 합의된 의견이었다. 검찰이 민정수석 의혹을 수사하는데 검찰 인사를
좌지우지하는 당사자가 그대로 민정수석직에 머무는 것은 말이 되지 않는
다고 지적했다.

박근혜와 친박의 심기를 건드린 자극제가 비판적 사설만은 아니었다. 그들을 더 불안하게 만든 요인은 '대선 후'였다. 2017년 말 대선에서 정권을 재창출하지 못하면 박근혜와 친박은 소수 정파로 위축될 가능성이 높았다.

그들이 가장 경계한 정치인은 비박 세력의 대표 김무성이었다. 김무성은 유력 대선 주자로 떠오르고 있었고 본인의 출마 의사도 뚜렷했다. 박근혜와 친박은 〈조선일보〉와 김무성 간에 어떤 채널이 가동되는지 동향을 무척 예민하게 응시했다.

친박은 당내 국회의장 선출, 당대표 경선, 원내대표 표결에서 패배한 뒤 김무성을 두드러지게 견제했다. 친박에서는 마땅한 대선 후보가 떠오르지 않았다. 2017년 대선 후보 자리를 김무성에게 내주면 친박이 몰락할 수 있다는 위기감을 느끼는 듯했다.

그러나 김무성 진영은 응집력이 미약했다. 식사 자리에서는 측근들이 중구난방 떠드는 풍경을 연출했다. 피난민들의 임시 텐트 분위기가 강했다. 외부에서 압박을 가하면 금방 흩어질 떠돌이 집단처럼 보였다. 비박은 이명박 계열을 중심으로 친박에서 겉도는 패잔병들로 형성됐다. 그들을 단결시키는 응고제는 친박에서 배척당했다는 피해 의식 하나였다. 김무성의 리더십을 존경해 만들어진 인맥은 아니었다.

〈조선일보〉 내부 분위기도 김무성을 후하게 평가하지 않았다. 선후배들로부터 김무성의 정치력에 높은 점수를 주는 말을 들은 적이 없었다. 보스로서위엄, 덕망, 혜안을 갖췄다는 얘기를 듣지 못했다. 재치나 순발력이 넘치는 말솜씨를 뽐내는 인물도 아니고, SNS 활동으로 젊은이들에게 호응을 받는 지도자도 아니었다.

"아침 일찍 상도동에 취재 가면 김무성이 마당에 서 있다가 출입 기자들 구두를 가지런히 정리했지."

"상도동계 인사들이 기자들과 회식할 때 김무성보다 나이가 적은 중간 보스들이 상석을 차지하고 나면 김무성은 앉을 자리가 없었어. 김무성은 마루에서 따로 먹거나 아니면 근처 선술집에서 대기하다 식사가 끝날 때쯤 나타나 뒷정리를 맡았어."

선후배들에게 김무성은 그렇게 각인돼 있었다. 김무성 대권론은 지도자 흉년 속에서 떠오른 우연이었다.

'YS를 따라다닐 때부터 머리 회전이 빠르고 총기가 있었다.'

'비서치고는 상황을 판단하는 사고의 폭이 넓고 깊었다.'

대선 후보감이 되려면 이런 평가를 들어야 한다. 김무성은 보수 진영을 대표하는 인물로 자질이 의문시되고 있었다.

그러나 김무성과 〈조선일보〉가 2017년 대선 가도를 함께 달려갈 것이라는 청와대의 의심이 문제였다. 박근혜 일파는 〈조선일보〉가 김무성을 새누리당 대선 후보로 밀고 있다는 의구심을 감추지 않았다. 김무성이 당대표로 선출된 2015년 이후 후배들로부터 그런 보고가 끊이지 않았다. 〈조선일보〉-김무성 연대설이었다. 연대설은 김무성과 방상훈 사장이 인척이라는 식으로 나돌았다.

김무성은 전남방직 창업자인 고 김용주의 아들이다. 김용주 가문에 방 사장의 고모가 시집갔다는 게 지라시 내용이었다. 방 사장 고모가 결혼한 상대방은 전남방직 김용주 가문이 아니라 일신방직 창업자 집안이었다. 일신방직 창업자 김형남은 해방 후 김용주와 함께 일본 기업 가네보가 남기고 떠난 광주 시내 방직공장을 불하받아 전남방직이라는 이름으로 한동안 공동 경영했다. 그 후 김형남은 일신방직을 설립, 독립 회사를 꾸렸다. 방 사장 가문은 김형남과 같이 평안도 출신으로 의지하며 지냈으나 김무성 가문과는 인척이 아니었다.

〈조선일보〉는 박근혜 측근들에게 방 사장 집안의 혼맥을 설명하며 가짜 정보를 수정해주려고 노력했다. 그때마다 청와대 쪽 대답은 시원치 않았다. 어떻게 설명해도 대통령이 믿지 않을 것이라는 반응이었다. "어쨌든 방 사장과 김무성이 친한 건 맞지 않느냐."라는 식의 반응이었다. 김무성을 견제하는 경계심이 지나친 나머지 선입견이 좀체 지워지지 않았다. 나치의 유대인 학살을 비롯해 지구상의 많은 인종 청소 비극에서 보았듯 인간의 편견은 큰 재앙을 초래한다.

박근혜는 2007년 한나라당 대선 후보 경선에서 이명박에 패했다. 그때도 친박 캠프는 〈조선일보〉가 이명박을 밀어주는 바람에 졌다고 불평했다. 패배 원인을 인재 확보 부족, 어정쩡한 공약, 경선 전술 실패에서 찾지 않았다. 여론조사 결과를 이명박에 유리하게 보도했다고 주장하며 〈조선일보〉에 욕설을 퍼부었다.

2007년 패배로 발병한 박근혜의 안티조선 심리가 2016년까지 기승을 부리고 있었다. 박근혜와 친박은 〈조선일보〉-김무성 연대설을 경계하는 선에서 머물지 않았다. 〈조선일보〉 사설이 친박을 계속 비판하는 배경에는 김무성과 〈조선일보〉 간에 모종의 묵계가 있다고 믿는 듯했다.

〈조선일보〉가 김무성에 줄을 대고 있다고 의심하던 청와대는 우병우 의혹, 미르재단 의혹 보도 이후 〈조선일보〉가 좌파 세력과 연대해 박근혜 흔들기에 나섰다는 음모론에 빠졌다. 〈조선일보〉-김무성 연대론이 사라진 자리에 엉뚱하게 〈조선일보〉-좌파 연대론이 들어선 것이다. 정치판의 적과 옷깃만 스쳐도 무조건 적으로 간주해 공격하는 속성을 감추지 않았다. 박근혜 세력은 걸핏하면 남을 의심하는 질환을 앓고 있었다.

2016년 4월 총선 패배를 고비로 정치권의 주도권은 진보 진영으로 넘어갔다. 친박 세력이 당내 권력에 이어 국회 권력까지 장악하려던 꿈은 사라졌다. 대선에서 박정희 가문의 대를 이어갈 후보가 등장할 수 있을지 고민해야할 처지에 놓였다. 박근혜는 남은 임기 동안 한쪽 다리로 걸어야 하는 정치적 장애인이 되고 말았다.

총선 패배의 후유증은 여러 분야에서 나타나고 있었다. 정치권은 대선 후보를 중심으로 재편되고 관료들은 청와대 지시를 따르지 않았다. 언론은 살아 있는 권력의 통제를 벗어나 정권의 비리 추적에 달려들었다. 박근혜와 친박으로서는 레임덕부터 막아야 했다. 임기 말 권력 누수를 봉쇄하면서 차기 정권 재창출 전략을 가다듬어야 했다. 친박의 사활이 걸린 국면이었다.

박근혜가 이러한 국면에 빠지면서 검찰이 시작한 수사가 대우조선과 롯데그룹이었다. 총선 패배 후 6월 들어 대우조선과 롯데그룹 수사에 본격적으로 박차를 가했다.

대우조선 내부에서는 검찰 수사가 정성립 전 사장*과 남상태 전 사장 간의 오랜 경쟁과 다툼에서 비롯됐다는 해석이 많았다. 정성립은 남상태의 전임 사장으로 재임하던 중 3연임이 확실하다고 믿던 상황에서 남상태가 치고 들어왔다며 불평했다고 한다. 정성립은 쫓겨난 자신의 처지가 얼마나 분했던지 퇴임사를 하던 도중 울먹이는 바람에 퇴임식이 잠시 중단되는 등 어수선했다고 들었다. 그는 2015년 9년 만에 그 자리에 복귀했다. 대우조선 사장은 정성립(2001~2006년), 남상태(2006~2012년), 고재호(2012~2015년), 정성립(2015~2019년)으로 이어졌다.

정성립은 남상태가 잘라냈던 자신의 심복들을 다시 대우조선 중역으로 불러들였고, 감사인력을 총동원해 남상태-고재호를 샅샅이 뒷조사했다. 특히 분식 결산 자료 등을 모아 검찰에 제공했다고 한다. 피투성이 복수전을 전개한 셈이다.

정성립 복귀 후 대우조선이 공적 자금을 지원받는 국면에서 추석 보너스를 별도로 지급한 행위를 비판하는 사설이 〈조선일보〉 지면에 한 차례 나갔다. 곧바로 고교 친구 이철상으로부터 전화가 왔다. 이철상은 정성립 밑에서 오래 일했다.

"정성립 사장의 말을 그대로 전하겠네. 자네가 전세기 타고 유럽을 여행한 자료를 갖고 있다고 하네. 조심하라고 하네."

나의 약점을 잡았다고 판단했는지 친구를 통해 협박한 것이다. 결국 정성

---

* 경기고-서울대 공대 조선공학과 출신. 대우조선 사장, STX 사장 역임.

립과 그 부하들이 복수심에서 이를 악물고 수집한 자료들이 대거 검찰의 기소 증거로 쓰였다고 볼 수 있다.

대우조선 수사는 회사 내부의 복수 혈전에서 시작된 듯하지만, 결국 이명박계 정치인을 겨냥한 것이라는 해석이 언론계에 나돌았다. 대우조선을 수사하면 남상태를 사장에 연임시켜준 이명박 정권의 비리가 터질 것으로 기대하는 분위기였다. MB계 정치인 몇 명을 구속할 기세였다.

대우조선 수사를 지휘한 김기동 부패범죄특별수사단 단장은 이명박 대통령 재임 중 이미 남상태 사장의 연임 로비 의혹을 수사했었다. 서울중앙지검 특수1부장을 맡고 있을 때 대우조선을 샅샅이 뒤졌던 것이다. 그가 검찰총장 직속 조직 책임자로 임명되자마자 첫 업무로 대우조선을 다시 수사하는 것은 누가 봐도 이상했다. 대검에서는 막강했던 중앙수사부의 위력을 되살리려고 신설된 부패범죄특수단이 맡을 수사는 아니라는 의견이 강했다. 더구나 김기동은 남상태의 연임 로비 의혹에 한 번 면죄부를 발급했던 검사가 아닌가. 재수사로 연임 로비가 있었다는 결론을 내리면 자기 수사를 스스로 부정하는 꼴이었다.

김기동이 수사를 강행하는 것을 보며 기자들은 "청와대 하명이 아니면 저렇게까지 무리하지 않을 것"이라고 했다. 김기동을 우병우가 적극 지원하고 있다는 얘기가 검찰 내에 파다했다.

"남상태, 고재호를 뒤지면 MB계 정치인 몇 명이 잡힐 것이라고 믿는다네요."

후배들 보고는 그런 식이었다. 남상태가 대우조선 사장으로 있을 때 MB 측근 이재오 의원의 오랜 보좌관 출신과 영일만·포항 향우회 간부 출신 등 MB 쪽 인사 몇 명이 한동안 경영고문을 맡았다. 남상태는 대구에서 영부인

김윤옥과 이웃에 살며 이명박 처남 김재정과는 어릴 적부터 친구였다. 대우조선을 수사하면 MB계 인사들에게 비자금이 흘러간 것을 잡을 수 있을 것이라는 추측이 가능했다.

그러나 수사 결과 이명박의 참모나 정치권에 건너간 뇌물은 나오지 않았다. 거물 정치인을 잡을 듯 법석을 떨던 수사는 대우조선 전임 사장 두 명과 부사장, 홍보대행사 사장을 구속한 것으로 끝났다. 굳이 MB계 인물을 찾자면 이명박 핵심 참모 강만수 KDB 회장을 구속하는 데 그쳤다. 그것도 별건 수사를 통해 가까스로 구속했다. "겨우 강만수 회장 한 명 잡으려고 저렇게 요란을 떠는가."라는 말이 나올 수밖에 없었다.

대우조선 수사를 보면 박근혜 정권이 검찰력을 통해 정치권을 통제하려는 발상을 읽을 수 있다. 총선 패배 후 대선을 앞두고 새누리당 내부가 통제 불능 상태에 돌입하는 것을 막기 위해 검찰을 동원했다고 해석할 만하다. 박근혜가 우병우를 신임, 재신임한 이유도 임기 말 권력 누수 위기를 검찰력에 의존해 넘기려고 했기 때문이었다. 덕분에 우병우 사단은 검찰과 정보기관의 핵심 요직을 독차지할 수 있었다.

박정희는 유신헌법을 만들어 국회를 허수아비로 만들고, 중앙정보부와 검찰을 통해 정치를 통제했다. 박정희 망령이 박근혜 청와대 주변을 배회하고 있었다.

박근혜의 길,
태극기 부대의 길,
〈조선일보〉의 길

〈조선일보〉 편집 방향과 박근혜 일파의 노선은 큰 방향에서 엇비슷했다. 반공주의부터 한·미 동맹을 축으로 삼은 친미 노선, 경제성장과 시장 경제에서는 큰 틀에서 공통 인식을 갖고 있었다.

그렇다고 〈조선일보〉가 박근혜 정권의 정책을 모두 지지한 것은 아니다. 정부 주요 부처의 세종특별시 이전에 이의를 제기했고, 역사 교과서 국정화에 찬성하지 않았다. 박근혜 정부는 삼성그룹의 후계자 상속 작업을 도왔지만 〈조선일보〉는 후계 체제를 노리는 편법적인 계열사 합병 작업을 비판했다. 경제성장 노선을 지지한다고 해도 〈조선일보〉가 재벌의 불법과 비리, 총수 가족들의 일탈 행위까지 옹호할 수는 없었다. 박근혜가 과도하게 친중으로 기울 때 〈조선일보〉는 대미 관계의 중요성을 상기시켰고, 친미 노선에 집착할 때는 중국을 의식하라고 경고했다.

이승만·박정희 시대의 보수 노선은 시대 변화에 맞춰 수정해야만 했다. 소련 붕괴로 사망한 공산주의와 이념 대결하기보다는 세습 독재에 반대하고 북한 주민의 인권을 강조하는 게 맞는 방향이었다. 무작정 친미를 고집하던 외교 노선은 글로벌 강자로 새로 등장한 중국을 의식하며 미세 조정을 해야 했다.

한국은 선진국에 진입했거나 진입을 눈앞에 둔 나라가 됐다. 60세 이상 노년층은 모두 후진국에서 태어났으나 중년층은 중진국에서, 그리고 10~20대 젊은 층은 선진국에서 태어났다. 후진국 출신, 중진국 출신, 선진국 출신이 한 나라, 한 시대에 공존하는 나라가 됐다. 국제 여건은 냉전 시대와는 딴판으로 변했다. 한국의 보수주의는 국제 환경과 국가 위상에 맞춰 노선을 수정하지 않을 수 없는 시대를 맞았다.

반면 박근혜와 그 지지 세력은 박정희 시대의 고지식한 사고방식의 틀에 갇혀 있었다. 가장 대표적인 사례가 통진당 해산 파동이었다. 소수가 친북 색깔을 보이면 무작정 일망타진하려고 덤볐다. 보수 논객들은 통진당 해산을 박근혜의 최고 업적이라고 꼽았다. 하지만 통진당 해산으로 남북 관계는 안정되지 않았다. 북한 핵실험이 계속되면서 안보 불안은 점점 상승하고 말았다. 그렇다고 통진당 해산 이후 진보 세력의 활동이 위축돼 보수 진영의 영역이 확장되거나 사회의 분열이 아물게 된 것도 아니다. 피라미 정당 하나를 붕괴시켰다고 사회불안이 현저하게 안정됐다고 평가하기도 쑥스럽다.

굳이 의미를 찾자면 극단 보수 집단이 공산주의 트라우마에서 벗어나지 못한 나머지 한바탕 청소 작업을 벌인 깜짝 이벤트에 불과했다. 생활 수준은 선진국에 가까워졌고 안정과 평화를 열망하는 국민 기대치는 더욱 높아졌다. 그럼에도 그들은 여전히 30년 전에 끝난 냉전 시대에 살고 있었다.

아버지는 독재정치를 하면서도 경제 성과를 바탕으로 권력을 유지했다. 내 집 마련의 꿈을 키워주고 자가용, 냉장고, 세탁기를 갖출 수 있도록 해주었다. 끼니와 소득을 보장한 대가로 장기 집권을 쟁취했던 것이다.

하지만 딸은 경제 성적마저 형편없었다. '창조 경제' 플래카드만 허공에 펄럭거릴 뿐이었다. 무능한 정권이라는 평가가 내려질 수밖에 없었다.

아무리 〈조선일보〉가 보수 진영의 주축 언론이라고 해도 박근혜의 무능과 실패까지 덮어줄 수는 없었다. 나는 박근혜 일파가 가는 길과 〈조선일보〉가 가야 하는 길은 분명히 달라야 한다고 생각했다.

박근혜 지지 세력은 나를 주필 자리에서 몰아낸 후 〈조선일보〉에 탄핵에 반대할 것을 요구했다. 안티조선 운동을 전개하며 구독 중단을 선언하는가 하면 비방 전화, 비난 투고를 자제하지 않았다. '〈조선일보〉가 변절했다'거나 '〈조선일보〉와 TV조선이 박근혜를 무너뜨리는 데 앞장선다' '〈조선일보〉가 촛불의 단초를 제공하고서 책임을 느끼지 않는다'는 논리였다. 〈조선일보〉가 탄핵 반대로 박근혜 정권을 지켜줘야 한다는 주문이었다. 그들은 '박근혜의' '박근혜에 의한' '박근혜를 위한' 보도를 원하는 것처럼 들렸다.

그 집단은 〈조선일보〉가 촛불 시위를 과장 보도하면서 태극기 부대의 활동은 축소 보도한다며 끈질기게 항의했다. 〈조선일보〉는 견디기 힘들었는지 박근혜 지지파의 주장을 두 번에 걸쳐 1개 면에 특집으로 게재했다. 특집은 〈조선일보〉가 좌파들과 연대했다는 주장, 친박이 싫어하는 김무성을 편든다는 주장까지 포함하고 있었다. 이어 울트라 성향의 내부·외부 칼럼이 지면에 반영되고 극단적 주장을 외치는 인사들이 인터뷰에 등장했다.

박근혜 골수 지지층은 '보수 원조'를 자처하며 박근혜의 실패를 지적하는 언론이나 보수 논객을 격렬하게 비방했다. 그들은 문재인 정권에서 유튜브

방송의 열렬한 애청자가 되었다. 극단적 보수 유튜브와 인터넷 사이트를 순회하며 자신들만의 정치적 컬트(cult)를 형성했다. 전용 백화점을 층마다 돌며 자기들 입맛에 맞는 뉴스만 골라 쇼핑하는 듯했다. 그들이 탄핵 무효, 조기 석방, 사면을 외치는 것은 지극히 당연한 수순이다.

나는 박근혜 노선에 커다란 이질감을 느끼다 못해 때로는 거부감, 역겨움이 컸다. 〈조선일보〉 사설의 논조를 그들의 저울에 맡길 수 없다고 믿었다. 동료 논설위원들 논의도 같은 결론에 도달했다. 청와대와 친박을 비판하는 사설이 늘었던 것은 그 때문이었을 것이다.

2016년 4·13 총선에서 박근혜와 그 추종 세력은 치명적 타격을 입었다. 박근혜는 임기 종료를 20개월 이상 남겨둔 상태에서 차가운 고독의 지하 동굴로 빨려 들어갔다. 그는 국회를 비롯 행정부, 언론까지 어느 곳 하나 마음대로 할 수 없는 곤경에 빠졌다. 그의 권력욕이 컸던 만큼 임기 말의 고독감은 심각할 수밖에 없었다.

때마침 TV조선은 미르재단 의혹을 추적했고, 〈조선일보〉는 우병우 의혹을 폭로했다. 그의 분노 지수는 단번에 치솟았다. 지나치게 흥분한 나머지 빈약한 판단력에 큰 장애가 생겼다. 좌파 세력과 〈조선일보〉가 손을 잡고 대통령 흔들기에 나섰다는 음모론에 심취하고 말았다.

〈조선일보〉와 TV조선을 압박해 후속 보도를 침묵시킨 대가로 박근혜 정권이 얻은 여유 시간은 2개월이 못 되었다. 그사이 최순실은 독일로 도피했으나 〈한겨레신문〉 〈경향신문〉의 폭로 보도가 이어졌다. 보수 신문의 호남 주필을 제단 위에 올리는 인신 공양을 했건만 정권의 임기는 오히려 단축되고 말았다.

박근혜 구출을 내걸었던 친박 정당들은 2020년 총선에서 국회의 의석을 하나도 얻지 못했다. 소수파로 전락했다. 호남 주필의 심장을 꺼내 피를 나눠 마셨건만 잘못 선택한 제물이 큰 재앙을 불러온 꼴이다. 그가 뽑은 칼은 자기 목을 치는 자폭 단두대가 되고 말았다.

박근혜가 집권당 대표 시절 여러 당직자와 함께 저녁 식사 자리에서 만났다. "제가 이공계(서강대 전자공학과 졸업) 아닙니까." 하면서 기대하지 않았던 폭탄주를 제조했다. 익숙하지 않은 손놀림으로 매번 맥주잔, 양주잔에 인쇄된 글씨, 그림을 보며 눈금을 꼼꼼히 계량했다.

"이게 '이공계 폭탄주'입니다."

박근혜 브랜드 폭탄주가 탄생하는 순간이었다. 자신은 마시지 않고 참석자들에게 돌렸다. 모두가 정치권에서 흔해 빠진 농담형 폭탄 건배사를 던지며 즐겁게 한 잔씩 마셨다.

'박근혜표 이공계 폭탄주라니! 달라지려고 무척 노력하는구나!'

대선을 앞둔 시점에서는 그렇게 보였다.

하지만 잠깐 떠올랐던 임시 바텐더의 여유는 언제 어디쯤에서 증발해버렸을까. 정치 생명이 위협받자 원초적 복수 본능이 활활 타오르고 있었다.

7장

조작의
달인들

2016년 총선 패배 직후
하명 수사,
5,000쪽 수사 기록이 증명

검찰은 나를 기소한 후 법원에 5,000쪽 안팎에 달하는 분량의 서류를 증거 기록으로 제출했다. 자료는 피고인인 나에게도 배달됐다. 수사 기록(증거 기록)은 박근혜 정권이 언제부터 나를 뒷조사했는지, 무슨 혐의를 조작하려고 했는지, 나의 혐의를 만들려고 누구를 강압하거나 유혹했는지 많은 궁금증을 풀어주었다.

특별수사단 한동훈 부장팀이 수사 자료를 처음 수집한 날짜는 2016년 4월 25일이었다. 바로 그날 박수환의 회사 뉴스컴과 함께 동생이 창업한 인터넷 쇼핑몰 회사(소위 '가족회사')에 관한 자료가 제1호 수사 보고서로 제출됐다. 동생의 인터넷 쇼핑몰 회사는 문을 닫은 지 11년이 넘은 상태였다. 망한 회사 자료를 챙겼다는 것은 그날 내사가 시작됐다는 증거다. 검찰이 그렇게도 할 일이 없어 오래전 청산된 인터넷 회사를 무덤에서 꺼냈겠는가.

내사 착수는 박근혜 세력이 2016년 4월 20대 총선에서 더불어민주당에 패배한 지 12일 만이었다. 또 TV조선이 최순실 의혹을 처음 터뜨리기 80여 일 전이었다. 검찰이 대우조선을 압수 수색하기 43일 앞선 일이었다. 나를 출국 금지하고 공식 수사하겠다고 선언한 날보다 4개월 전이었다.

나는 수사 기록을 보고 20대 총선이 끝나자마자 검찰이 수사 자료를 수집 했다는 사실을 확인했다. 총선 기간 중 청와대와 친박을 연속 비판한 〈조선 일보〉 사설에 불만이 많았다는 것을 말하는 듯했다. 무엇보다 TV조선의 미 르재단 의혹 보도, 〈조선일보〉의 우병우 땅 거래 의혹 폭로 훨씬 이전부터 나를 뒷조사했다는 점이 분명했다.

박근혜 청와대가 보수 신문의 호남 주필을 노리고 있다는 얘기는 4월 13 일 총선 전부터 조금씩 흘러나왔다.

"보수의 본거지 신문 〈조선일보〉에 광주일고 출신 주필이 벌써 몇 년 째냐."

"〈조선일보〉 논설위원실을 호남 출신들이 장악, 매일 청와대를 비난할 궁리만 한다."

2014년 1월 주필 자리에 취임한 이후 일부 보수 논객들이 떠들던 내용이 총선을 계기로 확산되고 있었 다. 극우 인터넷 사이

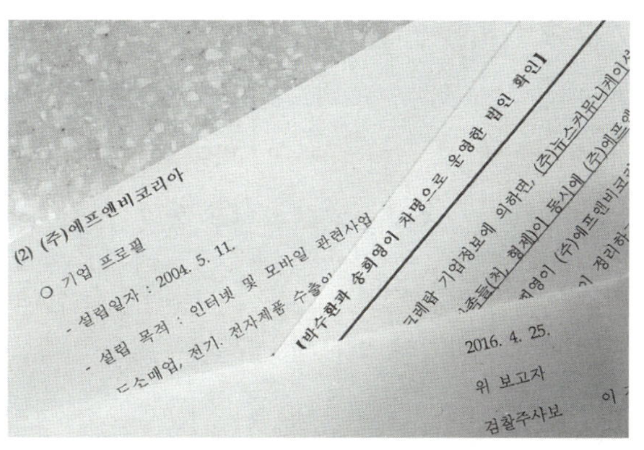

친동생이 창업한 회사(에프앤비코리아)를 나와 박수환이 차명으로 운영하는 소위 '가족회사'라고 엉뚱하게 파악한 검찰의 수사 기록. 2016년 4월 13일 박근혜의 집권당이 총선에서 패배하자 검찰은 12일 후인 4월 25일에 11년 전 문을 닫은 동생 회사 자료를 수집, 내사에 돌입했다.

트, SNS에 실린 극우 논객들의 글, 지라시 루머를 후배들이 종종 트윗해주었다. 경고가 '꼴보수'로부터 오고 있었다.

"청와대가 아파트 한 채를 뇌물로 받은 것으로 만들어 주필 자리에서 끌어내릴 것이다."

총선 전부터 〈조선일보〉 안에서도 이렇게 말하고 다니는 후배까지 있다고 들었다. 선거판이 지역감정 결집의 실험대로 등장한 후 많은 공조직과 기업에서 샐러리맨들끼리 지역 갈등 증상이 나타났다. 〈조선일보〉라고 해서 예외는 아니었다.

처음에는 일부 후배들의 험담을 술집에서 내뱉는 불평이나 푸념 정도로 생각했다. 막상 수사 기록을 보고 나니 끌어내리겠다는 말이 단순한 우스개가 아니었다. 정체를 알 수 없는 공작이 은밀하게 진행되고 있었던 것이다.

내가 무뎠다. 미세한 경고를 새겨듣지 못했다. 박근혜 정권과는 악연이 없다고 오판, 빨간 경고등을 무시했다. 경제 칼럼을 써온 글쟁이를 노릴 리 없다고 자위했다. 그건 대가가 비싼 착각이었다.

김진태가 전세기 출장 의혹을 폭로한 후 많은 분이 "박근혜가 우병우를 구하려고 송 주필을 쳤으니 너무 상심 말라."고 위로했다. 정치권에서도 그런 해석을 내놓는 의원이 적지 않았다. 상당수 언론들도 '박근혜가 송희영을 죽인 대신 우병우를 살렸다'는 식으로 보았다. 나를 '우병우 일병 구하기'의 파편을 맞은 희생양으로 설정하는 해석이었다.

수사 자료를 살펴보니 잘못된 해석이었다. 박근혜 정권은 우병우 의혹을 터뜨리기 3개월 전부터 나를 뒷조사하고 있었다.

가족관계증명서부터, 전과 기록, 부동산 보유 실태와 금융자산 보유 상황, 통화·문자 기록 등 많은 기초 자료를 수집한 시기도 우병우 의혹 보도 이전이었다. 그 많은 사생활 자료를 무슨 근거로 수집했는지, 압수수색영장을 받아 적법하게 수집했는지 알 수 없었다.

검찰은 6월부터는 본격 수사에 진입했다. 특별수사단은 6월 8일 대우조선을 대대적으로 압수 수색했다. 같은 날 남상태·고재호 사장 외에 이철상 부사장을 비롯, 홍보대사 강도연도 압수 수색 대상에 포함됐다.

수사 기록은 대우조선 홍보대사 강도연과 이철상 부사장이 집중 수사를 받았다고 말하고 있었다. 초기에는 광주일고 동기 동창인 이철상을 수사해 나를 잡겠다는 시나리오를 갖고 있었던 것으로 보였다. 자료를 유심히 살펴보니 내가 남상태의 연임 로비를 해주었다는 혐의를 수사했던 기록이 곳곳에 남아 있었다. 상상에 따른 수사였으니 뭐가 나올 리 없었다.

대구 출신 강도연의 수사는 검찰 편에서 나에게 불리한 진술을 하는 것으로 흐지부지 마무리되었다. 박수환 압수 수색은 그보다 2개월 뒤였다. 이철상 수사에서 나의 혐의가 나오지 않자 뒤늦게 박수환을 덮친 모양새였다.

검찰이 이철상을 통해 나를 잡으려고 얼마나 공을 들였는지 짐작할 만한 일화가 있다.

특별수사단 임홍석 검사는 대우조선 압수 수색 11일 만인 6월 19일 이철상으로부터 자술서 한 통을 받아냈다. TV조선이 국정농단 비리 1보를 공개하기 17일 전이자 〈조선일보〉가 우병우 의혹을 보도하기 1개월 전이었다.

이철상의 자술서는 남상태가 나에게 명품 시계를 선물하는 광경을 자신이 식사하는 자리에서 목격했다는 내용이었다.

"처음에는 검사가 받은 사람 실명을 쓰지 말고 한 언론인에게 주는 걸 보았다는 식으로 자술서를 쓰라고 요구했어. 친구 이름을 차마 쓸 수 있겠느냐며 대충 쓰라고 하더래. 그거야 별일이 있겠느냐 싶어 써주었지… 그랬더니 다음 날 검사가 자술서를 찢어버리면서 '재판에 가면 어차피 실명이 나올 수밖에 없다. 마음먹은 김에 오늘은 그냥 송희영 실명을 넣어 자술서를 쓰라고 다그쳤다네. 새벽 네 시까지 버티다 포기하고 자술서를 제출했다네."

이는 고교 동기인 이철상의 변호사가 전해준 자술서 제출 상황이다. 자발적으로 써낸 게 아니라 검사 압박에 어쩔 수 없이 작성한 자술서라는 얘기였다.

이철상은 자술서를 제출한 날 밤 전화를 걸어왔다.

"죽을죄를 졌네. 매일 불려 나가 새벽까지 조사를 받고 있네. 검사 성화에 못 이겨 자술서를 쓰고 말았네."

엄살을 떨면서 양해를 구하는가 싶더니 접근법을 바꾸었다.

"자네는 큰 신문사 주필이니까 검찰총장에게 부탁해 알아서 수사를 빠져나갈 수 있겠지? 검찰총장에게 부탁할 때 내 얘기도 잘 좀 해주소."

자기 책임을 부정하며 자신을 검찰 수사에서 구해 달라고 도움을 요청했다.

"야, 자술서도 그렇고, 어떻게 검찰총장에게 부탁해 수사를 덮는다는 거냐! 지금 제정신이냐!"

나는 그대로 전화를 끊어버렸다. 자신을 압박하는 수사까지 막아 달라니 어처

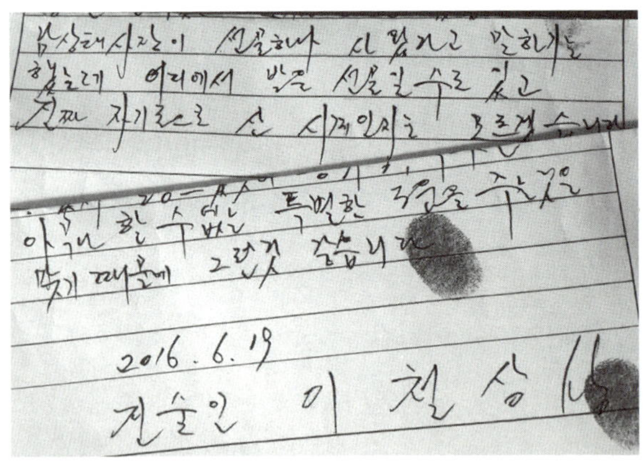

이철상 전 대우조선 부사장이 작성한 2016년 6월 19일 자 자술서. 이 자술서는 〈조선일보〉가 7월 18일 우병우 땅 거래 의혹을 보도하기 훨씬 전부터 송희영을 수사했다는 것을 보여준다.

구니없었다. 책임을 모면해보려는 말로 들렸다.

대우조선 수사가 시작되기 전부터 이철상이 여러 혐의에 걸려 있다는 말을 듣고 있었다. 대우조선에서 비서실장, 전무, 부사장에 이어 계열사 사장까지 지냈던 이철상은 여러 부분에서 핵심 역할을 수행한 당사자였다. 그는 오만 선상호텔 프로젝트 실패를 비롯 내부 감사에서 여러 건이 적발됐다고 걱정하며 "구속될지 모른다."라며 오만상을 찡그리고 다녔다. 막상 수사가 시작되자 검사에게 협조해 잘 빠져나가고 있다는 보고가 후배들로부터 들려왔다. 이철상이 혼자 살기 위해 검찰에 적극 협조하며 수사 도우미 역할을 하는 것 같다는 의심이 퍼지고 있었다. 그가 검찰에 협조할수록 가깝게 지내던 회사 내외의 인사들은 곤경에 처했다.

이철상이 문제의 자술서를 쓰던 무렵 대우조선 수사는 초기 단계였다. 검찰은 남상태, 고재호 사장을 소환하지 못하고 있었다. 분식회계를 수사한다고 해놓고 10일 만에 보수 신문 주필을 먼저 수사 대상에 올리고 자술서까지 받았다. 시계를 주었다는 남상태의 진술이나 시계를 구입한 직원의 진술도 확보하지 못하고 있었다. 시계를 선물한 시기를 따져보니 공소시효가 지나버렸다. 검사가 처벌 시효가 사라진 혐의로 자술서를 받으려고 며칠간 새벽까지 다그쳤을 때는 필시 깊은 사연이 있을 터였다.

'왜 집요하게 자술서를 서둘렀을까.'

평검사가 대형 신문 주필의 비리 의혹을 담은 자술서를 강제로 받아내면서 윗사람에게 사전 또는 사후에 보고하지 않았을 턱이 없다. 상부 지시나 허락이 없이 그런 수사가 진행될 가능성은 없다.

이철상이 자술서를 작성한 과정을 들으며 나를 잡겠다는 검찰의 의지가 강하다고 느꼈다. 분위기가 심상치 않다고 직감했다. 자술서를 강제했다는 것은 기소를 전제로 수사에 착수했다는 말이 아닌가. 이는 최고 경영진에 즉각 보고해야 할 중대 사안이다.

〈조선일보〉에서 주필이 검찰 수사 대상이 된 것은 2001년 김대중 정권 시절의 김대중 주필 이래 15년 만이었다. 김대중 주필의 경우 월급을 가불받아 간 뒤 이자를 갚지 않은 혐의를 수사하겠다고 검찰이 법석을 떨었다. 만약 구속되면 1952년 홍종인 주필이 구속된 이후 64년 만이었다. 홍종인 선배는 6·25 전쟁 때 피난지 부산에서 사무실 담벼락에 개각 관련 속보를 대자보로 써서 붙였다. 오보를 내보냈다는 이유로 경찰이 전격 체포했다가 며칠 만에 석방했다.

권력은 홍종인, 김대중 선배의 미세한 실수를 트집 잡아 애를 먹였다. 칼럼을 놓고 수사하면 언론 자유 침해 논란이 벌어지기 때문이다.

최고 경영진에게 보고하기에 앞서 사실 확인부터 해야 했다. 법조계 취재를 지휘하는 팀장 이명진 차장에게 "어떻게 된 일인지 알아보라."고 부탁했다.

"만약 사실이면 사장님께 빨리 보고를 드려야 한다. 나는 당사자가 아니냐. 내가 보고하면 편견이 개입될 수 있다. 나에게 직접 말하기 난처한 내용은 당신이 사장님께 직보하라."

그러면서 덧붙였다.

"잘못 접근하면 수사에 압력을 넣는다고 잡음이 날 수 있으니까 조심스럽게 물어보라."

이명진으로부터 그날 돌아온 대답은 "결코 그런 일은 없다."였다. 수사단을 지휘하는 김기동 단장이 "전혀 모르는 일이다. 검찰총장이나 나는 〈조선일보〉 팬이 아니냐. 누가 〈조선일보〉 주필을 수사한다는 거냐. 보고를 받은 일도 없고 나도 모르게 수사할 수도 없다."라고 했다는 것이다. 자술서를 강요한 임홍석 검사 이름을 대자 "그가 수사에 참여하고 있는 건 맞지만 뭔가 잘못 알고 있는 것이다."라고 반응했다는 보고였다. 이명진은 자신과 오랜 친분과 신뢰 관계를 감안하면 김기동은 거짓말을 하지 않을 사람이라고 확언했다.

수사하지 않고 있다는 검찰에게 뭘 더 묻겠는가.

'잠시 떴다 사라질 촌극이 아닐까.'

찜찜했지만 그런 낙관론에 기대고 싶었다.

열흘쯤 지나 이번에는 편지가 왔다. 이철상이 보낸 특급 우편이었다. 편지는 "무슨 말을 어떻게 해야 할지 모르겠네." 하면서 사죄로 시작하고 있었다.

"미안하고 송구하고 죄송스럽네."

"누를 끼치게 되어 미안하네."

"미안하고 면목 없네."

반복된 사과에 이어 용서를 빈다고 썼다.

"자네에 대해 알지도 못하거나 잘 기억나지도 아니하면서도 마치 사실인 것처럼 말하기도 했음을 깨닫고 양심의 가책으로 죽고 싶은 심정이네."

이 대목은 시계를 준 것을 본 적이 없지만 자술서를 잘못 썼다는 고백으로 들렸다. 친구의 고백은 고해성사이자 양심선언으로 해석할 만했다. 참회의 편지까지 받은 마당에 시계 소동이 더는 커지지 않을 것이라고 믿고 싶었다.

'그러면 그렇지. 없는 일이 만들어지겠나.'

나는 사죄 편지를 받고 잠시 무장해제가 되었다.

하지만 그것은 낙관적 인생관을 비웃는 치명적 오판이었다. 박근혜 일파는 명품 시계를 보수 신문의 호남 주필을 생매장하는 언론 플레이 소재로 한껏 활용했다. 검찰이 노무현 전 대통령을 잡으려 할 때도 밑도 끝도 없이 고가 명품 시계가 동원되었던 일이 떠올랐다.

이철상은 자술서 소동 이후 5차례의 검찰 참고인 진술에서 줄곧 나를 비난했다. 내가 접대를 받고 남상태와 대우조선에 유리한 사설·칼럼을 써주었다고 했다. 다음 해 시작된 재판에도 증인으로 출석, 거침없이 검사들 편에 섰다. 편지는 고해성사가 아니었다.

수사를 받다 보면 궁지에서 빠져나가려고 친구를 헐뜯고 책임을 돌릴 수는 있다. 다만 법정에서 진실을 말하면 화해가 성립될 수 있다. 고재호, 박수환은 검찰에서 잘못 진술한 것을 법정에서 바로잡았다. 이철상은 그러지 않았다.

검찰의 수사 행태는 흥미로웠다. 자술서를 받고서도 문제의 시계를 찾으려는 압수 수색을 하지 않았다. 기소할 때도 범죄 혐의에 추가하지 않았다. 공소시효가 지난 다른 혐의들은 모두 기소장에 적었지만 유독 시계 건만은 제외했다.

억지로 받아낸 자술서라는 것을 스스로 알았기 때문이었을까. 언론 플레이에 충분히 활용했으니 더 써먹을 가치가 없다고 보았을까.

6월에 작성된 이철상 자술서에는 '남상태 연임 로비 용도'로 시계를 선물한 것처럼 되어 있었으나, 8~9월에 만들어진 이철상 진술서에는 '우호적 사설과 칼럼을 써준 대가'가 명품 시계였다는 식으로 서술되어 있었다. 시계 용도가 검찰의 필요에 따라 그때그때 변덕을 부리고 있었다.

검찰은 처음에는 남상태의 연임 로비를 해준 대가로 시계를 받은 것으로 수사를 진행했던 모양이다. 그러다가 아무것도 나오지 않으니 수사 방향을 돌린 것으로 보였다. 대우조선에 우호적인 칼럼, 사설을 써준 대가로 시계를 선물했다는 틀을 새로 만든 것이다. 이철상 진술이 달라진 이유도 검찰이 수사 방향을 바꾸었기 때문이었으리라.

남상태는 2009년 무렵 경영 실적이 워낙 좋아 연임이 당연시되고 있었다. KDB 민유성 은행장도 "실적이 좋은 CEO를 바꾸자고 할 명분이 전혀 없다."라는 말을 자주 했다. 남상태로서는 연임 로비를 해야 할 필요성이 그리 절실하지 않았다. 그는 이명박 정권에서 권력의 뒷배가 튼튼했다.

검찰은 이철상의 자술서를 받은 뒤부터 내 사생활 자료를 수집하며 수사를 멈추지 않았다. 그러다 〈조선일보〉의 우병우 의혹 보도 이후에는 수사 속도가 부쩍 빨라졌다. 우병우가 코너에 몰리자 청와대의 채근이 가중되었을 가능성이 많다. 법원에 제출된 수사 자료가 검찰 움직임을 그대로 증언하고 있었다.

김기동은 나를 수사하면서도 딴 잡아뗐다. 이중 플레이를 하고 있었다. 특수단은 김수남 검찰총장 직속이었으나 우병우 라인이 대거 포진했다. 김기동부터가 더불어민주당 국회의원들이 우병우 인맥으로 지목한 인물이었다. 우병우가 김수남 총장을 얼굴마담으로 세워놓고 검찰을 차명 지배한다는 말이 검찰과 정치권에서 나돌았다. 검찰의 우병우 라인은 국정원 우병우 라인과 밀접한 협업을 하고 있다고도 했다.

김기동 아래 부장검사 한동훈이 수사를 지휘하고 있었다. 이명박 시절 중수부에서 우병우와 함께 노무현 부부를 수사했던 이주형 부부장이 한동훈을 보좌했다. 이들은 정권 교체 후 승승장구하고 있었다. 특수단의 수사 진용을 보면 누구 지시로 총선 직후 내사를 시작했는지는 짐작할 만했다.

박근혜 정권은 〈조선일보〉와 갈등이 심해지자 이명진이 수사를 중단시키려고 김기동 아파트까지 찾아가 압력을 넣었다고 루머 시장에 퍼뜨렸다. 출입 기자로서 상황 파악을 위해 취재한 것을 수사 중단 압력을 넣었다고 비틀어 언론 플레이를 전개한 것이다. 우병우는 훗날 자기 재판에서 수사 중단 압력을 청와대와 검찰이 거부하자 〈조선일보〉가 부동산 의혹을 폭로했다고 주장했다. 전형적인 뒤집어씌우기였다.

김기동은 "누가 무슨 근거로 〈조선일보〉 주필을 수사한다는 말이냐."라고 했었다. 수사를 하지 않는다는 검찰에게 무엇 때문에 압력을 넣겠는가. 그들은 상황을 편리하게 조작하며 나와 이명진을 조롱했다. 검찰의 행태를 보며 박근혜 세력이 오래전부터 나를 노리고 있었다는 확신은 더욱 굳어졌다.

김기동-한동훈-이주형 라인은 어떤 식으로든 나를 옭아맬 혐의를 만들어 내야 했다. 그것이 출세길을 열어준 최고 권력에 보답하는 길이라고 생각했는지 모른다. 그들은 '털어서 먼지 안 나는 인간은 없다'라는 검찰의 오랜 신화를 절대 신봉했던 것 같다. 하지만 몇 달을 뒤져도 뚜렷한 혐의가 나올 리 없었다. 나는 그들이 상상한 대로 기자 생활을 하지 않으려고 노력해 왔다.

검사들이 나의 재산 형성 과정을 여러 사람에게 캐물었다고 들었다. 시효가 훨씬 전에 지나가버린 부동산, 돈거래까지 치밀하게 조사했다는 흔적이 여러 곳에서 드러났다. 무려 120여 번에 달하는 금융 계좌 추적도 그래서 진행된 것이다. 하지만 뭐가 나올 턱이 없었다.

1급 청정수에 살았다고 장담할 수는 없으나, 푼돈이나 접대에 넘어가 쓰지 말아야 할 기사를 쓰거나 써야 할 기사를 빼먹은 적은 없었다. 기사·칼럼에 관한 한 고지식한 기자로 살았다. 이 때문에 몇몇 재벌 그룹들과는 냉랭하게 지냈다. 때로는 고통이 따랐으나 본분을 지키고 싶었다.

재산 추적, 돈거래에서 뚜렷한 것이 나오지 않자 수사팀은 조작 솜씨를 동

원하기 시작했다. '하면 된다'는 의욕이 한계선을 넘어 '안 되면 되게 하라'
는 과욕을 발동한 것이다.

그들의 조작 솜씨는 이철상의 자술서나 박수환 반복 소환과 불러 뽕 고문
으로 전부 드러나지 않았다. 고재호 사장의 증언, 조현준 효성그룹 회장의
사례를 더 살펴봐야 한다.

'한국 조선업계 영업부장'
고재호의
검찰 조서 부인

고재호 전 대우조선 사장은 한국 조선업계에서 선박 영업의 달인으로 통했었다. 때로는 수조 원짜리 큼직한 수주 계약을 따내 경쟁사를 놀라게 했다. 그리스, 독일, 앙골라에는 고재호에게 단골로 대형 선박을 발주하는 충성스러운 고객들이 있었다. 일부는 고재호가 수감된 후에도 변호사 비용을 보태주고 한국에 올 때마다 교도소 면회를 다녀갔다. 외국 고객들과의 깊은 신뢰 관계가 '조선업계의 영업부장' 애칭을 뒷받침하는 자산이었다.

대우조선은 KDB의 최대 계열사였다. 두 회사 회계장부는 따로 떼어놓을 수 없다. 모기업 KDB가 부행장을 회계책임자(CFO)로 대우조선에 파견해 놓고, 이사회 안건부터 회계장부 작성까지 시시콜콜 간여하는 이유가 여기에 있었다. 쉽게 말하면 대우조선이 1조 원 적자를 낼 경우 KDB 장부에는 5,000억 원 적자가 반영되었다. 대우조선 경영 성과는 KDB 담당부서 직원들 보너스와 연결된 것이다. KDB로서는 대우조선의 흑자를 늘리는 회계 처리를 좋아할 수밖에 없다.

고재호는 고려대 법대를 졸업했다. 친구들 소개로 고재호와 교유한 지 15년을 넘고 있었다. 둘은 집이 가까워 서로 퇴근길에 불러내 한잔 후 노래방을 찾는 사이가 됐다. 그는 한 해의 3분의 1가량을 해외에서 보냈다. 국내 동향을 파악하고 싶거나 개인적 고민이 있으면 나를 찾았다. 그는 누구보다 자신에게 솔직했고 말과 행동이 다르지 않았다. 잔머리를 굴리지 않는 데다 담백한 성격이 내 마음을 끌었다. 골프로 돈을 자주 따 가고 노래방 마이크를 오래 장악하는 것 말고는 매력 있는 남자였다.

고재호가 검찰에 출두한 시기는 2016년 7월이었다. 출두를 며칠 앞두고 고재호를 광화문 뒷골목 설렁탕집으로 불러내 조출한 송별회를 가졌다.

어차피 구속할 것이라는 게 나의 예감이었다. 1~2년 감방에서 고생할지 모른다는 걱정이 들었지만, 그 기간이 가석방까지 무려 8년이나 걸릴 줄은 미처 상상하지 못했다.

송별회 7개월 후 고재호의 검찰 진술 조서를 받아 들었다. 고재호는 나에게 현금 500만 원, 상품권 500만 원어치, 양복 티켓 등을 주고 골프 접대를 했더니 대우조선에 불리한 사설을 쓰지 않았다고 말하고 있었다. 그렇게 말했을 리 없다고 고개를 흔들었으나 모든 대답은 "네, 사실대로 말씀드렸습니다."로 끝나고 있었다.

'살아보려고 몸부림쳤구나!'

배신감보다 동정심이 앞섰다. 오죽 시달렸으면 그렇게 진술했을까. 그런 마음이었다.

다시 몇 달이 지나 2017년 8월 28일, 더위가 한창이었다. 재판은 오후 2

시에 개정했다. 낯선 법정에서 만난 고재호는 삼겹살 한 점 익을 때마다 폭탄주 한 잔 주고받던 친구가 아니었다. 그는 증인, 나는 피고인 신분이었다. 고재호는 검찰 편에서 나의 유죄를 입증해야 한다. 수사라는 요술 파이프를 통과한 뒤 친구는 적이 됐다.

그는 흰머리가 늘었고 얼굴은 상기돼 있었다. 고재호는 분식회계 하나로 9년형을 선고받았다. 기업인 가운데 분식회계로 그토록 무거운 벌을 받은 사례는 없었다. 친구의 비극이 안쓰러웠다.

"자식! 좋아하는 술도 못 마시고… 노래도 못 부르고….'

그렇게 중얼거리며 고재호가 어떤 증언을 하든 참아야 한다고 다짐했다.

재판장이 재판 개시를 선언하자 검사는 두 건의 진술 조서를 제시했다. 고재호는 증인석에서 진술 조서를 넘기며 가끔은 접었다. 종이를 넘기는 소리만 이어지자 검사가 헛기침으로 재촉했다. 샅샅이 훑어보던 고재호가 30여 분 후 다 읽었다는 신호를 보내자 검사가 질문을 서둘렀다.

"증인은 검찰에서 사실대로 진술했고, 조서를 열람해 조서에 기재된 내용이 증인이 진술한 대로 기재돼 있음을 확인한 다음 조서에 서명, 무인하였죠?"

고재호는 첫 질문부터 거부하고 나섰다.

"일률적으로 그렇게 말씀드리기에는 좀 곤란한 내용이 있습니다."

검찰 진술서를 처음부터 부정하고 나왔다. 변호사들이 어리둥절한 표정으로 서로 얼굴을 쳐다보았다. 당황한 검사가 되물었다.

"증인, 조사를 받은 다음에 조서 내용에 대해 검사실에서 다 읽어보지 않았습니까?"

고재호는 곧바로 핵심 진술을 부인했다.

"상품권 500만 원을 저는 안 줬다고 그러고, 수사관은 준 게 아니냐고 하며 며칠이나 설왕설래를 계속하니까, 이주형 부부장 검사가 나와 '언제까지 이럴 것이냐'면서 '만약에 송 주필이 자백하지 않으면 기소할 때 빼주겠다'고 약속했어요. 그렇게 가자고 해서 제가 '좋다, 알아서 쓰라'고 했더니 이렇게 적혔습니다. 검찰이 소설을 쓴 거예요."

증언을 종합해보면 500만 원 상품권은 '여의도와 가까운 마포의 식당에서 사실대로 말하면 처벌받을' 사람(아마 공무원이나 준공무원인 듯)에게 주었지만, 검사가 멋대로 송희영에게 준 것으로 정리했다는 취지였다. 사실과 다른 내용이 적혔다는 지적에 재판장이 나섰다.

"백화점 상품권과 관련된 부분은 사실과 다르게 진술된 부분이 있고, 그러나 그 얘기가 조서에 기재된 것은 맞잖아요. 그죠?"

고재호가 즉각 답변한다.

"일단 제가 주지 않았는데…."

하도 똑같은 질문만 계속하며 보채자 지친 끝에 홧김에 알아서 쓰라고 했더니 엉뚱하게 적혀 있다는 반발이었다. 위기를 느꼈는지 검사는 다른 각도에서 질문을 쏟아냈다.

"주필 승진을 축하하는 의미로 주었다고 검찰에서 진술하지 않았어요?"

고재호가 짜증을 냈다.

"그런 게 아니라니까요."

검사가 씩씩대며 다시 추궁한다.

"송희영 주거지가 방배동이어서 집과 가까운 신세계백화점 상품권을 주었다고 하지 않았어요?"

고재호도 목소리를 높인다.

"아 글쎄, 상품권 준 적이 없다니까요, 아까 말했잖아요. 여기서 증인 선서까지 하고 제가 거짓말을 하겠어요?"

이주형 부부장은 고재호의 고대 법대 후배다. 이주형이 2004~2005년 창원지검에 근무할 때 안면을 튼 뒤 가끔 함께 술도 마셨다고 했다. 재판장은 재확인했다. 이어 "상품권 관련된 부분 외에 또 그런 부분이 있습니까?"라고 물었다.

"제가 한 말을 거두절미한다든지, 아니면 어떤 첨언을 한다든지, 그런 부분 때문에 좀 뉘앙스가 바뀐 부분이 있고요. 제가 불확실하게 얘기한 부분을 확실하게 써버린 부분이 있고요."

고재호는 현금 500만 원을 주었다는 진술까지 문제를 삼았다.

"500만 원 현찰을 주었다는 것도 기억이 100퍼센트 확실한지는 잘 모르겠고요. 장소, 시간은 기억이 나지 않아요…. 그것을 검사가 추론해 대충 맞춘 셈입니다."

고재호는 내기 골프에서 돈을 너무 따 미안한 마음에 골프채, 골프 가방을 사주려 했던 것 같다고 말했다가 현금은 주지 않은 것 같기도 하다고 오락가락했다.

검찰은 2016년 6월 18일 롯데호텔 중식당 '도림'에서 점심 식사 후 500만원 현찰을 고재호가 나에게 주었다고 시간, 장소를 특정했다. 돈을 주자 내가 "뭘 이런 걸." 하면서도 양복 주머니에 넣었다며 상황을 유독 세밀하게 묘사했다. 고재호의 해외 출장이나 거제도 근무일 등 물리적으로 불가능한 날을 제외하고, 검찰이 미리 확보한 회사의 호텔 영수증 날짜와 맞추다 보니 6월 18일로 특정된 것이라고 했다. 검찰이 제시한 날짜의 그 시각에 나는 광화문의 조촐한 레스토랑에 있었다. 논설위원들과 식사하고 점심 값을 치른 신용카드 사용 내역을 고재호 증언에 앞서 법정에 제출해 놓았다. 고재호가 현금을 주었다고 우긴다고 해도 알리바이가 확고했다.

고재호의 검찰 조서는 해체되고 있었다. 예상하지 못한 전개에 깜짝 놀랐다. 고재호는 검사, 수사관이 자기 말을 '짬뽕'했다거나 '픽션을 채워 만들었다'고 여러 번 말했다. 다른 얘기를 뒤섞어 가공의 스토리를 만들었다는 불평이었다.

재판 진행이 되지 않자 재판장은 짜증 난 표정이 역력했다.

"이거는 내가 이렇게 얘기도 안 했는데 조서에 기재가 됐다, 그런 내용이 더 있냐고요."

시비를 거는 투로 묻는 재판장에게 고재호는 공손했다.

"그렇기 때문에 더욱이 말씀드리는 겁니다. 안종범 수석 관련해 나오는 부분 있잖습니까. 제가 송 주필에게 부탁한 것은 '지금 우리 회사 대표이사 선임 과정이 어떻게 돌아가는지 상황 좀 파악해 달라고 했다' 그겁니다. 그렇게 구체적으로 얘기했는데 여기 쓰여 있는 것을 보면 제가 사장직 연임을 부탁한 걸로 돼 있단 말입니다."

연임 로비를 청탁하지 않았다는 것을 분명히 했다. 상황을 파악해 달라고 부탁한 것을 검사가 연임 청탁을 한 것으로 기소했다는 반발이었다.

고재호는 검사가 진술 조서의 진위를 확인하는 단계(법정 용어로 진정 성립)에서 50분 이상 실랑이를 벌였다. 재판장 중재로 가까스로 검사가 신문을 시작했으나 조서를 부정하는 요지는 달라지지 않았다. 그는 2심 재판정에 나와서도 똑같은 증언을 반복했다. 고재호는 기사나 사설을 부탁한 일은 일절 없었다고 선을 그었다.

잘못된 조서에 서명한 이유를 묻자 세 가지 이유를 꼽았다. 첫째 7명의 검사가 번갈아 조사하면서 이른바 '멍석말이식 닦달' 내지 '불러 뽕 고문'으로 다그친 점을 들었다. 그는 일곱 명의 검사와 각 방의 수사관들에게 강만수, 남상태, 경우회, 보헤미안 중창단, 이데일리 등 각양 각색의 사건 관련 참고인으로 소환돼 시달렸다. 수사팀장 한동훈은 고재호를 자기 방으로 따로 불러 회유 겸 압박을 가했다. 한동훈은 우아한 커피잔에 커피를 내놓으며 "우리 팀 검사들과 수사관들은 우리나라 최고의 멤버들입니다. 제가 한 명, 한 명 직접 뽑아 올렸습니다. 절대로 우리를 이길 수 없습니다. 잘 생각해보세요."라고 진술을 강압했다고 한다. 고재호는 당시의 극단적 골목에 몰린 심리 상태를 설명하려고 애썼다.

이어 분식회계로 기소된 자신의 재판이 시작돼 재판 준비에 쫓겼다는 점을 들었다. 매주 이틀씩 재판을 받으면서 나와 관련된 수사에 반복 소환되는 바람에 혈압이 최고 180까지 올라갔다고 했다. "분을 참지 못해 검사 방에서 고함을 버럭버럭 질렀다."라고 했다.

마지막 이유로 수사 기법을 꼽았다. 검사들은 세계 2위 조선회사 사장을 불러내 부하 직원들 앞에 세웠다.

"가장 힘들었던 부분이 그겁니다. 소환되어 가면 제가 고무신에 수의를 입고 수갑을 찬 채 저희 회사 직원들과 계속 부딪쳐야 했어요. 저를 보고 어쩔 줄 몰라 하는 직원들의 눈빛… 검찰청 복도, 화장실에서 줄줄이 서성대고 있는 그들과 마주치는 것은 저에게 고문 이상의 고문이었습니다."

수갑을 차고 수의를 입은 사장의 모습을 부하들에게 보여주며 자백을 압박하는 것은 고전적 수사 테크닉이다. 일부러 모멸감을 안기는 방식으로 피의자를 자포자기에 빠지게 만드는 것이다. 고재호는 그 비열한 테크닉을 지적하고 있었다.

고재호 증언은 박수환보다 4개월 앞서 진행됐다. 고재호가 진술 조서를 부인한 뒤 박수환도 검찰 진술을 부정했다.

검찰 상층부가 고재호와 박수환의 허위 자백 또는 진술 조작을 몰랐을 리 없다. 그렇지만 그들은 멈추거나 물러서지 않고 기소를 강행했다. 그렇게 해야 했던 이유와 정치적 배경은 뻔했다. 안종범에게 연임 로비를 부탁하고 조카 취직을 청탁했다거나 현금, 상품권을 주었다는 검찰 기소는 판결을 통해 모두 연기처럼 사라졌다. 허위 진술을 받아내 기소장을 창작해냈던 것이다. 나는 2심 재판에서 진술 조작 경위를 따져보려고 검사들을 법정 증인으로 불러 달라고 재판부에 요청했으나 받아들여지지 않았다.

고재호는 분식회계 혐의 하나로 무려 8년 이상 옥살이를 한 뒤 2024년 8월에야 가석방으로 풀려났다. 고재호가 사장 시절 했던 회계 처리는 남상태 시절부터 해오던 시스템에서 이루어졌고 같은 시기 기소된 남상태는 대법원에서 분식결산에 관한 한 완전 무죄 판결을 받았다. 똑같은 회계 처리에 대법원이 정반대 판결을 내린 꼴이었다. 둘 중 하나는 오판이 명백했다. 고재호가 재심을 신청한 것은 너무나 당연한 선택이었다.

고재호는 검찰이 여죄를 확보하지 못함으로써 18개월 만에 대법원에서 유죄가 확정되었다. 당시 검찰은 남상태 시절부터 대우조선해양에서 조직적·지속적인 회계분식이 이루어졌다는 전제 아래 수사를 진행했다. 회계팀 임직원들의 검찰 조서는 하나같이 '남상태 사장의 지시로 분식이 시작되었고, 이후 고재호 시장 때도 지속되고 확대되었다.'는 취지로 작성됐다.

하지만 남상태 시절 회계 담당 임원 한 명이 남상태 재판 1심 법정에 검찰 측 증인으로 나와 "검찰 조서가 당초 구두 진술과 반대로 작성되었다. 검찰 조서는 서울구치소로 보내겠다는 이주형 부부장 등의 협박과 강압에 의해 허위로 조작된 것이다."라며 눈물로 양심선언을 했다. 이어 2심에서는 결산 관련 상세 자료를 확보해 법정에 제출했다. 결국 2심과 대법원은 분식회계에 관한 한 남상태에게 무죄를 선고했다. 똑같은 회계 처리에 고재호에겐 유죄 판결을 내리고서 2년 후 남상태에게 정반대 결론을 내린 꼴이었다.

한동훈 수사팀은 고재호의 후임 사장 정성립과 그 부하들도 같은 회계 시스템을 사용해 분식회계를 한다면서 정식 입건해 수사한다고 기자에게 큰소리치더니 시간을 끌면서 흐지부지하다가, 고재호의 대법원 유죄 확정 며칠 후 불기소 처분으로 어물쩍 덮어버렸다. 고재호가 유죄라면 정성립도 기소해야 옳았고, 남상태도 유죄여야 했다. 수사부터 대법원 판결까지 사법 시스템이 검사 입맛, 판사 입맛에 따라 제멋대로 오락가락했다. 고재호만 홀로 8년 감옥 생활을 보낸 중심에서는 단연 한동훈 팀의 솜씨가 빛을 발하고 있었다. 조작 기소했다고 분노할 만했다.

서울중앙지방법원에서 첫 공판이 시작되자 검사는 공소사실을 설명했다. 그 자리에서 검사 임홍석은 조현문과 박수환이 조석래·조현준에게 공갈을 했으며, 내가 공갈 작업에 가담한 것을 입증하겠다고 선언했다. 공소장에 없는 내용이었다.

'효성그룹 경영권 싸움에서 내가 공갈단 멤버였다고?'

쌍욕이 튀어나올 뻔했다.

경제부에서 근무하며 재벌 일가의 경영권·재산 분쟁에는 이골이 났다. 삼성부터 현대, 금호, 두산, 롯데, 대한항공, 동아제약, 진로, 종근당, 대림 등 20건에 달하는 사례를 직접 취재하거나 취재 지휘를 맡았다. 기사를 잘못 쓰면 광고주가 어떻게 반발을 하고, 어떤 허위 루머와 인신공격으로 기자를 곤경에 빠뜨리는지 여러 번 경험했다.

재벌가 경영권 분쟁은 인륜을 저버린 피투성이 전쟁터다. 돈과 인맥을 동원해 신문사 고위직을 상대로 하는 무차별 로비를 아끼지 않는다. 덕분에 평기자 시절부터 재벌가 분쟁에서 어떻게 처신해야 하는지를 터득했다. 어느 한쪽을 편들었다가는 '매수됐다'는 악성 루머가 신문사 고위층에게 직속 배달된다. 총수 일가에게 기자란 자기편일 때 쓰고 버리는 일회용 반창고와 같다.

2013년 초 효성그룹에서 형제간 경영권 전쟁이 터지고 조현문이 찾아오자 나는 곧 조현준을 만났다. 3년 사이 조현준은 다섯 번, 조현문은 두 번 만났다. 누구든 내가 먼저 만나자고 요청한 적은 없었다.

조현문은 서울대 학창 시절 가수 신해철과 '무한궤도'라는 밴드를 결성했던 다재다능한 인물이다. 효성의 경영을 잠시 맡아 경영 혁신을 시도하다가 아버지 조석래, 형 조현준과의 마찰로 그룹에서 밀려나 있었다.

조현준은 부모 형제와 결별을 선언한 동생과 대화하고 싶다며 박수환과의 만남을 부탁해 왔다. 조현문과 함께 일하던 박수환을 통해 동생을 만나려는 듯했다. 나는 박수환에게 조찬에 나와 달라고 여러 번 간청한 뒤에야 겨우 승락을 받아 박수환-조현준의 조찬을 주선할 수 있었고, 조찬 미팅에서는 커피 한 잔을 다 마시지 않고 나왔다.

"양측 대화에는 개입하고 싶지 않습니다. 구체적인 얘기는 두 분이 알아서 하세요."

식사 자리를 만들어 준 것으로 임무가 끝났다고 여겼다. 하지만 대화가 삐끗했는지 조현준이 연락을 해왔다.

"아버님(조석래 명예회장)이 만나고 싶어 하니 꼭 나와 주십시오."

전경련 회장까지 지낸 재계 원로의 요청을 무시할 수 없었다. 내키지 않는 걸음으로 식사 자리에 나갔다. 조석래는 옆방에서 다른 손님과 약속이 있는지 잠시 들어와 용건만 말했다.

"못난 아들을 두었습니다. 현문이가 왜 그러는지 이해가 안 됩니다. 제발 집에 돌아오라고 설득해주십시오."

아버지와 아들 사이가 왜 만나지 못하는 상황이 됐는지 괴이하기 짝이 없었다. 나는 정확히 입장을 설명했다.

"저는 조현문 사장을 한 번밖에 본 적이 없습니다. 그러니 제 말을 들을 턱이 없죠. 아버지 말, 어머니 말, 형님 말도 안 듣고 뛰쳐나온 아드님이 제가 말한다고 해서 듣겠습니까."

거절 의사를 밝혔다. 조석래와 조현준은 조현문을 움직일 힘을 내가 갖고 있다고 착각했는지 자꾸 설득해 달라고만 했다.

총수들은 대개 현실을 있는 그대로 받아들이지 않는 만성질환을 앓고 있었다. 자신이 항상 옳다는 자아도취증, 일이 잘못되면 부하에게 책임을 넘기는 책임 기피증, 운전사나 비서에게 화를 폭발시키는 분노 조절 장애, 강한 사람 앞에서 비굴한 자기비하 증상이 심하다. 그들은 돈을 고민 해결의 만능열쇠로 여기는 뇌물 의존증을 버리지 못한다. 조현준 부자도 만성 '총수병' 환자로 보였다.

조현문을 설득할 능력이 없다고 말하자 조현준이 다른 제안을 했다.

"아버지나 제가 동생을 만날 수 없다면 박수환을 한 번 더 만나게 해주십시오."

기껏 연결시켜주었더니 대화를 이어가지 못하고 있었다. 더는 개입하지 않겠다고 다짐했지만, 조현준을 만나야 할 일이 발견된 것은 회사에 돌아온 뒤였다.

그날 조현준은 현금 뭉치를 그룹 창업자의 일대기와 그룹 안내 책자 사이에 넣어 선물했다. 놀라운 거액이었다. 현찰을 발견하자마자 나는 돌려줄 계획을 세웠다. 조현준과 박수환을 다시 만나게 해줄 수밖에 없다고 판단하고 박수환을 설득했다. 돈 봉투는 며칠 뒤 조찬 자리에서 그대로 돌려주었다.

"제가 잘못 받은 물건 같습니다."

박수환이 들어오자마자 나는 돈 봉투를 돌려주었다.

"대화는 두 분이 나누세요."

또 커피조차 마시지 않은 채 빠져나왔다. 그렇게 돌려준 돈이 재판에서 한바탕 소동을 일으켰다. 조현준은 증인으로 나와 현금을 되돌려준 사람은 내가 아니라 박수환이었다고 했다.

"송 주필이 자리를 떠나고 조찬이 다 끝난 뒤 박수환이 핸드백에서 돈 봉투를 꺼내 주었다."

헛웃음조차 나오지 않는 말이었다. 그는 돈 봉투 반환을 맡길 만큼 나와 박수환이 가깝다는 인상을 주려고 애썼다. 어떤 덜떨어진 인간이 제3자를 통해 거액을 반환한다는 말인가. 그 말이 맞다면 조현준은 왜 조현문 편에 서 있는 적으로부터 돈 봉투를 받아 갔을까.

효성은 그 무렵 검찰과 경찰에서 줄잡아 20건이 넘는 비리 의혹을 수사받고 있었다. 끊이지 않는 수사에 효성 전체가 검찰에 목덜미를 잡힌 포로 신세였다.

증인으로 출석한 효성의 전·현직 홍보 담당 임원들 역시 입을 모아 박수환을 비난했다. 효성 인사들은 검찰이 원하는 증언을 반복했다.

"할리우드 액션을 잘한다."

"일은 해주지 않고 홍보대행 비용을 받아 갔다."

나쁜 인물평을 퍼부은 뒤 반드시 박수환이 나와 가깝게 지낸다고 자랑하고 다녔다는 말을 덧붙였다. 검찰 편에 확고하게 서는 증언이었다.

검찰은 효성 홍보 임원 두 명을 따로따로 불러내 이틀씩 증언대에 세웠다. 그들은 조 회장과 함께 검찰의 특급 도우미였다.

나는 돈을 돌려준 사실이 확인된 것에서 만족해야 했다. 경제계 평판을 들어보았다. 조현준은 돈을 돌려받은 적 없다고 잡아뗄 수도 있는 사람이라고 경고하는 분들이 있었다. 저들의 재계 평판을 고려하건대 누군가를 목격자로 확보해 두는 게 중요하다고 판단했다. 증인이 없으면 나를 돈을 받아 챙긴 악덕 기자로 서슴없이 몰아세울 수 있다고 보았다. 그래서 마지못해 조찬 미팅을 주선해야 했고, 조현준에게 돈 봉투를 돌려주자마자 자리를 빠져나왔다.

효성은 조현준 증언이 있었던 그해 연말 배 한 상자를 우리 집에 보냈다. 조석래 명예회장 이름의 택배였다. 즉각 반송했으나 선물을 보낸 속셈이 궁금했다.

'거짓 증언으로 미안했으니 과일이나 먹으며 화를 풀라는 뜻인가.'

며칠 뒤 "매년 연말에 선물을 보내던 분들께 한꺼번에 발송하다 보니 미처 명단을 갱신하지 못하고 잘못 보냈습니다. 죄송합니다."라는 사과 문자가 왔다. 그마저 미스터리 해명이었다. 매년 연말 조석래나 조현준이 보낸 선물을 받은 기억이 없었다. 조현준은 나에게 월간지 〈신동아〉의 기사와 관련된 엉뚱한 부탁도 했다. 〈조선일보〉 논설주간이 어떻게 옆집 〈동아일보〉가 발간하는 월간지의 기사를 고치거나 뺀다는 것인가. 재벌 3세가 세상 물정을 몰라도 그렇지 이토록 처참한 지경이라는 것인가.

검찰 도우미는 조현준에 그치지 않았다. 하루는 SC제일은행 부행장 출신으로 최대 로펌 김앤장 고문 이정순(제니스 리)이 증인석에 앉았다. 이정순은 기사를 잘 써달라고 부탁했더니 다음 날 〈조선일보〉 지면에 바라던 대로 보도됐다는 취지의 발언을 했다. 기사 청탁이 통했다는 말이었다.

난생처음 보는 여자가 검찰 편에서 뜬금없이 나를 공격하고 있었다. 그녀는 논설주간 방에서 박수환과 함께 나를 만났다고 했다. 논설주간에게는 독립된 전용 룸이 없다.

그 여자의 증언이 거짓임을 증명하려고 논설위원실 내부 사진을 재판부에 제출했다. 한삼희 수석 논설위원의 증언을 통해 한 번 더 설명했다. 증언이 허위라는 것을 100퍼센트 입증했다고 자신했다.

그러나 1심 재판부는 판결문에서 박수환이 이정순을 나에게 소개해 함께 만났다고 썼다. 그것을 나와 박수환의 유착 관계를 증명하는 사례 중 하나로 꼽았다. 터무니없는 오판이었다.

이정순의 민낯을 파악하려고 주변 몇 사람을 상대로 탐문했다. SC제일은행을 떠나며 그다지 유쾌한 이별을 하지 못했다는 얘기가 들렸다. 김앤장 법률사무소에서 고문 생활을 지속하려고 김앤장 입장을 반영해 법정 증언을 했을 것이라는 해석도 나왔다. 그러고 보니 조현준이 법정 증인으로 출두했을 때 김앤장 소속 변호사가 함께 왔다. 김앤장은 줄곧 효성그룹 법률 자문을 해왔다고 한다. 그가 터무니없는 증언을 내놓은 배경을 이해할 만했다.

1심 재판부는 주심 판사 입을 통해 피고인 측에 경고 메시지를 지능적으로 보내곤 했다. 반면 검사의 말에는 반갑게 반응하는 일이 잦았다. 재판, 토론회, 간담회 취재가 잦아 현장 분위기 파악에 이골이 난 기자의 눈에는 재판부가 아무리 연막을 쳐도 어느 편에 서 있는지 분명하게 보였다.

더구나 1심 재판부와는 잊지 못할 악연까지 있었다. 〈조선일보〉는 2011년 9월 30일 자 1면과 12면 기사, 10월 1일 자 사설에서 1심 재판장 김태업을 호되게 비판했다. 김태업 판사가 광주지방법원에서 근무할 때 동료 판사의 잘못을 감싸는 식의 무죄 판결을 내리자 말이 안 되는 판결이라고 지적했다. 제 식구 감싸기 판결에 〈조선일보〉가 앞장서 비판했다. 이 사건은 〈조선일보〉 사설 주장대로 2심을 관할 광주고등법원이 아닌 서울고등법원으로 옮겨 심판했고, 결국 대법원은 김태업 판결과는 달리 비리 판사에게 유죄 판결을 확정했다. 김태업으로서는 〈조선일보〉의 보도가 자신의 명치를 때리는 한 장면이었을 것이다.

이 때문에 당초 김태업 재판부는 기피하고 싶었다. 하지만 기사·사설만으로는 기피 사유가 부족하고, 기피 신청으로 재판장에게 나쁜 인상을 안기면 큰 손해만 본다는 변호사의 조언을 따랐다. 판결문에서 그 대목을 읽는 순간 김태업 재판부를 어떻게든 기피했어야 했다는 후회가 밀려왔다.

검사에게
유죄 입증 책임이
없는 나라

검찰은 골프 접대를 네 번 받고 그 대가로 기사를 써주었다고 나를 기소했다. 골프 접대를 전후하여 이메일로 부탁할 때마다 기사 청탁이 실행됐다는 말이다.

이메일로 나에게 배달된 것은 대부분 기업 보도자료였다. 증거로 제출된 기사를 살펴보니 나와 상관없는 자료였다. 인터넷 뉴스를 전담하는 계열사 기자가 쓴 기사가 있는가 하면, 심지어 KBS TV가 방영한 프로까지 있었다. 뉴스컴이 기자들에게 뿌린 홍보 자료 가운데 나에게 발송된 것은 10년 동안 8건이었다.

검사는 〈조선일보〉 임원이 KBS PD에게 특정인을 출연시켜 달라고 부탁하면 통한다고 믿었던 것일까. 박수환이 뉴질랜드 키위 회사 홍보 자료를 나에게 보낸 결과 공영방송 아침 프로에서 키위의 장점을 부각시킨 프로가 만들어졌다고 했다. 검찰은 내가 이메일을 받은 후 만들어진 KBS TV 프로 내용과 출연자 사진을 증거로 제출하는 열성을 보였다. 웃음조차 나오지 않는 코미디였다. 〈조선일보〉 논설주간이 KBS 사장이나 본부장을 겸임했다면 혹시 그럴 수 있었을지도 모른다.

검찰은 또 〈조선일보〉 논설주간이 계열사인 chosun.com 일선 기자에게 일일이 지시를 내린다고 믿었던 것일까.

박수환은 은행 간부의 영업 실적을 올려주려고 IBK 개인연금에 가입해 달라며 상품 소개 자료를 보냈다. 계좌 신규 개설을 부탁한 것이다. 검찰은 그것을 기사 청탁과 연결시켰다. chosun.com에 실린 IBK 개인연금 단신 기사를 청탁 증거로 법정에 제출했다.

영국에 본사를 둔 세계 2위 담배 회사 BAT는 정부의 소비세 인상에 관한 입장을 보도자료로 뿌린 적이 있었다. 뉴스컴은 BAT 보도자료를 언론사에 배포하면서 나에게도 보냈다. 20여 일 뒤 〈조선일보〉 독자 여론면에는 어느 대학교수의 기고문이 실렸다. 지면에는 필자 사진까지 얹혀 있었다. 누가 봐도 보도자료와는 전혀 다른 독자 투고였다. 하지만 검찰은 이메일을 받은 후 글이 지면에 실렸으니 청탁이 먹힌 증거라고 우겼다. 그렇다면 내가 공문서처럼 작성된 보도자료를 보고 교수 기고문을 대필해주었다는 말인가.

검사가 KBS 담당 PD와 chosun.com 담당 기자, 독자 투고를 했던 대학교수를 불러 확인하면 그만이었다. 검사가 나의 개입 여부를 증명했어야 한다. 국민 세금으로 먹고살며 유죄 입증을 책임져야 하는 직업인이 아닌가.

그러나 검찰은 기초 사실을 일절 확인하지 않았다. 그저 기사와 이메일을 나열하며 청탁 증거라고 공소장에 썼다. 감옥에 가기 싫으면 나더러 무죄를 증명하라고 했다. 책임을 납세자에게 떠넘긴 것이다.

지인이 펴낸 책의 경우 나는 〈조선일보〉 지면에 소개할 수 없다는 뜻을 밝히고 거절하는 이메일을 보냈다. 하지만 검찰은 계열사 기자가 인터넷에만 실은 기사를 첨부해 청탁이 통했다고 주장했다. 이 역시 검사가 그 기사를 작성한 기자를 소환해 물어본 적이 없었다. 확인 절차를 생략한 채 내가 지시해 실린 기사라는 억지 주장을 끝까지 거두어들이지 않았다.

고교생 인턴 기자의 취재도 이렇게 엉망은 아니다. 일선 기자가 확인 절차 없이 기사를 제출했다면 일단 꿀밤부터 얻어맞고, 곧이어 기사는 쓰레기통에 들어갔을 것이다.

검찰이 박수환, 남상태, 고재호의 청탁이 통했다고 증거로 제시한 기사와 사설은 적지 않았다. 해당 기자와 논설위원들을 모두 법정 증인으로 세우고 싶었지만 숫자가 너무 많았다. 변호사는 재판부가 받아들이지 않을 것이라고 했다. 어쩔 수 없이 사실확인서를 극히 일부만 받아 법원에 제출했다.

우리나라 법원에서 무죄 증거를 대고 사실 확인을 해야 하는 사람은 피고인이지 검사가 아니다. 검사는 누명을 벗고 싶으면 다급한 사람이 알아서 빠져나가라고 폭탄을 투척해버린다.

선진국 법원은 검사의 입증이 부족하거나 애매하면 아예 공소를 기각해버린다. 하지만 우리나라 판사들은 일단 판을 벌여준다. 대학, 연수원 또는 이런저런 법조계 모임에서 검사와 판사는 한솥밥을 먹는 식구가 아닌가. 법조계에선 '공소장이 최고의 증거'라는 말이 정설처럼 돌고 있다.

최고 경영인이나 기업 임원이 만나자고 하면 누가 다리를 놓든 만나야 하는 게 기자의 기본 임무다. 다양한 취재원을 만나 정보를 수집하고 여러 의견을 들어야 한다. 언론계에서는 이런 기자를 부지런하다고 평가하지 부도덕하다고 욕하지 않는다.

검찰은 내가 박수환의 거래처 임원들을 만난 것을 박수환 영업 활동을 도운 증거라고 공소장에 썼다. 그중에는 박수환을 알기 전 평기자 시절부터 알고 지내던 기업인이 많았다. 그런 인물까지 박수환의 영업을 도우려고 만나 주었다고 했다. 검찰 논리에 따르면 검사가 사건 변호사를 만나는 것은 변호사의 사건 수임을 돕는 영업 지원 행위가 아닌가.

검사들은 호의적인 기사는 반드시 접대의 대가로 지면에 반영된다고 믿는 듯했다. 골프 접대가 있어야 기사를 긍정적으로 써준다는 것이 검사의 상식 같았다. 검사도 접대 여부에 따라 수사 결론을 다르게 내린다는 것인가.

검찰은 내가 접대의 대가로 대우조선 입맛에 맞는 사설·칼럼을 써주었다고 공소장에 적었다. 그 증거로 〈조선일보〉 지면에서 '대우조선' 네 글자가 들어간 사설과 칼럼을 대거 끌어냈다.

검찰이 증거로 제출한 사설 가운데 내가 쓰거나 간여한 것은 한 건도 없었다. 검사는 누가 썼는지 기본 팩트조차 확인하지 않았다. 그게 꺼림칙했는지 논설주간으로서 해당 사설을 '감수(監修)했다'고 공소장에 썼다. 사설을 손질하면서 우호적인 문장을 삽입했을 것이라는 논리였다.

예를 들어 2011년 5월 18일 자에 '재벌 총수 문화, 바꿀 건 바꿔야 한다'는 사설이 실렸다. 재벌의 탐욕적 행태를 지적하는 내용이었다. 이 사설에는 "대우그룹이 공중 분해된 후 대우조선해양은 총수 없이도 세계적인 회사로 성장했다."라는 문장이 들어가 있었다. 현실을 설명하는 사례로 한 줄 적은 데서 그친 이 사설을 향응의 대가라고 꼽았다.

대우조선은 2011년 8월 우수 고졸 출신을 채용해 4년간 사내에서 대학 과정을 연수시킨 뒤 간부로 육성하는 프로그램을 발표했다. 고졸 취업을 확대하려는 정부 정책을 뒷받침하는 채용 전략이었다. 〈조선일보〉는 훨씬 전부터 공기업과 대기업에 고졸 채용을 늘리라고 촉구하는 사설을 써왔다. IBK은행이 고졸 채용을 늘렸을 때도 칭찬하는 사설을 내보냈다.

〈조선일보〉는 대우조선의 고졸 채용에 지원자가 몰리는 것을 확인한 뒤 호의적인 사설을 썼다. 이제 공기업, 대기업에도 고졸 채용을 늘리라고 촉구했다. 사설은 내가 대우조선 초청으로 유럽 출장을 다녀온 후에 게재됐다. 검찰은 이를 전세기 여행을 시켜준 대가라고 기소했다.

고졸 채용은 〈조선일보〉의 오랜 편집 방향에 맞는 내용이었다. 모든 신문과 방송이 이를 긍정 보도했고, 공영방송은 특집 프로까지 내보냈다. 대통령이 대우조선을 칭송하는 라디오 연설을 했는가 하면 노동부·장관은 거제도까지 찾아가 격려했다.

긍정적 반향을 일으킬 만한 화제는 사설로 논평을 해야 한다. 그게 언론의 상식이다. 하지만 검찰은 향응의 대가라는 논리를 폈다. 박근혜 정권을 대신해 저격용 라이플을 발사한 김진태 폭로 회견에 딱 맞춘 논리였다.

다행히 검찰이 증거로 제출한 사설들이 지면에 반영되던 시절 나는 논설위원실 회의에 불참했다. 사설 제작에 개입할 기회가 없었다. 이는 한삼희 수석 논설위원의 법정 증언을 통해 사실로 확인돼 1심, 2심 무죄가 선고됐으나 대법원은 검찰 논리를 받아들였다. 대법원은 '묵시적 청탁'이 있었다고 했지만, 언제 어디서 어떤 만남, 어떤 발언, 어떤 행동이 묵시적 청탁에 해당하는지에 대한 설명은 하지 못했다. 남상태는 법정 증언이나 사실확인서를 통해 청탁 자체를 하지 않았다고 일관되게 부인했고, 만약 청탁을 하겠다고 마음먹었으면 나의 상관이자 사설 제작의 총책임자인 강천석 주필에게 직접 했을 것이라고 했다. 남상태는 강천석과 꽤 오랜 기간 알고 지내는 사이였다.

검사들은 조선업계의 상식과 관행을 범죄의 정황 증거랍시고 기자 공격에 사용했다.

2000년대 들어 대우조선은 최고 호황을 맞아 2주마다 한 번씩 대형 선박 명명식 겸 진수식을 열고 있었다. 진수식이 워낙 잦다 보니 명명식에서 테이프 커팅을 맡을 대모(God Mother)가 부족했다.

조선업계는 대모를 노조위원장 부인이나 세 살배기 어린아이, 생산직 여사원으로 다양화하고 있었다. 과거에는 고관 부인들이 맡았으나 진수식이 워낙 빈번해지자 어떤 여성이든 맡을 수 있게 된 것이다.

홍보 담당 임원이자 친구 이철상의 하소연을 듣고 명명식에 참석했다. 집 사람은 허리 통증으로 여행을 하지 못하는 상황이었으나 친구 부탁에 억지로 거제도에 끌려갔다.

검사는 명명식 참석이 무슨 범죄 혐의인 것처럼 공소장에 적었다. 김진태는 폭로 회견에서 이를 거론하며 의혹을 부추겼고, 많은 언론이 김진태의 선동에 동참했다. 행사에서 엄청난 선물을 받은 것처럼 증폭되었으나 실제 받은 선물은 금빛 색깔로 치장된 가짜 금도끼였다. 이사할 때 버릴 수밖에 없는 고철이었다.

웃어넘기고 싶었지만 그러지 못했던 것이 양주 두 병 해프닝이었다.

나는 검찰 조사에서 박수환으로부터 양주 두 병을 받아 후배들과 망년회에서 마신 사실을 시인했다. 검찰은 이를 공소장에 적지 않았다. '선물로 받았다'는 양주를 들고나온 검찰 간부들과 폭탄주를 마신 경험도 여러 번 있었다. 술 선물이야말로 검사 사회에서 흔한 일이어서 문제 삼지 않을 줄로 알았다.

'그럼 그렇지. 설마 양주병까지 들고나와 법정에서 떠들겠나.'

그렇게 검사의 상식을 믿었다. 하지만 검찰은 법원에 제출한 의견서에서 양주 두 병을 물고 늘어지며 청탁의 대가, 유착의 증거라고 했다. 벨트 아래 어느 부위를 한 방 얻어맞은 기분이었다. 법정 건너편에 앉은 검사에게 '양주 두 병이 그토록 중요한가'라고 묻고 싶었다.

박수환은 "비싼 와인을 선물로 받고 답례로 양주를 보낸 것"이라고 증언했다. 다 잊고 있던 일이었다. 그렇지만 검사가 계속 짓궂게 따지니 증거로 방어를 해야 했다.

박수환 증언을 계기로 10년 동안 사용했던 신용카드 기록을 뒤늦게 찾아
보았다. 며칠을 뒤진 끝에 박수환에게 꽤 비싼 와인을 선물한 증거를 찾아
법원에 제출했다.

술을 놓고 다투고 나니 꾀죄죄해진 기분이 들었다. 나 자신이 검사처럼 좀
스러운 인간으로 격하된 듯했다. 그날 저녁, 집에 돌아와 양주에 와인을 섞
어 마셨다. 아무 감흥이 없었다.

인상 재판,
선입견 재판의
하이라이트는 대법원

우리나라 수사와 재판에서 중요한 것은 증거, 증언보다는 인상(印象), 이미지라는 것을 절감했다. 평판이 나쁜 사람은 수사와 재판에서 절대 불리하다. 전과자는 말할 것도 없다.

검찰은 처벌 시효가 끝난 일, 범죄와 직접 관련 없는 사건까지 죄다 공소장에 나열했다. 무엇보다 검사가 피고에 대한 일방적 인물평을 법정에 제출하는 것을 보고 놀랐다. 기소 단계에서 경쟁 언론사, 안티조선 언론사가 보도한 비판적 인물평 기사 스크랩을 태연히 증거로 제출하더니, 2심에서는 소스를 알 수 없는 안티조선 매체의 기사를 잔뜩 모아 증거로 받아들이라고 재판부를 압박했다.

갈등과 대립이 어느 분야보다 강렬한 곳이 우리나라 언론계다. 특정 인물을 놓고 평판 보도가 정반대로 엇갈리는 일이 잦다. 언론의 인물 비평 기사는 판사에게 편향적 판단을 불러올 수밖에 없다.

그러나 우리나라 법원은 한쪽으로 편향된 논평이나 기사를 모두 정황 증거로 받아들인다. 법원이 인물 평가 기사를 증거로 채택해주니 검찰은 언론 플레이에 골몰한다. 언론 플레이는 기소 전에 피의자를 1차 심판하는 결과를 낳는다.

검사들은 재판에서도 직접 관련 없는 증인을 무더기로 출두시켜 피고인이 이상한 언행을 했다는 인물평을 반복시켰다. '나쁜 놈'이라는 인상을 몇 겹 덧칠하려고 애썼다. 예를 들어 기소 사실과 직접 관련 없는 효성그룹에서 조현준 회장과 홍보 담당 임원들을 연달아 불렀다. 판사는 두말없이 검사들의 증인 신청을 받아들이더니 장시간 피고인에게 악담하는 증언을 즐기고 있었다. 그래서 판사에게 나쁜 인상이 심어지면 확실한 증거가 없어도 감방에 갇히기 쉽다. 법정이 인상 평가, 언론 플레이의 또 다른 무대가 되고 있었다.

나는 재판 준비 기일에 박수환이 청탁한 것을 들어줬다는 증거나 증인이 없으니 구체적으로 제시해 달라고 요청했다. 그러자 검찰은 1개월 후 제출한 의견서에서 느닷없이 '스폰서 형태의 상시적 유착 관계'라는 틀을 들고 나왔다. 박수환이 오랜 기간 나의 스폰서 역할을 했다는 주장이었다.

박수환이 언제부터 어떤 일로, 얼마나 자주, 어떻게 스폰서를 해주었는지 확실한 증거를 제시하지 않았다. 증인이나 진술도 없었다. 10년 동안 8건의 보도자료를 받고 골프를 네 번 친 사실을 나열하며 '스폰서' '상시적 유착'이라는 카테고리를 설정했다. 피고인 얼굴에 먹칠하는 전략이었다. 검사들은 판사를 상대로 심리전을 하고 있었다.

홍보 플레이는 대법원까지 이어졌다. 검찰은 대법원에 제출한 서류에서

"피고인과 박수환이 대기업 경영진의 아픈 곳을 긁어주며 해결사 역할을 하면서 박수환의 영업적 이익을 취득하는 구조였다."라고 했다. 아무 증거 없이 내가 박수환의 해결사로 격상돼 있었다.

이러는 이유는 판사들이 검사의 가스라이팅 전략에 쉽게 넘어가기 때문이다. 1심 재판부도 '스폰서' '상시적 유착'이라는 뜬구름 같은 용어를 혐의를 입증하는 만병통치약처럼 받아들였다.

검찰은 골프 접대 네 번을 유력 증거로 삼았다. 골프는 비용을 분담하는 모임이었다. 골프 네 번이 스폰서나 유착 관계를 설명하는 증거일 수는 없었다. 박수환도 법정에서 나보다 골프를 훨씬 더 자주 친 언론사 경제부 기자가 여럿 있다고 증언했다.

그러나 1심 재판부는 검찰 논리를 덥석 수용, 유죄 판결을 내렸다. 골프 네 번이 스폰서 관계를 증명하는 증거로 채택된 셈이었다. 어안이 벙벙했다.

'골프 네 번 쳤다고 실형 선고라니.'

나와 박수환의 선고 내용을 보면 골프 네 번 접대에 집행유예 1년, 6개월 징역형이 떨어졌다. 고작 147만여 원어치의 골프로 실형을 선고받자 정신이 번쩍 들었다.

박수환을 골프장에서 접대한 기억을 더듬었다. 많은 골프장에는 기록이 남아 있지 않았고, 있더라도 자료를 내주지 않았다. 가까스로 모 골프장에서 내가 박수환을 접대한 신용카드 결제 기록을 찾아내 2심 법원에 제출했다. 골프 모임 참석자들이 같은 금액의 회비를 송금했다는 증거도 제시했다. 항소심 재판부는 검찰 주장을 전면 배척했다.

기자는 늘 향응성 접대를 받는 직업인이라는 선입견은 우리 사회에 널리, 그리고 끈질기게 퍼져 있다. 기자 호주머니에 촌지를 찔러줘야 불리한 기사를 막거나 유리한 기사를 얻을 수 있다는 편견도 여전히 남아 있는 게 현실이다.

김선수 대법관의 판결문은 그런 선입견과 편견을 밑바닥에 깔고 있는 것처럼 읽혀졌다. 한마디로 '전세기, 요트 출장을 만끽한 기레기(기자와 쓰레기 합성어)'라는 인식이다. 선입견과 편견은 파기환송심 판결문에서도 고스란이 배어났다.

칼럼도 마찬가지였다. 대우조선을 거론한 칼럼이 나온 것을 보니 청탁을 받았을 것이라는 게 대법원 논리였다. 그것이 대우조선이 원하는 내용인지 아닌지는 따지지 않았다.

판사들은 기자와 기업인 사이는 갑과 을 관계라는 선입견을 갖고 있는 듯했다.

예전에는 기자와 기업인 사이가 일방적 관계였다. 기업인이 맨날 밥값, 술값, 골프 접대비를 치러야 했다. 그러나 최근 20년 사이 기업의 위상은 완전히 달라졌다.

신문, 종편이 늘고 인터넷 언론사가 난립한 이후 적자 경영에 허덕이는 언론사가 급증했다. 광고주 파워가 언론사를 압도, 많은 언론사가 대형 광고주의 실질적 지배 아래에 있다.

대기업 홍보팀은 거액의 예산을 무기로 일선 기자와 언론사 간부들을 뜻대로 움직이고 있다. 기업 측이 마음에 들지 않는 출입 기자를 교체하라고 요구하는가 하면, 광고료나 협찬금을 내고 불리한 기사를 수정하거나 특종, 폭로 기사를 지워버리는 거래가 일상적으로 벌어진다. 하룻밤 사이 기사 제목과 문장을 기업 뜻에 맞도록 고치는 일이 몇 건씩 발생한다. 이로 인해 기자가 기업 홍보실에 "어떻게 써주면 될까요? 써달라는 대로 써드릴게요."라고 제안하는 광경까지 벌어진다.

심지어 기업인과 기업 홍보실의 갑질이 젊은 기자들 술좌석의 신세 한탄 메뉴로 등장하곤 한다. 현장 기자가 대우가 좋은 대기업 홍보실로 전직하는 사례는 너무 많다.

〈조선일보〉 기자도 기업 홍보 책임자나 홍보대행사 사장에게 간곡하게 부탁을 해야 할 일이 적지 않다. CEO 인터뷰 주선부터 현장 취재, 회사 이벤트 협찬까지 기업인 쪽이 우위에 서는 경우가 늘상 전개된다. 기자가 을의 입장에서 도움을 요청해야 하는 것이다. 기자가 기업인을 위해 접대비, 골프 비용을 지출하는 일도 새삼스러운 풍경이 아니다. 검사들이 나를 수사하면서 언급한 언론사와 광고주 관계, 기자와 기업인의 관계는 시대 변화를 읽지 못하고 있었다.

원론적으로는 기자와 기업인은 각자의 영역을 존중하며 서로 의지하는 상호 의존 관계다. 하지만 현실은 언론사가 거대 자본의 위력을 감당하지 못해 현장 기자가 언제든 퇴출될 위험에 처해 있다. 정치부 기자들은 정치권력에, 경제·산업부 기자들은 금력(金力)에, 사회부 기자들은 검찰 권력, 즉 검력(檢力)에 휘둘린다. 이것이 오늘 한국 언론의 쓰라린 현실이다.

인상 재판, 선입견 재판, 편견 재판의 하이라이트는 대법원이다. 우리나라 대법원은 어떤 범죄 혐의든 무죄 판결을 내릴 수 있는 판례와 유죄 판결을 내릴 수 있는 판례를 모두 보유하고 있다고들 한다. 마음먹기에 따라 대법관이 유죄, 무죄를 얼마든지 바꿀 수 있다는 말이다.

신문사 근무 시절 '이번엔 어느 청와대 비서관이 대법원장 후보를 사전에 면접했다'는 정보 보고를 매번 듣곤 했었다. 그러다 보니 판결이 권력자 눈치, 정치권 눈치를 봐가며 내려진다는 뒷말이 지금도 사라지지 않는다. 간첩

질 했다고 사형 판결을 내리고서 재심을 통해 이미 사형이 집행된 정치인을 무죄로 번복한 주인공이 우리 대법원 아닌가. 대법관 개개인의 이념 성향, 정치 색깔은 물론 심지어 개인적 이해관계에 따라 판결이 미묘하게 춤을 춘다는 구설도 여전하다.

기자는 기사를 잘못 쓰면 정정 보도를 해야만 하지만 대법관의 오심에는 정정을 청구할 수 없다. 나는 오랜 재판을 받으며 '대법원 판결은 70% 안팎 믿을 만하다.'던 평소 생각을 바꿨다. 개인적인 대법원 신뢰도는 50% 이하로 추락했다.

모호한 '묵시적 청탁' 앞세워
언론 자유 억압한
김선수 대법관

기업인이나 정치인은 기자를 만나 얘기할 때는 자신과 자신이 하는 일을 긍정적으로 평가하는 기사가 나기를 내심 기대한다. 이런 기대는 판사라고 해서 다르지 않다. 어느 판사든 자신과 자기가 내린 판결을 비판하는 기사를 좋아할 턱이 없고, 우호적·긍정적 기사가 나오기를 바랄 것이다.

남상태 사장도 여느 CEO, 판사와 다르지 않았다. 뭘 물어도 친절하게 설명해주었고, 때로는 〈조선일보〉 사설과 나의 칼럼이 마음에 쏙 든다는 칭찬을 아끼지 않았다. 사설·칼럼이 자신의 신념과 맞아 떨어진다며 반가워했다. 그의 친동생이 내 바로 옆자리에서 사건 기자와 경제부 기자 생활을 했던 오랜 인연 때문이기도 했을 것이다.

그는 구속 중 재판정에 나와 전세기 출장과 관련해 "송희영을 각별히 모시려고 했다."라고 증언했다. 기업체 사장, 정치인들이 기자에게 농담처럼 하는 기대치가 담겨 있었다고 보아야 한다. "잘 부탁한다"라는 상투적인 인사말이었다.

그러나 대법관 김선수는 이 증언을 남상태가 나에게 우호적인 칼럼과 사설을 써달라는 '부정한 청탁'을 한 정황 증거로 제시했다. 전세기로 각별히 모신 것은 대우조선에 대해 긍정적으로 써주기로 한 약속 때문이라고 단정했다. 언제, 어디서, 어떤 이슈를 잘 써달라고 부탁했는지 구체적인 증언이나 증거는 제시하지 않았다.

마땅한 증언, 증거를 찾지 못했는지 김선수는 '묵시적 청탁'을 했다는 애매한 기준을 제시했다. 남상태가 말하지 않았어도 '침묵의 부탁'을 들어줬다는 논리다. 텔레파시로 청탁이 오갔다는 말인가. 내게 천부적 독심술이라도 있다는 뜻인가. 전세기 출장을 전후로 〈조선일보〉 지면에 대우조선에 우호적인 칼럼·사설이 나왔으니 그것이 청탁이 통했다는 증거가 아니냐는 결론이었다.

재판에서 거론된 이슈는 두 가지였다. 하나는 대우조선 민영화를 둘러싼 칼럼과 사설, 다른 하나는 고졸 출신을 대거 채용해 사내 교육을 통해 대졸자와 똑같은 정사원으로 키우겠다는 '대우조선해양 중공업사관학교 플랜'이었다.

대우조선의 시장 매각은 이명박 정권의 대선 공약이었다. 대우조선은 2008년 한화그룹과 매각 계약을 체결했다가 글로벌 금융 위기로 무산된 적이 있었다. 이명박 정권은 당시 재벌에 경영권 프리미엄까지 포함해 최대한 높은 가격에 매각, 거기서 얻은 자금으로 중소·중견기업을 돕는 데 사용하겠다는 계획을 다시 추진하고 있었다. 나는 청와대와 대주주 산업은행이 공약을 실행하려고 할 때 주식을 일반 국민에게 국민주 방식으로 매각, 중산층을 키워야 한다고 주장하는 칼럼을 썼다. 재벌 특혜에 반대하는 내용이었다. 나는 줄곧 재벌에 특혜를 주는 정책에 비판적인 입장을 취해왔다.

검찰은 국민주 방식의 매각이 남상태가 추진하던 방안이라는 것을 전제로 기소장을 썼다. 그 말이 맞다면 남상태가 청와대에 반기를 들고 나선 꼴이었다. 남상태가 재벌 매각에 반대한다는 말을 몰래 하고 다닌다는 사실을 들키면 곧장 해임 통보가 나갈 항명 행위였다.

놀라운 조작이었다. 남상태는 그 무렵 국민주 방식의 민영화 얘기를 한 번도 꺼내지 않았다. 오히려 그는 임원들에게 "대형 재벌 산하인 현대중공업(지금은 HD현대), 삼성중공업과 싸우려면 대우조선도 큰 재벌 밑으로 들어가는 게 좋다."는 말을 자주 했다고 들었다. 그는 국민주를 나눠 달라고 요구하는 노조와도 관계가 내내 좋지 않았다. 정부가 매각 절차를 밟자마자 남상태는 인수 후보인 한화·GS그룹과 접촉해 인수 후 사장 자리를 미리 약속받는 민첩성을 보였다. 이는 검찰의 진술 조서에 나오는 얘기다. 국민주 방식의 민영화는 이사회에서도 단 한 번 논의된 적이 없었다.

진실이 그렇건만, 김선수는 국민주 방식의 매각이 남상태의 '묵시적 청탁'이었다는 것을 전제로 판결문을 썼다. 내가 칼럼을 쓰고 사흘 후에야 대우조선은 국민주 방식의 민영화 검토 방안을 정리한 자료를 이메일로 보내왔다. "혹시 국정감사에서 국회의원들이 국민주 방식도 검토를 해봤느냐는 질문에 대비해 비상용으로 만들어 놓은 것"이라고 설명했다. 정작 남상태는 재벌 매각에 대비해 일찌감치 사장 자리를 선점하는 행동에 돌입한 판에 김선수는 검찰 말만 믿고 "남상태의 묵시적 청탁은 국민주 방식"이라며 나를 유죄로 몰아간 셈이었다.

'중공업사관학교' 관련 사설 몇 개는 더 가관이다. 이 사설들이 보도될 시점 나는 논설위원실에 소속돼 있었으나 내부 사정으로 사설과 관련한 일을 일절 하지 않았다. 사설을 쓰지 않았고 하루 두 번 열리는 회의에도 참석하지 않았다. 중간 관리자가 할 수 있는 데스킹(수정·보완)에도 참여하지 않았다. 사설 제목 결정이나 최종 출고 권한은 아예 없었다.

내가 그 무렵 사설 제작에 전혀 개입하지 않았다는 증언은 법정에서 다 나왔다. 사설 제작의 최종 책임자는 주필(강천석)이지, 결코 논설주간인 송희영이 아니었다는 확인도 끝났다. 1심·2심이 무죄라고 한 이유가 여기에 있었다. 현장에 없었다는 알리바이가 증명됐는데 뭘 더 따지겠는가.

이런 진실마저 김선수가 전면 부정했다. 어떤 청탁도 한 적이 없다는 남상태의 증언조차 묵살했다.

아무리 〈조선일보〉와 사이가 좋지 않았다고 해도 진실을 거꾸로 받아들인 '심뽀'가 궁금했다. 이념적 성향 평가에서 왼쪽 끄트머리 근처에 서 있던 대법관으로서 피고인이 우리나라 대표적 보수 신문의 주필이 아니었다면 과연 그런 심판을 내렸을까.

이런 대법원의 판결을 전달받은 서울고등법원 형사 13부 백강진·김선희 판사는 한술 더 떴다. 고등법원은 대법원 판결에 따라야 하는 법 규정에 따라 유죄 판단할 수밖에 없다. 하지만 백강진·김선희는 사설 제작에서 나의 역할을 설명하며 느닷없이 "감수했다"라는 표현을 썼다. 김선수 논리로는 유죄 이유를 설명하기가 벅찼던 것일까.

'감수(監修)'라는 단어는 권위와 전문성을 가진 사람이 지시·지도하거나 감독한다는 뜻을 품고 있다. 제자의 학술서적을 지도교수가 감수했다고 하지 않는가. 두 고등법원 판사는 내가 논설위원실 2인자로서 감수 권한을 행사했다고 단정했다. 회의에 참석하지도 않고 사설에 손도 대지 못하는 사람이 도대체 어떻게 감수를 했다는 말인가. 나의 어떤 행동, 어떤 발언이 '감수'에 해당하는지 설명은 한마디도 없었다. 신문사 논설실에는 감수 업무를 맡은 사람은 없다. '감수'는 검찰이 공소장에 처음 사용한 단어였다. 아무리 수사해도 사설 제작에 간여한 사실이 드러나지 않자 정체불명의 단어로 혐의를 적었고, 이것을 판사들이 그대로 베낀 꼴이었다. 기자들이 무슨 뜻인지 알지 못하는 단어로 죄를 묻고 벌하고 있었다.

백강진·김선희는 또 추징금을 계산하면서 나에게 바가지를 끼얹는 유별난 계산법을 채택했다. 우선 가지도 않은 베네치아 무라노섬 관광비, 구겐하임 미술관 입장료 같은 소액을 슬쩍 추가했다.

전세기 항공료도 잘못 계산했다. 남상태와 고재호는 송희영이 편승했다고 전세기 임대료를 추가로 지불한 것은 없다는 확인서를 제출했다. 전세기 임대회사에서 "편승한 승객은 기내식 같은 사소한 비용 외에는 부담하지 않는다."라는 내용의 메일을 받아 이미 증거로 제출했었다. 그런데도 두 판사는 나에게 거액을 분담하라고 했다. 이에 따라 나는 남상태를 모시고 전세기에 함께 탑승한 사장 수행 비서와 통역의 항공료까지 상당 금액을 부담해야만 했다.

당시 남상태의 전세기 출장에는 회사 임직원이 10명 안팎 따라왔다. 그들은 중형 밴을 렌트해 로마·나폴리 관광지를 돌아다녔다. 그들 중 1명을 제외하고 나머지 전원이 서울·런던에서 이탈리아에 들이닥친 배경에는 나를 접대하려는 임무가 없었다. 그들은 사장을 동행해 선박 계약식을 치르러 가는 길이었다. 그렇지만 백강진·김선희는 남상태 수행 임직원들의 호텔비, 식사비, 자동차 렌트비, 요트 탑승비는 물론 종업원 팁까지 상당 금액을 나에게 분담시켰다. 도저히 납득하지 못할 희한한 계산 방식이었다. 이로 인해

나에게는 줄잡아 1,000만~1,500만 원이 추징금으로 더 얹어졌다는 생각이
들었다.

재판장 백강진이 판결문을 낭독하는 순간 유럽의 마녀 사냥꾼들이 떠올
랐다. 그들은 애꿎게 죽어가는 마녀들에게 감방 이용료, 식사 요금부터 마녀
조사관들의 출장 조사 비용, 재판장에게 주는 수당, 사형 집행에 참석한 VIP
들의 참관비까지 몽땅 청구했다. 사형 집행 망나니의 술값, 화형식에 사용한
장작 구입 비용도 마녀로 몰린 무고한 희생자와 그 유가족에게 추징했다.

판사가 바가지 추징금으로 전세기 한 번 얻어 탄 실수의 죗값을 치르라면
그럴 수밖에 없다고 받아들였다.

김선수·백강진·김선희는 까다로운 시험을 몇 번 통과한 엘리트 법조인이
다. 어려운 미적분 수학 문제를 술술 풀고 헌법 전문을 토씨 하나 안 틀리게
암기하면서 학창 시절 최상위 성적권에서 으스대던 시험의 천재 중에는 평
범한 세상사를 엉뚱하게 판단하는 얼간이가 종종 발견된다. 가까운 거리에
도 그런 얼간이 천재가 몇 있었다.

이런 류의 판사들이 법원의 다수라면 우리나라가 진정 법치국가로 갈 수
있을까. 그런 걱정이 생겼다.

검찰은 나를 해외에 보내주고 4,000만 원에 가까운 회삿돈을 지출한 남
상태를 기소하지 않았다. 당연히 배임증재 혐의로 기소해야 했지만 오로지
나만 기소했다. 검찰이 남상태를 불기소하기로 약속한 대신 나에게 불리한
증언을 하기로 사법 거래를 했는지는 알 수 없다.

검찰은 당초 내가 남상태의 사장 연임을 로비해주었다고 수사를 하다 아
무런 증언·증거가 나오지 않자 대우조선에 관한 칼럼과 사설을 억지로 긁
어모았다. 나를 잡아넣기 위해 전세기 출장에 칼럼과 사설을 꿰맞춘 것이라

고 볼 수밖에 없었다. 남상태는 나를 해외 출장을 보내주려는 마음조차 없었다. 고재호가 해외 출장을 보내주자고 건의하니 그때야 "잘 모시라"고 지시한 후순위자였다. 유능한 판사라면 왜 그랬는지 간파했어야 한다.

4번의 재판에서 얻은 4개의 판결문을 비교해 읽었다. 무죄 판결문과는 달리 유죄 판결문에서는 판사의 감정, 즉 선입견·편견이 읽혔다. 검찰의 언론 플레이, 시중의 뜬소문에 영향을 받은 게 아닌가 하는 의심마저 들었다. 유럽의 마녀사냥에서는 '시중의 루머'를 재판장이 증거로 채택하곤 했었다. 누군가가 "사법부를 몽땅 뜯어고치겠다."라는 선거공약을 내걸면 무조건 선거운동을 해주고 싶은 욕구가 생겨났다.

걱정은 언론계 후배들이다. 앞으로 기자나 PD들은 김선수가 남긴 역사적 판례로 인해 취재원을 만날 때마다 '묵시적 청탁' 여부에 끊임없이 신경을 곤두세워야 할 것이다. '묵시적 청탁'이라는 매우 애매하고 포괄적인 기준으로 나를 처벌했기 때문에 이제는 판검사들이 뚜렷한 증거가 없어도 기자·PD를 옭아맬 수 있다. 정치적으로 미운털이 박히면 더 물을 필요가 없다.

언론사 발행인이나 주필·국장·부국장·부장 같은 임원·간부들은 더더욱 조심해야 한다. 자신이 전혀 개입한 적이 없는 사설이나 기사가 나왔을 경우 그것이 접대와 연결되면 검사가 "감수했다"라고 기소하고, 판사는 "감수한 게 맞다"라고 판결할 가능성이 커졌다. 언론사 임원·간부에게 적용하기 쉬운 '기사 감수죄', '사설 감수죄'가 이번에 신설되었기 때문이다.

묵시적 청탁이 징역형을 받는 판에 명시적 청탁은 더 말해 무엇하겠는가. 기자회견, 보도자료, 공식 발표도 골프 접대, 식사 향응, 관광과 연결되면 명백한 범죄가 된다.

광고를 받는 대신 부정적인 기사 빼주기, 새로운 금융상품 특집기사를 별지로 만들고 금융회사 광고 유치하기, 세미나 협찬금 1억 원을 받고 며칠 뒤 우호적인 기사 써주기, 우회 통로로 기업 후원금을 받아 AI 특집 취재를 위해 해외 출장 가기 등등. 이는 모두 조직을 위해 때로는 자발적으로, 때로는 어쩔 수 없이 받아들이는 일이다. 하지만 오늘날 거의 모든 언론사에서 벌어지는 이런 행위는 감옥 가겠다고 기자 스스로 손을 들고 나서는 꼴이다.

9년 법정 다툼을 거치며 기자에게 쏟아지는 우리 사회의 싸늘한 눈총을 절감했다. 후배들은 자신의 목에 밧줄이 조여오는 줄 알고나 있을까.

8장

세일럼의
마녀사냥

탄핵 드라마
전야제 장식한
캠프파이어 불쏘시개

오랜 취재를 통해 국가 정보기관이라면 당대의 권력자를 위해 하지 못할 짓이 없다는 것을 잘 안다.

YS 시절 어느 언론계 선배는 집권당이 국회의원 선거 지역구 후보로 차출하려는 것을 거부했다. 어느 날 집권당 선거 총책이 호텔 방에서 아내 이외의 여자와 함께 있는 사진을 슬며시 내밀었다. 그 사진을 본 뒤에 만났을 때 "정치가 싫어도 출마할 수밖에 없다."라고 선배는 투덜댔다. 그는 "안기부 도청하는 자식들 말고 누가 그 사진을 찍었겠느냐."라고 했다.

국정원이 박근혜 권력을 도우려고 어떤 사생활 정보를 만들어 흘렸는지 들었지만 여기에 적지는 않겠다. 좌파 남자 배우가 어느 여배우와 불륜 관계라는 소문을 퍼뜨리려고 얄궂은 합성사진까지 만들어 유포한 권력기관이 국정원 아닌가.

권력자가 기자 한 명 잡으려고 공들이면 막을 길이 없다. 권력의 하수인 검찰이 국정원, 군과 경찰, 정보기관과 협조해 별건 수사, 별별건 수사를 감행하기 때문이다.

나는 청와대, 검찰, 국정원의 동향을 보며 1년 남짓 구치소 수감을 피할 수 없다고 보았다. 2017년 12월 말 대선이 끝나면 풀어줄 것이라고 보았다.

수사가 진행되는 동안 변호사를 아예 선임하지 않았다. 청와대 하명을 받아 눈에 핏발을 세운 검사에게 어떤 변호사도 무력할 게 뻔했다. 최고 권력자가 시퍼렇게 지켜보는 사건에서 변호사 역할은 아무 의미가 없다. 검찰 고위직을 지낸 친구도 구속을 각오하라고 조언했다.

변호사 비용을 아껴 책을 사기로 했다. 감옥살이에 대비, 구매 리스트에 책 100권을 채우기 시작했다.

검찰은 3개월 이상 치밀하고 끈질기게 나와 가족들 금융 계좌 추적을 벌였으나 악취 풍기는 돈거래가 나올 턱이 없었다. 경제 전문 기자로 지내면서 이권에 개입한 적이 없었다. 신도시, 아파트 단지, 택지 개발 기사를 쓰면서 한 번도 투기에 뛰어들지 않았다. 기업 정보를 매일 취재했지만 주식 투자 계좌를 개설하지 않았다. 세상이 기자가 썩었다고 욕설을 퍼부을망정 글쟁이로서 지켜야 할 선은 지켜야 한다고 다짐했다.

수사는 마냥 길어졌다. 계좌 추적 1개월이 지나 추석 연휴를 거쳐 찬바람이 불기 시작했건만 주변에서 불려간 사람이 없었다. 압수 수색 얘기도 들리지 않았다. 나중에 보니 검찰은 그 시기에 박수환을 반복 소환해 까치방 감금과 불러 뽕 고문에 몰두했다.

특별한 혐의가 나오지 않자 한번은 국세청이 돌연 동생이 다니던 IT회사를 특별 세무조사했다. 동생은 연 매출 10억 원 수준의 소기업 지분을 10퍼센트 소유한 주주이자 부사장이었다.

세무조사는 중부지방국세청 조사국이 맡았다. 미니 기업에 조사국이 출동한 것은 이례적이었다. 모기 한 마리 잡으려고 항공모함이 출동한 격이었다. 국세청은 동생네 회사가 대우조선에 납품한 것이 있는지를 1개월 동안 조사했다. 거래 실적이 나오면 내가 압력을 넣어 납품이 성사됐다는 혐의를 만들기에 최적이었을 것이다. 동생 회사는 조선회사에 적합한 소프트웨어를 개발했으나 대우조선에는 납품하지 못하고 있었다.

지지부진한 수사에 검사들이 초조해한다는 말이 들려왔다. 답답하기는 청와대도 마찬가지였을 것이다. 청와대가 수사 결과를 재촉하며 성화를 부렸던 것일까. 우병우 밑에서 일하는 검찰 출신 인사가 "내가 (검찰청에) 내려가 수사해주랴?" 하며 언성을 높였다는 식의 종잡을 수 없는 소문까지 들렸다. 대형 게이트급 비리가 빵 터질 것이라고 홍보했던 것이 갈수록 머쓱해지고 있었다. 내일 아침에라도 나를 포토라인에 세울 듯하던 청와대의 기세는 꺾이고 있었다.

그렇다고 권력이 빈손으로 물러설 수는 없었다. 고급 시계, 명품 핸드백을 받았다는 냄새를 풍기고 설레발쳤던 것은 뭐가 되는 건가. 흥청망청 접대를 즐겼을 것이라던 허풍은 기껏 골프 네 번 기록을 찾는 데 머물러 있었다.

그냥 덮게 되면 권력이 계급장 떨어진 글쟁이에게 항복하는 꼴이 아닌가. 포토라인에 세우겠다던 청와대 호언장담은 어찌 되는 것인가. 체면이 깎이는 정도라면 그런대로 넘어갈 수 있다. 하지만 잡지 못하면 TV조선의 미르재단 비리 추적을 더는 막을 길이 없지 않은가. 거꾸로 자신들이 심판대에 오를 판이었다. 박근혜, 최순실을 보호하려면 무슨 수를 써서라도 호남 주필을 구속해야 한다는 판단이 내려질 수밖에 없었다. 박수환을 닦달한 배경도

이 때문이었을 것이다.

검찰이 박수환과 거래 끝에 첫 진술을 받아낸 것은 계좌 추적에 돌입한 지 50일 만이었다. 그건 이 책 첫머리 법정 증언에서 나왔던 바로 그 허위 진술이었다.

'잡히는 게 없으면 만들어 내야지.'

숱한 간첩 조작 사건도 그렇게 탄생했다. 검사들은 허위 자백을 받아내는 쪽으로 수사 방향을 틀고 있었다. 결국 상당수 혐의를 날조했다는 것이 나중에 밝혀졌다.

2016년 10월 24일 JTBC가 국정농단 폭로전에 뒤늦게 가담했다. TV조선이 3개월 전에 특종 보도했던 미르재단, K스포츠재단 불법 모금 과정을 다른 언론들이 뒤따라 보도했다. 권력에 언론이 역공세를 취하기 시작한 셈이다. 나를 잡지 못하고 2개월 머뭇거리는 사이 언론사들이 최고 권력의 비리를 물고 늘어졌다. 최순실, 최태민이 하루 종일 종편 TV의 메뉴로 뒤덮였다. 결국 우병우, 안종범, 김성우 등 박근혜 측근들이 청와대에서 밀려났다.

핵심 측근 그룹이 퇴진한 후 검찰 수사는 잠시 중단됐다. 지휘관 유고 사태가 벌어진 것이다. 청와대 하명 수사가 아니었다면 수사를 중단해야 할 이유가 없었을 것이다.

측근들은 물러났으나 검찰로서는 공들였던 사건을 완전히 덮을 수 없는 일이었다. '농담이었다'며 돌연 주워 담을 수는 없었을 것이다.

박근혜가 탄핵 절차에 들어가면서 사건은 검찰의 체면이 걸린 사안으로 성격이 변형되었다. 청와대와 국정원은 빠지고 검찰이 뒤처리를 맡아야 했다. 김기동-한동훈-이주형-이승형-임홍석 수사팀에게 설거지 임무가 넘어갔다.

느닷없이 수사를 중단하면 그동안의 수사가 청와대 하명이었다는 것을 인정하는 꼴이 될 판이었다. 게다가 뇌물 금액이 적으면 '고작 이걸 캐내려고 법석을 떨었냐'는 논란을 부를 수 있었다.

국회에서 박근혜 탄핵 소추안이 통과된 후, 그해 12월 중순이었다. 검찰은 연말 안에 수사를 마무리하겠다는 방침을 〈조선일보〉에 통보했다. 의아했다. 회사를 그만둔 지 4개월째였다. 공식 연락을 끊고 있었다. 검찰은 왜 〈조선일보〉에 수사 종결 시기를 통보한다는 말인가.

그뿐 아니었다. 검찰은 〈조선일보〉를 통해 변호사부터 선임하라고 안내하는 친절까지 베풀었다. 기소 금액은 1억 원 이상일 것이라고 알려주었다. 이렇게 친절한 검찰은 들어본 적이 없었다.

검찰은 2016년 4월 총선 직후 내사에 착수, 6월부터 본격 수사에 돌입했다. 8월 16일 계좌 추적에 들어가 그달 말부터 공개 수사에 착수했다. 내사 8개월, 공식 수사 4개월 만인 12월 26일에야 나를 처음 소환했다.

나는 소환 전에 기소 내용을 알고 출두한 피의자가 됐다. 또 1억 원이 넘는 뇌물로 구속영장이 청구되지 않은 피의자였다. 이런 진기록을 보유하게 된 이유는 수사 검사들이 잘 알 것이다.

박수환의 구치소 일기 메모에는 의미심장한 문장이 나온다.

"검찰은 내가 송희영 재판에서 증인이 되면 기존 진술을 뒤집을 수도 있을 것이라고 생각하는 것 같다."

허위 자백이 법정에서 번복될 것을 검찰이 짐작하고 있었다는 시사다. 하지만 검찰의 우병우 잔당들은 뽑은 칼을 휘두르기로 작정한 듯 다음 달에 기소했다.

알고 보면 검사들도 보수 신문의 호남 주필 제거에 강제 징용된 망나니 기술자 아닌가. 그들은 정권에 부역하는 노예 집단이나 마찬가지다.

한동훈 수사팀은 호남 주필 제거로 박근혜 정권에 충성심을 보였다. 문재인 정권이 등장하자 이번엔 〈조선일보〉 주필의 유죄를 받아 내려고 날뛰었다. 결국, 그들은 권력 과잉을 주체하지 못하고 몰락의 늪 속에 스스로 빠져들고 말았다.

2020년 12월, 한동훈 수사팀 검사 중 두 명은 라임·옵티머스 금융사기 의혹 사건 피의자로부터 536여만 원가량의 호화 향응을 주고받은 혐의로 기소되었고 두 명은 징계 대상이 되었다. 박수환 앞에서 각질을 제거했던 이주형(지금은 변호사)이 마련한 룸살롱 술자리였다. 임홍석 검사가 법정에 제출한 자료를 보면 검사들을 위해 접대하는 회사 측은 룸살롱 '보도아가씨(유흥접객원)'들에게 참석 비용 성격의 팁으로 1인당 최소 40만 원씩을 지불해야 했다. 술값은 240만 원, 밴드 비용은 35만 원에 달했다. 네 명 모두 나를 잡아넣겠다고 날뛰던 검사들이었다. 법정에서는 청렴한 포청천이 환생한 듯 나를 꾸짖었다. 임홍석 검사는 1심 첫 재판에서는 "박수환과 송희영이 경제 공동체였다는 것을 입증하겠다"고 큰소리치더니 그 후 재판에서는 아무런 증인이나 증거를 제시하지 못한 채 입을 다물었다. 파기환송심 마지막 날에도 "문제의 사설들을 송희영이 썼는지도 모른다"며 추측성 공격을 멈추지 않았다. 혐의를 입증해야 할 검사의 본분을 망각하고, 3류 웹툰 작가보다 못한 허황된 상상력을 과시했다.

룸살롱 접대가 공개된 후 대법원에서 유죄가 확정된 검사만 사표를 냈고 나머지는 굳건히 검사직을 유지하고 있다. 고액 술값은 마땅히 누려야 할 '헌법상 검사 기본권'이나 '검사의 행복 추구권'에 해당된다는 뜻일까.

그들은 제 발에 걸려 넘어져 동반 추락하고 있었다.

나는 최고 권력자의 비리 폭로에 앞장선 화려한 탐사 기자는 못 되었다. 탄핵 드라마를 주도한 기자도 아니었다. 극우 정권과 정면 결투한 투쟁가였거나 언론 자유를 외치며 길거리에 나선 투사가 되지 못했다. 권력의 언론 탄압에 희생된 억울한 피해자 코스프레를 하고 싶지 않았다. 권력과 충돌하는 모양새를 만들어 진흙탕에서 빠져나가려는 분들을 닮고 싶지도 않았다.

나는 우병우에 이어 최순실 감추기에 차출된 또 한 사람의 신 스틸러였는지 모른다. 탄핵 전야제에서 캠프파이어의 작은 장작불이 된 기분이었다. 무능하고 부패한 지도자를 끌어내리는 불쏘시개로 온몸을 내주었다고 생각하니 편안했다.

신문사에 입사한 후 출세를 위해 핵심 주변을 맴돌며 은근한 아부성 발언으로 국회의원, 청와대 수석, 장관 자리를 구걸하는 동료 직업인을 38년 동안 꽤 목격했다. 기사·칼럼으로 당대의 정권에 '한 사발 말아올리고' 자리 챙기는 선후배도 적지 않게 목격했다.

돌이켜보니 나의 38년은 그런 기자 생활은 아니었다. 권력, 돈, 인간관계에 휘둘려 글을 쓰지는 않았다. 비록 거북한 냄새를 풍겼지만 마지막 장면에선 끝내 권력에 밀려 절벽 끄트머리에서 추락한 글쟁이였다. 그렇다고 이걸 자부심이랍시고 챙기기에는 너무 꾀죄죄하지 않은가.

'직업적 거리 두기'와
기자의 업보

〈조선일보〉에 처음 출근하던 날 뇌리에 꽂힌 뒤 평생 빼내지 못한 여섯 글자가 있다.

'불가근 불가원(不可近 不可遠)'

취재원과는 너무 멀어서도 안 되고, 지나치게 가까워도 안 된다는 말이다. 선배들은 기자의 직업윤리를 그렇게 가르쳤다. 정보를 캐내려면 취재원과 가까워져야 하고, 기사를 쓰기 위해서는 냉정하게 거리를 두어야 한다는 가르침이었다.

나는 후배들에게 오랜 교훈을 이렇게 전했다.

"밀착하되 유착은 안 된다."

정보를 얻을 때는 밀착해야 하지만 끈적끈적한 관계를 맺어서는 안 된다고 했다. 한자를 모르는 세대를 위해 표현을 바꾼 것이다.

기사 취재에는 적지 않은 고민과 고통이 따른다. 취재원이 거부감을 보이면 심층 취재는 불가능하다. 어떻게든 자주 만나 상대방 마음을 얻어야 깊은 대화를 나누고 뉴스가 될 만한 정보를 캐낼 수 있다. 특종 기사를 추적하려면 고통이 몇 배 가중된다.

취재를 하고서 회사에 돌아와 기사를 쓰려면 다시 고민에 빠진다. 과연 써야 하나, 쓴다면 어디까지 써야 하나, 어떤 식으로 써야 좋을까. 밀착 취재로 얻은 비밀 정보를 놓고 또 한 번 고민할 수밖에 없다.

기사로 써야 할 정보가 취재원을 다치게 만들 수 있는 경우에는 정말 고통스럽다. 기사가 나간 뒤에는 당사자가 해명해야 하거나 번거로운 일이 반드시 뒤따른다. 누군가가 구속되거나 높은 자리에서 물러나야 하는 후유증이 종종 등장한다. 누가 죽거나 가정이 파탄 나버리는 일까지 벌어지면 기자는 평생 고통스러운 부담을 간직하고 살아야 한다.

만약 기자가 취재원과 유착 관계가 된 상태라면 취재원에게 불리한 결과를 초래할 기사를 쓰지 못한다. 이 때문에 선배들은 '직업적 거리 두기'를 누누이 강조했다. 취재하려면 가급적 밀착하되 기사를 과감하게 쓰려면 유착하지 말라고 했던 이유도 똑같다.

"회초리 한 대는 종아리에 상처 한 줄 내고 말지만, 기사 한 줄은 종아리 뼈를 부러뜨린다."

"진실이 누군가의 목숨을 칠 수 있다."

기사의 위력과 파장을 강조하는 말이다. 그런 만큼 진지하게 취재하고 기사를 조심스럽게 써야 한다는 경고다.

기자란 업보를 쌓는 직업이다. 남이 감추고 싶어 하는 것을 공개해버리고 남의 아픔에는 고춧가루나 소금을 뿌리기 일쑤 아닌가. 남의 잘못과 실수를 뾰족한 송곳으로 후벼 파고 남의 실패를 마음껏 비웃는다. 멋진 성공을 질투하거나 남의 잔칫상에 모래를 끼얹기도 한다.

기자는 1급 청정수에서 살지 못한다. 나 역시 뒷이야기를 캐내려고 거짓 질문을 던졌고, 일부러 상대방의 화를 돋우는 공격을 마다하지 않았다. 기밀 분류 도장이 찍힌 자료를 슬쩍 호주머니에 집어넣고 밀담을 엿들어 까발리기도 했다. 글을 좀 쓴답시고 남의 사소한 허물을 지적하는 일이 잦았다. 가혹한 비판으로 평생 씻기 힘든 마음의 상처를 안긴 적도 없지 않았다.

그뿐 아니다. 내가 쓴 기사로 인해 구속된 취재원과, 내가 지면에 싣기로 결정한 기사로 고위 직책에서 물러나야 했던 고관이 여러 명이었다. 전직 대통령은 청문회에 불려 나온 끝에 두메산골 춥디추운 절에 갇혔다가 결국 감옥에 갔다. 우리 부부를 자기 집으로 초대해 결혼 축하 식사를 베풀었던 고위급 뱅커는 기사 한 건 때문에 임기 중 강제 퇴임 당했다. 더구나 검찰 수사로 구속된 정치인과 장·차관도 적지 않다. 그때마다 몇 개월 이상 울적한 기분이었다.

며칠 전 함께 소주를 마셨던 청와대 수석의 스캔들, 상당 기간 좋은 취재원이었던 경영인의 실패 기사, 오랜 친구와 관련된 기사를 내보낼 때는 전화기 전원을 끄고 홀로 술을 마셔야 했다. 어쭙잖은 기자를 한답시고 인간적으로 가까운 취재원들을 멀리할 수밖에 없었다. 아무리 친근한 취재원이라도 기사를 쓰고 내보낼 때는 냉혹하게 돌아서야 하는 직업이 괴로웠다. 시인 서정주는 "이마 위에 얹힌 시의 이슬에는 몇 방울의 피가 언제나 섞여 있어"라고 읊었다. 기자의 바짓가랑이에는 피뿐만 아니라 숱한 사람의 눈물과 한숨, 분노, 그리고 지저분한 흙탕물까지 묻어 있지 않은가.

글쟁이들 심리를 잘 이해하고 다독이는 방상훈 〈조선일보〉 회장은 "글 잘 쓰는 사람들 특징이 뭔지 아세요? 대단한 얌체 아니면 얼굴이 아주 두꺼운자들이라는 거예요. 그렇지 않고는 글을 못 씁니다. 밥 얻어먹고 들어와서 바로 밥 사준 사람을 비판하는 글을 쓰는 이들입니다"라는 말을 가끔했다.*
접대를 받더라도 지적할 것은 매섭게 비판해야 기자다운 기자라는 뜻이다.

병아리 기자 시절 선배들이 가르친 처신 방법도 엇비슷했다.

"알랑거리는 기사를 쓰는 놈은 누가 술도 안 사준다고! 까야(비판해야) 겨우 술 한잔이라도 얻어 마실 수 있는 거야, 짜식들아!"

수사와 재판을 받는 내내 기자의 숙명을 생각했다. 기자로 38년 인생을 살았으면 반드시 치러야 할 대가와 비용이 있었다. 인간적으로 마음의 부채를 남긴 여러 사람이 떠올랐다. 업보가 쌓이고 쌓인 끝에 대가를 치르라는 청구서가 그분들로부터 한꺼번에 밀려오는 듯했다. 냉정한 거리 두기로 정신적, 물질적 피해를 감당해야 했던 분들께 진심으로 속죄하고 화해와 용서를 빌고 싶었다. 이런 인간적 부담감은 '그래도 기자로서 사회가 조금이라도 좋아지는 데 플러스 역할을 했다'는 식의 찌질한 자긍심으로 탕감받을 수 있는 채무가 결코 아니다.

신문사에서 경영기획실장, 편집국장, 출판국장을 맡아 경영 효율화를 위해 구조조정을 실행해야 했다. 그때마다 일부 동료, 후배 들이 회사를 떠나야 했다. 내색하지 않았지만 가슴 찢어지는 일이었다. 그분들께도 평생 사죄하는 마음뿐이다.

그러나 업보를 털어내야 할 대상은 저들이 아니다. 보수 신문의 호남 주필 제거에 앞장섰던 사람들은 청구서를 내밀 자격이 없다. 그들에게 갚아야 할 빚은 한 푼도 없다.

---

* 윤석민·배진아, 《저널리즘 연구2 : 뉴스 생산자》(사회평론), 561쪽.

미국 보스턴 중심가에서 자동차로 30여 분 거리에 있는 세일럼(Salem)은 인구 4만 남짓의 소도시다. 조선 말기 개화파 유학생 유길준이 머물렀던 곳이다. 영화 세트장 같은 아기자기한 영국풍의 거리가 무척 인상적이다.

세일럼은 마녀의 도시다. '마녀 박물관', '마녀의 집'이 있고 온갖 해괴한 마녀 가면과 가면무도회의 옷과 지팡이를 파는 가게가 많다.

세일럼은 마녀재판이 열렸던 역사적 마을이다. 마을 주민 200여 명이 마녀 혐의로 구속돼 그 가운데 열아홉 명이 마녀라는 판정을 받고 교수형을 당했다. 적어도 다섯 명은 감옥 안에서 사망했고, 한 명은 이틀간 온몸에 돌을 올려놓고 자백을 강요받는 고문 끝에 목숨을 잃었다.

미국이 건국하기 전인 1692년의 일이었다.

세일럼의 마녀재판은 현지 목사의 어린 딸과 조카가 발작을 일으키면서 돌발했다. 그들은 갑자기 헛소리를 하고 몸을 비트는가 하면 괴성을 지르고 물건을 던지며 집 안을 뛰어다녔다. 발병 원인을 찾지 못한 목사와 마을 의사는 사탄이 마녀를 내세워 해코지를 했다고 진단했다. 오진은 청교도 교인이 대다수인 마을에 회오리를 몰고 왔다.

'마녀를 색출하라!'

주모자인 목사가 유색 인종인 하녀 티투바(Tituba)*에게 몰매를 가하며 닦달한 결과 마녀와 접촉했다는 허위 자백을 받아냈다. 교회에 자주 오지 않는 여성, 말을 함부로 하는 비렁뱅이, 돈 많은 과부가 마녀로 추가됐다.

루머가 마을을 휩쓸었다. 마녀일수록 착한 얼굴을 하고 있다는 마타도어가 나돌았다. 마녀라는 증거가 있을 턱이 없었다. 꿈에서 마녀로 보았다고 하면 증거로 인정됐다. 눈물을 흘리지 않거나 부스럼을 바늘로 찔러 피가 나오지 않으면 마녀로 지목했다. 마녀는 사악해 눈물, 피를 흘리지 않는다고 믿었다.

세일럼의 권력층과 유대 관계를 맺고 있던 목사가 검사 역할을 맡았다. 자백은 고문으로 날조됐다. 지배층이 끌고 가는 대로 심판이 내려지는 인민재판이었다.

교수형은 마을 언덕에서 이루어졌다. 낯익은 이웃이 제물로 올랐으니 처형 효과는 극대화될 수밖에 없었다. "저 사람은 절대 마녀가 아니다."라고 이웃을 옹호한 독실한 신자, 어린아이, 남자 들까지 마녀로 처형됐다.

인간 사냥은 1년여 만에 멈췄다. 막판에 현지 총독 부인까지 마녀로 고발

---

* 티투바가 주인공으로 등장하는 극작가 아서 밀러의 유명한 시나리오 《시련》, 마리즈 콩데의 소설 《나, 티투바, 세일럼의 검은 마녀》(은행나무), 모리시마 쓰네오의 《마녀사냥》(AK커뮤니케이션즈), 이택광의 《마녀 프레임》(자음과 모음)을 읽으면 마녀재판의 시대 배경과 전개 과정을 알 수 있다.

됐다. 누구든 마녀로 몰릴 수 있다는 것을 깨닫고서야 비극은 막을 내렸다.

전문가들은 세일럼 참사의 배경을 미래에 대한 불안과 공포, 무력감에 시달리던 주민들의 집단히스테리였다고 분석했다. 세일럼의 지배자들은 혼란스러운 분위기를 한껏 활용했다. 500~600명 안팎으로 추정되는 주민들에게 샤덴프로이데 심리를 선물할 충격적인 일이 필요한 시기였다.

영국 식민지였던 세일럼은 박근혜의 임기 말처럼 불안과 공포, 무력감이 지배했다. 전임 총독이 쫓겨나는 등 통치 권력은 안정되지 못했다. 토착 인디언들이 언제 다시 역공을 펼칠지 몰라 마을의 존폐가 위협받고 있었다. 박근혜 시절의 메르스처럼 세일럼에도 황열병, 천연두, 이질이 퍼졌다. 개신교 분파 간의 극렬한 종교 다툼, 경제권을 둘러싼 부자들 간의 마찰이 쉴 새 없이 발생했다. 먹고 입을 것마저 부족해 경제가 침체했다.

마녀재판을 촉발시킨 목사는 사택, 땅 소유권을 두고 신도들과 갈등을 빚고 있었다. 쫓겨날 수도 있다는 공포가 목사 가족을 지배했다. 딸, 조카가 발작을 일으킨 배경도 암울한 미래에 대한 공포였다. 박근혜 일파의 권력 상실에 대한 위기의식과 닮았다.

목사가 피부 색깔, 종교가 다른 티투바를 마녀로 지목했듯 박근혜 세력은 호남 출신 글쟁이를 골라냈다. 이질적 인물이 배척 대상이었다. 세일럼 수사관들이 허위 자백을 거부하는 주민의 몸통에 돌무덤을 쌓았듯, 박근혜의 검찰은 '불러 뽕 고문'으로 피고의 뇌리에 예리한 쇠 무덤을 쌓았다.

막연한 공포심, 불안이 세일럼에 가상의 마녀를 만들어 냈다. 상상의 적에 대한 복수의 감정이 지배했다. 복수심이 곧 법이었다.

세일럼은 유명 소설 《주홍글씨》의 무대다. 주홍글씨를 쓴 너새니얼 호손(Nathaniel Hawthorne)의 선대 할아버지는 마녀를 심판한 재판관이었다. 그는 선대 할아버지의 마녀사냥을 '역사에 기록하기에 가장 부끄럽고 치욕적인 사건'이라며 속죄 의식을 표현했다. 조상이 내려준 성(Hathorne)에 w를 추가한 이유도 그 때문이다. 당시 다른 재판장의 후손들도 마을 공동묘지에 세운 비석에서 할아버지의 성을 바꿔버린 흔적이 남아 있다.

세일럼을 찾았을 때 억울하게 죽은 가짜 마녀들을 위로하는 기념공원과 기념비, 기념탑, 기념관이 잔뜩 세워진 것을 보았다. 현지 가이드는 "교회에서 파문을 당했던 마녀들은 대부분 신도 자격을 회복했다."라고 했다. 희생자를 복권시키는 작업이 300년 넘은 지금껏 이어지고 있으나 모두 밝혀진 것은 아니라고 했다.

마녀의 묘비석이 이렇게 말을 걸었다.

> 신은 알고 있어요. 제가 무죄라는 것을.
> 저는 맹세코 죄가 없어요.

무고한 마녀들은 여전히 무죄를 외치고 있었다. 가슴에서 낙인을 지운들 오래 전 사망한 마녀들의 심장이 다시 뛸 리 없다.

마녀를 날조하고 돌을 던졌던 주민들은 모두 일상으로 돌아갔다. 일부는 잘못을 사과하고 용서를 빌었으나 애초 마녀 색출을 주도했던 목사는 세일럼 주변 교회에서 목사로 28년을 더 살았다. 판결을 내렸던 재판관의 집 한 채는 그 시절 그 모습대로 멀쩡하게 보존돼 있다.

세일럼에서나 한국 땅에서나 가해자의 생명력은 피해자보다 강하다. 박근혜는 사면 복권을 받아 자신을 구속한 윤석열 대통령과 손을 잡았고, 담당 부장검사는 보수 정치권의 잠룡급 스타로 떠올랐다. 허위 폭로에 앞장선 국회의원은 지방 정부의 얼굴이 됐다. 불러 뽕 고문의 주인공 가운데 몇 명은 검찰 요직을 차지했다. 그들은 권력이 제공하는 파티를 한껏 즐기는 듯이 보인다. 한국에서 마녀 사냥꾼이라는 직업은 훈장이다.

이제 세일럼에선 가로등, 경찰 순찰차마저 마녀 얼굴로 관광객을 반기고 있다. 학교 스포츠 팀 이름도 '마녀들'이다.

'나는 마녀다!'

세일럼의 마녀는 어느덧 미국 최고의 마녀 브랜드로 등극했다. 마녀의 비극은 나의 행복을 확보하는 마케팅 수단이 되어 있다. '착한 마녀'라는 캐릭터까지 만들어 흥행에 성공한다. 무료한 현대인을 자극하는 살인이야말로 마녀 사냥꾼들의 파티를 불타오르게 만드는 시그니처 메뉴다.

마녀에게 침을 뱉었던 주민들은 집단 광기의 가해자였다. 그들은 없는 사실을 조작해 선량한 이웃을 마녀로 몰았다. 그들이야말로 진짜 마녀가 아닌가. 그들은 오래전 자신의 죄를 망각의 관 속에 쑤셔 넣고서 '하나님의 사도'처럼 행세했다. 조작의 달인, 불러 뽕 고문의 검사들이 정의의 사도가 된 것처럼 으시대듯이.

관광객들도 죽은 마녀들보다 살아 있는 마녀들에게 기꺼이 지갑을 연다. 무고한 가짜 마녀보다 마녀를 세일즈하는 진짜 마녀의 생명력이 더 강하다. 비극 마케팅의 멋진 성공이다.

'뭔가 이상한 짓을 하고 다녔으니 마녀로 몰렸겠지.'

마녀사냥에 몰두했던 사람들이나 그 후손들은 의심을 거두지 않고 있는지 모른다.

희생자들은 무덤 안에서 300년이 넘도록 울분을 터뜨렸고 결백을 외쳤다. 사후에 무죄 판결을 받았다. 그래도 소용없다. 세상은 깔끔하게 무죄를 인정해주지 않는다.

세일럼 마녀들은 한국 글쟁이에게 이렇게 속삭인다.

'한번 새겨진 마녀 낙인은 지울 수 없어요.'

2013

2. 25 박근혜 대통령 취임

2014

4. 16 세월호 참사

5. 12 박근혜, 우병우를 민정비서관에 임명

6. 23 박근혜, 안종범을 청와대 경제수석에 임명

10. 8 검찰, '세월호 7시간 의혹'을 보도한 가토 타츠야 〈산케이신문〉 서울 지국장을 불구속 기소

11. 28 〈세계일보〉, '정윤회 국정 개입 문건' 보도(3개월 후 〈세계일보〉 조한규 사장 해임)

2015

1. 23 박근혜, 우병우 민정비서관을 민정수석으로 승진 발탁

10. 27 미르재단 설립

12. 2 김수남 검찰총장 취임

2016

1. 6 대검, 김수남 검찰총장 직속 부패범죄특별수사단(이하 검찰 특수단) 출범 (단장 김

기동, 2팀장 한동훈이 송희영 수사 담당 부장검사)

1. 13 K스포츠재단 설립(1~4월 사이 박근혜 청와대와 친박의 행태를 비판하는 사설 연속 게재)

4. 13 총선에서 보수 집권당 새누리당이 패배. 여소야대 정국 출범

4. 25 검찰 특수단, 뉴스컴과 함께 송희영의 동생 회사 경영 자료 수집, 송희영·박수환 내사 돌입(수사팀은 나중에 동생 회사가 박수환과 송희영이 차명 운영했다는 수사 보고서 작성)

6. 8 검찰 특수단, 대우조선과 남상태·고재호 전 사장, 이철상 전 부사장, 강도연 홍보대사(보헤미안싱어즈 단장)를 압수 수색

6. 19 검찰 특수단, 남상태가 송희영에게 고가의 시계를 주는 것을 보았다는 지술서를 이철상에게 작성케 함. 또 이철상과 강도연으로부터 남상태 연임 로비에 송희영이 간여한 의혹이 있다는 진술서 작성케 함

7. 6 TV조선, 김종 문화체육부 차관이 박태환의 올림픽 출전 포기를 종용했다고 보도(최순실 추적 기사의 첫 번째 기사. 이후 8월 중순까지 40건의 특종 계속)

7. 12 검찰 특수단, 가족관계증명서, 호적등본, 전과 기록 등 수사 기초 자료 확보

7. 13 검찰 특수단, '송희영 부부의 대우조선 방문 기록' '송희영 경력 확인 기록(네이버 인물 검색)' '송희영의 대우조선 관련 칼럼 2건 확보' 등 수사 보고서 작성

7. 14 검찰 특수단, 송희영과 박수환 등과의 통화 내역에 관한 수사 보고서 작성

7. 16 TV조선, 최순실 집 주차장에서 최순실 기습 인터뷰

7. 18 〈조선일보〉, 우병우 관련 비리 의혹 폭로 보도

7. 20 검찰 특수단, 송희영의 소유 부동산에 관한 수사 보고서 작성(이후 〈조선일보〉 경영
        층, 편집국 간부, TV조선 보도국 간부에 관한 지라시 대량 유포)

7. 21 박근혜, NSC 발언 통해 우병우 수석 유임 시사

7. 22 검찰 특수단, 박수환·송희영 간 최근 2개월의 통화 내역 수사 보고서 작성

7. 26 TV조선, 미르재단 500억 원 불법 모금 의혹 폭로(안종범 경제수석과 최순실의 간
        여 여부가 관심사로 등장)

8. 2   TV조선, 또 다른 재단(K스포츠재단)에도 380억 원 모아주었다고 폭로. 미르재단,
        K스포츠재단 행사에 박근혜의 관련 가능성을 시사하는 보도 지속

8. 8   검찰 특수단, 뉴스컴과 박수환 압수 수색(이를 전후로 〈조선일보〉 논설위원들 출신
        지역 분석 자료, 송희영이 이명진, 이진동 기자를 지휘해 우병우 의혹과 미르재단
        비리 의혹을 폭로했다는 내용의 지라시 대거 유포됨)

8. 10 검찰 특수단, 송희영의 유럽 전세기 여행 관련 압수물 수사 보고서 완성(17일에는
        여행 경비 내력 수사 보고서 완성)

8. 16 박근혜, 우병우 유임 재확정. 이날 검찰 특수단은 송희영 가족의 금융 계좌 추적 본
        격 돌입(이후 12월 2일까지 3개월 이상 계속). MBC, 이석수 청와대 특별감찰관의
        감찰 내용 유출 보도

8. 18 이석수 청와대 특별감찰관, 우병우 민정수석 의혹 검찰에 공식 수사 의뢰

8. 21 청와대, 〈조선일보〉 겨냥해 '부패 기득권 세력의 대통령 흔들기'라고 공세. 청와대와 검찰, 주요 언론을 상대로 언론 플레이 본격 개시. 명품 시계 수수설, 아파트 수수설 유포

8. 26 김진태 새누리당 국회의원, 송희영의 전세기 출장 폭로 1차 회견(이후 검찰 수사 촉구)

8. 29 김진태, 송희영 실명을 공개하며 2차 폭로 회견. 검찰, 우병우 땅 거래 의혹을 특종 보도한 이명진 기자 압수 수색

8. 30 송희영, 〈조선일보〉사에 사표 제출. 이후 TV조선은 최순실 추적 보도, 〈조선일보〉는 우병우 의혹 보도 일시 중단

9. 3 최순실, 독일로 도피

9. 20 〈한겨레신문〉, 'K스포츠재단 이사장은 최순실의 단골 마사지센터장'이라고 폭로 보도. 27일에는 최순실 딸 정유라의 이화여대 입학 의혹 제기

10. 5 검찰, 미르재단 불법 모금 의혹 수사 개시

10. 18 〈경향신문〉, '독일회사 비덱은 최순실 회사' 폭로 보도. TV조선, 미르재단 의혹 추가 보도 시작

10. 24 JTBC, 최순실의 국정 간여 의혹 담긴 태블릿 PC 존재 보도. 박근혜는 임기 내 개헌 발표

10. 25 박근혜 대통령, 1차 대국민 사과 성명 발표. TV조선, 최순실 지하 주차장에서 촬영한 실물 영상 최초 보도

10. 29 1차 광화문 촛불 시위

10. 30 박근혜, 우병우 · 안종범 · 김성우 수석과 문고리 3인방 교체. 최순실, 독일서 귀국 (11월 3일 구속)

11. 5 　박근혜, "이러려고 대통령 했나 자괴감 든다."라는 2차 사과 성명 발표

11. 12 촛불 시위 참가자 100만 명(추정치) 돌파

11. 29 박근혜, "진퇴를 국회에 맡기겠다."라고 3차 성명 발표

11. 30 국정농단 수사를 위한 박영수 특검 임명. 한동훈 팀장은 이후 특검에 파견 근무

12. 9 　박근혜 탄핵소추안 국회에서 가결

12. 26~27 검찰 특수단, 송희영 소환 조사

2017

1. 17 　검찰 특수단, 송희영 불구속 기소

3. 6 　박영수 특검, 박근혜 · 최순실의 국정농단 수사 결과 발표

3. 10 　헌법재판소, 박근혜 탄핵 심판

3. 24 　방송통신위원회, TV조선 재승인 허가

3. 31 　박근혜, 구속 수감

5. 9　문재인 대통령 취임

12. 15 검찰, 직권남용 혐의로 우병우 구속, 이후 징역 1년 확정

2018

2. 13　서울중앙지방법원, 송희영에 징역 1년, 집행유예 2년, 추징금 147만 4,150원 선고

2020

1. 9　서울고등법원, 송희영에 전부 무죄 선고

6. 11　대법원, 최순실에게 징역 18년, 벌금 200억 원, 추징금 63억 원 최종 확정. 안종범

　　　에게 징역 4년 벌금 6,000만 원, 추징금 1,990만 원 최종 확정

7. 10　서울고등법원(파기환송심), 박근혜에게 징역 20년, 벌금 180억 원, 추징금 35억

　　　원 확정(불법 공천 개입으로 2년 징역형은 별도)

2021

12. 31 박근혜, 특별 사면 복권으로 4년 9개월 만에 석방

2022

5. 9　윤석열 대통령 취임

5. 17   한동훈 법무장관 취임

2023

12. 26 한동훈 국민의힘 비상대책위원장 취임

12. 27 우병우 특별 사면, 복권 발표, 이후 변호사 등록

2024

3. 12   대법원, 송희영은 일부 유죄 취지로 파기환송. 박수환은 무죄 확정

2025

6. 4   이재명 대통령 취임

8. 21   서울고법 파기환송심 판결(징역 6개월, 집행유예 1년), 재상고 포기

감사드립니다

배준현 수원고등법원장님(2심 재판장)과 강성훈 서울고등법원 부장판사님(2심 주심)은 진실을 기반으로 저에게 전면 무죄 판결을 내리셨습니다. 두 분 같은 판사님들이 계시다는 사실만으로 큰 위로가 됐습니다.

법무법인 바른의 문성우 고문님은 슬기로운 상황 판단, 솔직한 직언으로 친구가 가야 할 길을 쉽게 선택하도록 일러주었습니다. 그는 절벽에 선 사람에게 인내의 가치를 일깨워주는 안정제 역할까지 더불어 맡았습니다. 위기의 인생은 단칼 같은 그의 말에 기대기가 좋았습니다. 언제나 자상한 설명을 아끼지 않은 친구 고영한 전 대법관님과 김영태 변호사님에게 고마운 마음을 빼놓을 수 없고, "이런 사건을 무죄 판결 안 하면 어떤 건을 무죄라 할 수 있겠느냐."던 이상훈 전 대법관님은 수많은 친구들에게 슬픔을 안기고 먼 길을 떠나고 말았습니다.

법무법인 바른의 이응세 변호사님은 빼어난 법리로 훌륭한 의견서를 작성했고 지혜로운 변론 실력을 항소심 법정에서 전면 무죄를 받아내 증명하셨습니다. 김관중 서울북부지방법원 판사님과 배태현 법무법인 린 변호사님은 1심 변론을 맡아 꼼꼼한 팩트 확인의 중요성을 일깨워 주었습니다. 유재영 법무법인 태하 변호사님은 다채로운 실전 경험을 바탕으로 검찰 수사에 대응하는 법을 조언하셨습니다. 바른의 고일광-정한울 변호사님은 파기환송심에서 법률가로서 끈질긴 모습을 보여주셨습니다.

강천석 선배님을 비롯해 김광태 온전한커뮤니케이션 회장님, 한삼희·윤영
신 전 〈조선일보〉 논설위원님, 황순현 전 NC다이노스 사장님, 이백만 전 한국
방송광고공사 사장님은 실제 체험하고 목격했던 팩트를 법정에 나와 증언하
는 수고를 해주셨습니다. 저도 몇 번 법정 증인으로 나가봤지만 정확하게 진실
대로 말해야 된다는 부담이 긴장감을 부쩍 높인다는 것을 절감했습니다. 〈조
선일보〉 박두식 전무님은 신문사 후배들이 사실확인서를 눈치 보지 않고 쓸
수 있도록 회사 내 막힌 물꼬를 터주었고 오태진 전 수석논설위원님, 박정훈
논설실장님, 박종세 경영기획본부장님, 김덕한 〈조선비즈〉 편집국장님, 김태
근 CJ그룹 부사장님은 실제로 확인서를 법정에 제출하는 수고를 해주셨습니
다. 남상태-고재호 전 대우조선해양 사장님과 박수환 전 뉴스컴 사장님은 정
말 고맙게도 저에 대한 대법원의 판결을 반박하는 내용의 사실확인서를 흔쾌
히 파기환송심 담당 재판부에 제출하셨습니다.

안병균 리버사이드호텔 회장님과 문주현 MDM그룹 회장님은 별 도움이
되지 않는 저에게 큰 도움과 배려를 주셨습니다. 이기동 회장님, 김충식 가
천대 부총장님, 조운선 회장님, 황호택 전 동아일보 논설주간님, 최대규 뉴
파워프라즈마 회장님, 박향진 의료법인 호원병원 이사장님, 남경필 전 경기
도지사님, 하종대 전 정책방송원 원장님과는 계절이 바뀔 때마다 우의를 다
짐하는 모임을 이어왔습니다. 송양민 전 가천대 대학원장님과 최재천 법무

법인 헤리티지 대표님은 심심치 않게 저의 안부를 체크했고 전여옥 전 국회의원님, 다마키 타다시 법무법인 광장 고문님은 해묵은 우정을 더 깊게 해주었습니다.

신상훈 전 신한금융그룹 사장님, 문중 어르신인 송영수 서강기업 회장님, 안준태 전 중앙건설 사장님, 김광수 전 은행연합회 회장님, 송상종 피데스자산운용 사장님, 김수창 법무법인 김장리 대표변호사님, 서종철 이보드 사장님, 황은연 전 포스코 사장님, 한갑수 전 농림부 장관님, 최종찬 전 건설부 장관님, 정동수 전 환경부 차관님, 오종남 전 통계청장님, 조용상 전 경향신문 사장님, 최경주 미래에셋그룹 고문님, 한미향 포스코 상무님, 정영선 제일국제법률사무소 대표님, 최재훈 법무법인 광장 변호사님께서는 종종 내면의 열기를 식혀주는 자리를 마련해주셨습니다. 김하중 전 통일부장관님은 종교에 의탁해 고난을 극복하라는 위로 편지로 격려하셨습니다.

경기도 안성 참선마을 금강스님은 중국 돈황을 함께 순회할 때 막고굴의 여러 부처님께 글쟁이의 업보를 털어달라며 목탁을 두드려 주셨습니다. '분한 마음은 가을 바람에 날려버리라' 하시던 자승 전 조계종 총무원장께서는 곡차 한번 하자던 약속을 머뭇거리던 사이 소신공양을 통해 먼저 해탈의 길로 떠나고 말았습니다.

김광두 전 국민경제자문회의 부의장님과 이재우 보고펀드 대표님을 비롯한 양지경제연구회 회원님들, 최연종 전 한국은행 부총재님, 임승남 전 롯데 건설 회장님, 정덕구 니어재단 이사장님, 최운열 전 서강대 부총장님, 정진행 전 현대건설 부회장님, 장용성 전 매일경제신문 대표님, 윤종규 전 KB금융그룹 회장님, 주성민 김앤장 법률사무소 변호사님, 김영재 전 칸서스자산운용 회장님, 허정 광주에덴병원 원장님, 이경렬 전 IBK연금보험 사장님, 김경원 전 세종대 부총장님, 정치평론가 황태순 님께서는 옛 정을 끊지 않고 간혹 방구석에서 저를 끄집어 내주시곤 했습니다.

고교 선배인 이원우 형, 강상백 형, 염웅철 형들의 마음 씀씀이를 잊을 수 없고, 고교 후배인 부윤경 전 삼성그룹 미래전략실 부사장님, 조용래 전 한일의원연맹 사무총장님, 조현재 전 MBN 사장님, 이재원 법무법인 율촌 변호사님, 정석구 전 한겨레신문 주필님, 서경석 전 현대건설 부사장님, 유성 포스코 고문님, 오세일 전 신한은행 부행장님, 신재형 전 광주광역시 자동차 특임단장님, 김현웅 전 법무부 장관님, 장인환 법무법인 바른 고문님, 허정수 전 KB생명보험 사장, 서재익 예일세무법인 대표님과는 허물없는 친구처럼 지내며 일상의 즐거움을 나누었습니다.

〈조선일보〉에서는 고인이 되신 방일영 고문님, 방우영 고문님, 그리고 방상훈 현 회장님으로부터 대학 시절 이래 받은 은혜를 영원히 잊지 못합니다. 김용원 선배님, 송형목 선배님, 김대중 선배님, 조연홍 선배님, 최준명 선배님, 최규영 선배님, 변용식 선배님은 뵐 때마다 따스한 눈길을 느낄 수 있었습니다. 또 홍준호 발행인부터 오태진, 한삼희, 김광일, 김영수, 박정훈, 이동한, 석종훈, 강경희, 차학봉, 박은주, 이광회, 유하룡, 주용중, 김민철, 이거산, 최홍섭, 김영진, 이하원, 임정욱, 김재호, 김기훈, 신효섭, 이항수, 김홍기, 신정록, 박용근, 김철중, 이진동, 이명진, 최원규, 정우상, 김수혜, 이석우, 나지홍, 방현철, 김아진, 손진석, 최은경, 양지혜 같은 〈조선일보〉 안팎의 후배님들과는 현직에 있을 때처럼 스스럼없는 대화와 농담을 나누는 기회를 가졌습니다.

김민배 전 TV조선 사장님은 박근혜 정권 말기 저와 함께 검찰 내사를 받으며 사냥감으로 쫓기는 고통을 공유하다가 제가 기소된 후 추격 대상에서 제외됐으나, 회사 재무 상태를 최우량 수준으로 올려놓은 뒤 암 투병 중 너무 일찍 세상을 하직했습니다. 험상궂은 사냥꾼들에 살점이 뜯겨 피투성이가 된 저를 붙잡고 그 큰 눈에 눈물을 글썽이던 모습은 영영 잊지 못할 것입니다. 김태익 인천시립박물관장님, 유진룡 전 문화체육부 장관님, 최규학 전 문화체육부 기획관리실장님은 심심치 않을 만큼 꾸준히 점심 모임을 가졌고, 강호 동양학자 조용헌 건국대 석좌교수는 매번 세상의 기인들, 비주류 인간들 애기를 들려주며 권력의 칼을 맞고 쓰러진 글쟁이는 훈장을 받은 영웅이라고 격려했습니다. 박명성 신시컴퍼니 예술감독님은 계절이 바뀔 때면 뮤지컬과 연극무대에 저를 초대해 온몸에 가득찬 불량 가스를 빼주셨습니다.

대학 친구인 이종민 전북대 명예교수, 시인 김사인 동덕여대 교수, 목사로 변신한 김성윤 전 조흥은행 부행장의 '위로회' 플래카드를 붙이지 않은 위로회 자리도 문득 떠오릅니다. 김인동 장군은 손수 재배한 야채를 매번 보내주었고, 후배 손문선 님은 밝은 예언을 담은 덕담으로 응원가를 불렀습니다.

해가 갈수록 짙어지는 우정을 확인해준 중고교 동창 친구들 이름을 지금 이 순간 떠오르는 대로 불러봅니다. 유용상, 박용우, 이재훈, 윤재엽, 임명식, 김성호, 김동철, 오준영, 두 명의 이동호, 정상기, 김선종, 김장학, 임종아, 하태윤, 정무석, 박강수, 하경호, 윤평중, 박재영, 안상경, 임수령, 최장현, 최갑진, 이우식, 최윤, 오내원, 김복섭, 김찬영, 최해철, 노민기, 최석인, 이승현.

김영곤 21세기북스 사장님께서는 2013년 졸저 《절벽에 선 한국경제》로 인연을 맺은 이래 지난 9년 사이 일본에서 '경영의 신'으로 추앙받는 《마쓰시타 고노스케》,《이나모리 가즈오》의 평전과, 한국 보수 세력의 특징을 분석하고 나아갈 길을 정리한 《진짜 보수 가짜 보수》,《보수주의자의 삶》에 이어 이번 책까지 발간을 맡아주셨습니다. 양으녕 팀장님은 초고가 완성된 후 5년 이상 묵은 파일을 *끄*집어내어 부족한 글을 멋지게 편집해주셨습니다. 조선일보사는 조정훈 국장님을 통해 〈조선일보〉 지면과 《조선일보 100년

사》의 콘텐츠 인용을 기꺼이 허락해주었습니다.

그동안 신세 진 모든 분들을 기억해내지 못해 큰 죄를 짓고 맙니다. 너그러운 양해를 바랍니다. 지면에 싣지 못한 분들을 포함해 모든 분들께 무릎 꿇고 큰절 올립니다.